诚信为本
坚持准则

操守为重
不做假账

——与学习会计的同学共勉

大数据+

- 大数据与会计
- 大数据与财务管理
- 大数据与审计
- 会计信息管理
- 业财数据应用与管理
- 财税大数据应用

"十四五"职业教育国家规划教材

高等职业教育财经类专业群 **数智化财经** 系列教材

iCVE 智慧职教 高等职业教育在线开放课程新形态一体化教材

财务大数据基础

（第二版）

高翠莲　乔冰琴　王建虹　编著

中国教育出版传媒集团
高等教育出版社·北京

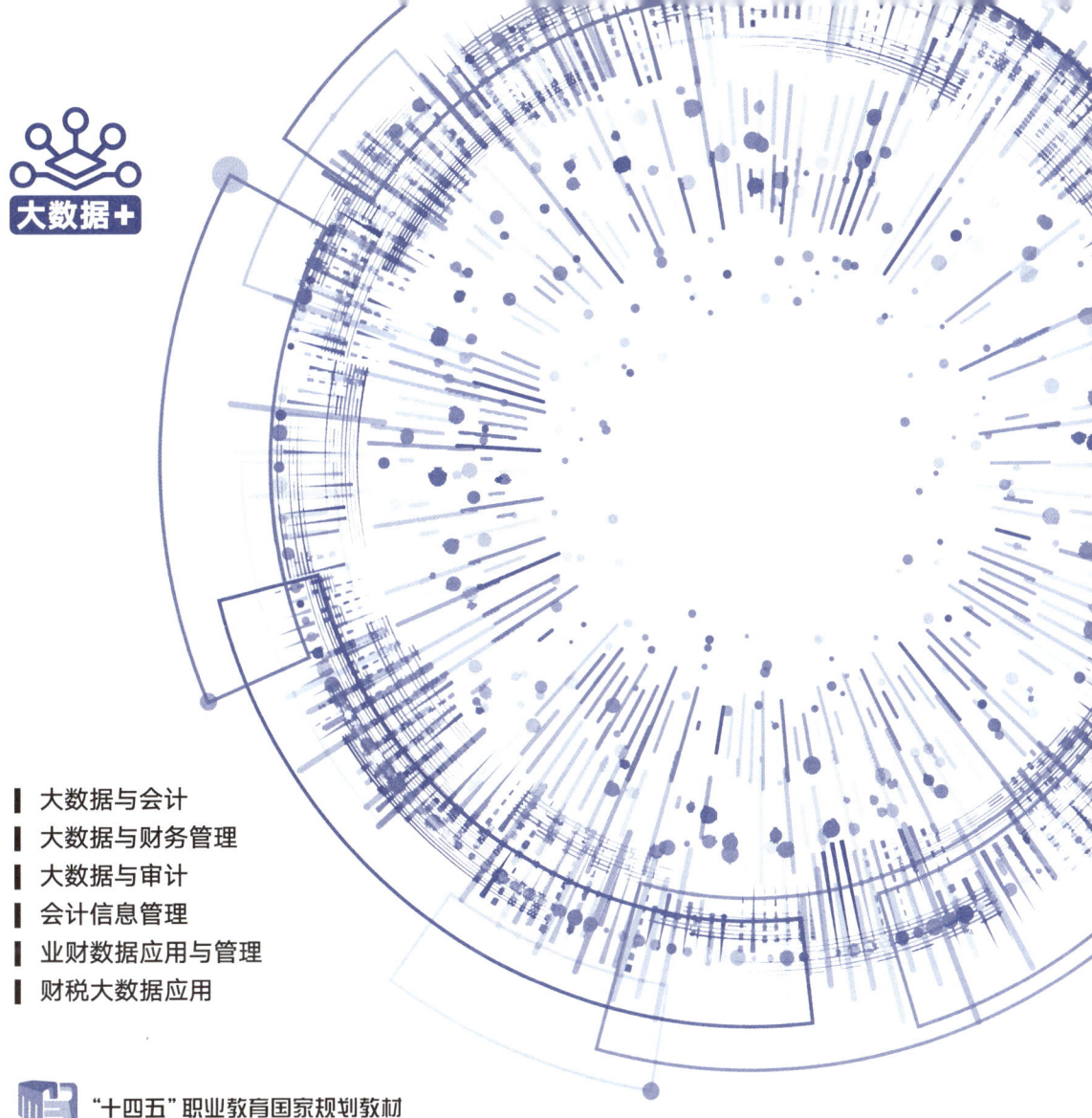

内容提要

本书是“十四五”职业教育国家规划教材，也是高等职业教育财经类专业群数智化财经系列教材之一。

教材内容以 Python 基础编程和数据分析为主线，以中国软件和用友网络的公开财报数据、MG 公司销售数据及电信客户数据为素材，以项目任务式来组织撰写。全书共分十个项目，包括财务大数据认知、Python 环境搭建与使用、Python 基础程序设计、Python 分支结构程序设计、Python 循环结构程序设计、数据分析工具 Pandas 入门、统计计算与分组运算、数据清洗、数据规整、数据分析与可视化等内容。

为提高学习的针对性和便利性，全书结合财报分析活动提供了大量的案例和技能训练素材，同步建有在线开放课程，同时配备了完善的教学课件、课程标准、源代码、技能训练答案等学习资源，为读者带来全方位的学习体验。授课教师如需获取相关资源，请登录“高等教育出版社产品信息检索系统”（xuanshu.hep.com.cn）免费下载。

与本书配套的在线开放课程“财务大数据基础”可通过登录“智慧职教 MOOC 学院”平台，进行在线学习。

本书既可作为高等职业教育专科、本科院校及应用型本科院校财务会计类专业“大数据技术应用基础”课程的教材，也可作为其他所有与大数据相关的财经商贸大类各专业的大数据基础入门用书。

图书在版编目（CIP）数据

财务大数据基础 / 高翠莲，乔冰琴，王建虹编著.
2 版. -- 北京 : 高等教育出版社，2025. 1. -- ISBN
978-7-04-063796-0

Ⅰ. F275

中国国家版本馆 CIP 数据核字第 2025G7N399 号

财务大数据基础（第二版）
CAIWU DASHUJU JICHU

策划编辑 张雅楠　　责任编辑 张雅楠　　封面设计 李树龙　　版式设计 马 云
责任绘图 邓 超　　责任校对 马鑫蕊　　责任印制 赵 佳

出版发行 高等教育出版社
社　　址 北京市西城区德外大街 4 号
邮政编码 100120
印　　刷 河北宝昌佳彩印刷有限公司
开　　本 787mm×1092mm 1/16
印　　张 19.5
字　　数 300 千字
购书热线 010-58581118
咨询电话 400-810-0598

网　　址 http://www.hep.edu.cn
　　　　 http://www.hep.com.cn
网上订购 http://www.hepmall.com.cn
　　　　 http://www.hepmall.com
　　　　 http://www.hepmall.cn
版　　次 2021 年 8 月第 1 版
　　　　 2025 年 1 月第 2 版
印　　次 2025 年 1 月第 1 次印刷
定　　价 49.80 元

物 料 号 63796-00

icve 智慧职教　MOOC COLLEGE　在线开放课程

财务大数据基础

课程主持人：乔冰琴

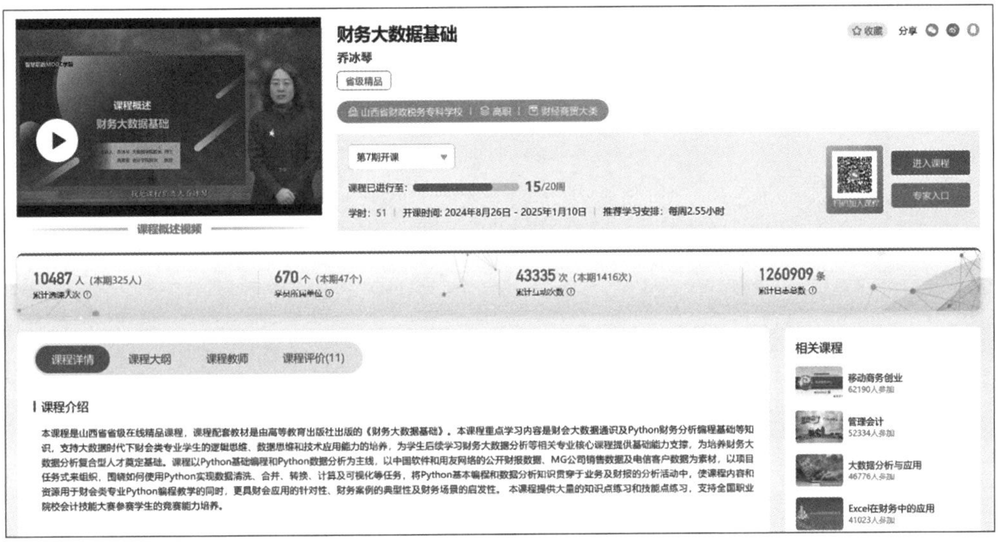

前 言

党的二十大报告指出："我们要坚持教育优先发展、科技自立自强、人才引领驱动，加快建设教育强国、科技强国、人才强国，坚持为党育人、为国育才，全面提高人才自主培养质量，着力造就拔尖创新人才，聚天下英才而用之。"加快推进新一代信息技术在我国会计理论和实务中的应用，培养大批大数据财务分析、大数据财务管理、数字化管理会计等方面的专业人才，支持企业向精细化管理、靶向化治理及科学化决策方向转型，是本教材编写的初心，也是贯彻党的二十大报告关于教育强国、科技强国、人才强国精神的具体体现。同时，为落实《职业教育专业目录（2021年）》和《职业教育专业简介》（2022年修订），本着普及财务大数据技术、促进中小企业数字化转型发展、加快高职院校财务会计类专业教学向大数据方向转型升级的目标，针对大数据技术和Python语言在财务会计中的应用需求和应用场景，编者在第一时间精心设计、全力打造了这本支持数智化时代财务会计类专业教学的《财务大数据基础》教材。

本书既考虑财务会计类专业对大数据技术通识的需求，又兼顾培养学生的逻辑思维、数据思维及动手能力。全书内容的选择兼顾大数据及数据分析理论，但更着重突出Python用于财务大数据处理的操作和实践。本书围绕大数据技术在财务分析中的应用场景设计教学项目，划分任务，设计案例，使教学内容更具针对性，更利于学生理解Python在财务中的实际应用。

本书重点着眼于大数据技术在财务中的应用场景和实践实操，围绕财务中的大数据设计了基于真实上市公司数据的Python语言在财务中应用的大量教学案例，并提供了相当数量的、有针对性的实训练习。在当今大数据技术在财务实践中广泛应用之际，本书既是对接教学改革需求和产业人才需求的适配教材，也是培养新型复合型财会人才的优秀工具书。

本书的主要特点有：

1. 不忘立德树人初心，践行课程思政，落实德技并修育人任务

本书的编写目标不仅仅是向学生传授知识和技能，更重要的是培养学生的综合职业素养，提升学生的大数据技术水平。本书在内容设计上贯彻党的二十大精神和党的二十届三中全会精神，坚定育人方向，将思政育人和技能学习互相融合、有序设计，实现为党育人、为国育才的教育目标；将大数据思维、逻辑思维、中国会计科技创新等职业素质能力的培养融入教材，塑造学生正确的价值观，助其养成良好的人格品质；将财会知识和技能与新技术、新技能相融合，助力学生从传统的“账房先生”成长为企业的决策参谋。

2. 对标教育部新专业目录和专业简介，搭建财务大数据应用场景，内容新颖、原创性较强

本书积极响应《职业教育专业目录（2021 年）》和《职业教育专业简介》（2022 年修订）更新调整的号召，支持财会类专业的转型升级和数字化改造。在内容上引入大数据技术和 Python 语言，并与财务场景进行融合，原创性较强。

全书以 Python 基础编程和数据分析为主线，以中国软件和用友网络的公开财报数据、MG 公司销售数据及电信客户数据为素材，围绕如何使用 Python 实现数据清洗、合并、转换、计算及可视化等任务，将 Python 基本编程和数据分析知识贯穿于业务及财报的分析活动中，能够满足大数据背景下财务会计类专业对大数据技术通识教学的需求，具有普适性和可操作性。

3. 国家名师领衔主编，搭建财务与计算机融合、校企双元合作的产教融合编写团队

本书由国家“万人计划”教学名师、山西省财政税务专科学校高水平会计专业群项目负责人高翠莲教授总体设计并规划教材编写思路、框架和方向，编写团队由校企双方的财会专家、财会与计算机复合型专家、计算机专家等组成。南京云帐房网络科技有限公司提供了书中所用案例的设计建议和代码原型，该公司基于上市公司的公开财报数据和 Python 在企业财务大数据分析中的应用场景，贡献了切合实际的、数据来源真实的财务分析应用案例。

4. 以财务场景为引领，以技术应用为支持，创新适合财经类专业的大数据基础课程教材

本书遵循的编写原则是：第一，要为没有计算机背景的财会类专业师生提供实用性强、可操作性强的财务大数据基础教材；第二，符合高职工作手册式教材的开发思路，全书以项目和任务来组织教材内容，针对大数据财务分析所需的基本知识和技能来选择知识点，融大数据基础的学习于业务分析和财务分析中。

全书由10个项目组成，涵盖财务大数据认知、Python环境搭建与使用、Python基础程序设计、Python分支结构程序设计、Python循环结构程序设计、数据分析工具Pandas入门、统计计算与分组运算、数据清洗、数据规整及数据分析与可视化等内容。前5个项目从大数据通识开始，逐一介绍Python环境的安装和使用、Python基本数据类型、分支结构和循环结构，这部分内容以培养学生基本编程能力为目标；后5个项目讲述数据分析应用的基本知识和技能，重在培养学生掌握大数据财务分析的基本过程及使用Python处理财务大数据的基本方法。教材难度定位于Python数据分析的初级应用，针对财务大数据分析的应用场景精心设计了各个项目和任务。通过使用本书，可培养学生基本的编程思维、逻辑思维和数据思维，为后续更深入地学习财务大数据分析的相关课程提供能力支撑。

5. 配套立体化教学资源，辅助财务会计类专业新课程的落地与教学改革的顺利实施

本书适用于财经商贸大类——财务会计类下的所有专业，包括大数据与财务管理、大数据与会计、大数据与审计及会计信息管理等相关专业的大数据基础、大数据技术、Python在财务中的应用等方面的课程教学。本书作为财经类专业大数据基础课程的创新教材，为方便院校教师教学和学生学习，同步建有在线开放课程，同时特别配套了视频讲解、课程标准、教学课件、全书源程序代码、技能训练答案等丰富的数字化教学资源，形成可学、可练、可测试的全方位立体化教学体系，既为院校开展相关大数据技术的教学提供有力支撑，也使新技术在财务会计类专业教学中的应用和落地更加便捷。

本书由山西省财政税务专科学校会计学院院长高翠莲教授、大数据学院院

长乔冰琴博士、大数据学院教师王建虹教授编著。高翠莲教授负责教材的总体设计与规划、教材编写思路、框架和方向，乔冰琴博士负责项目一至项目五的撰写，王建虹教授负责项目六至项目十的撰写。全书由高翠莲、乔冰琴、王建虹共同总纂定稿。

由于财务大数据技术发展日新月异，因此书中难免存在疏漏和不妥之处，敬请广大读者批评指正。

编 者

2024年12月于太原

目 录

项目一 财务大数据认知

1

学习目标

知识目标

1. 了解大数据的概念、特点、发展历程及应用场景
2. 了解财务大数据的概念及特点
3. 掌握大数据分析过程及其主要分析工具

能力目标

1. 能够区分传统数据和大数据
2. 能够识别财务中的大数据
3. 能够选择大数据工具

素养目标

1. 紧跟时代发展，不断更新观念，培养财会专业学生的大数据素养和财务大数据思维
2. 培养合法使用财务大数据的基本法律意识和自觉维护财务数据安全的意识
3. 培养使用大数据技术解决财务问题的能力和意识

学思践行

勇做时代奋进者

2024年国务院政府工作报告提出，深化大数据、人工智能等研发应用，开展“人工智能+”行动，打造具有国际竞争力的数字产业集群。同时，该报告强调了坚持人才强国建设的必要性，旨在培养专业化大数据人才，以推动大数据与人工智能、物联网、区块链等新一代信息技术深度融合。

如今，大数据的相关概念和技术已经纷纷落地，逐渐形成了相关工具和思维，影响着人们的日常行为和做事方式，企业决策也逐渐由拍脑袋的经验决策转变为基于经营数据分析、财务数据分析、内外数据分析、价值链分析、风险分析等的科学决策。身处大数据浪潮中的每一个人，都要培养自己的大数据素养和大数据思维方式。

【思考与践行】苏琳是个刚迈出大学校门的财会专业毕业生，就职于一家公司的财务部门。她深知信息技术的发展正在促使会计行业发生深刻的变化，基础的算账、手工记账等低附加值、高重复性的业务正逐渐被智能化的信息系统所取代，会计正由传统的财务会计转向管理会计，企业对财务大数据领域的人才需求也越来越大。作为新时代的青年，苏琳决定立刻开始学习大数据的相关技术，将财会知识与新技术、新技能相融合，勇做走在时代前沿的奋进者、开拓者。

项目说明 >>>

本项目首先介绍大数据的概念、特征、发展历程、发展战略及与大数据相关的数字新技术；其次介绍大数据的常见应用领域，并重点介绍大数据在财务领域的应用；最后介绍大数据处理流程及大数据处理的常用工具。

本项目将帮助苏琳了解大数据应用、挑战和发展趋势，财务大数据应用，Python 数据处理等内容，帮助苏琳这样的初学者建立起对财务大数据的初步认知，逐步迈入财务大数据的世界。

项目分解 >>>

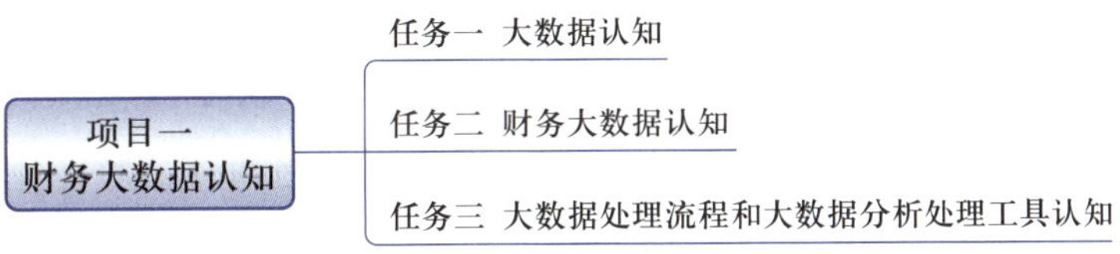

任务一 大数据认知

任务说明

本任务通过讲解大数据的含义、发展历程及我国大数据发展战略等内容，使像苏琳这样的初学者对大数据形成初步的认知。通过本任务的学习，读者应该能够独立回答这些问题：大数据是什么？大数据具有什么样的特征？是否能区分大数据和传统意义的数据？

任务实施

一、大数据的含义

（一）大数据的定义

对于会计、财务管理、金融、营销等专业的学生来说，数据这个词应该一点儿也不陌生。原始凭证数据、记账凭证数据、总账及各种明细账簿数据、订单数据、财报数据、人力资源数据、客户数据、贷款数据、产品数据等，都是日常学习和工作中必须接触和利用的数据资源。在第三次信息化浪潮涌动、大数据时代全面开启的今天，一个新的概念——大数据，进入了人们的视野，掀起了一场浩大的技术革命。人们不禁要问，大数据到底是什么？

从字面意思来看，大数据（Big Data）是在数据这个词前增加了一个“大”字，给人一种大量数据的意思，但其实大数据并不仅仅是指量很大的数据。大数据包含海量、高增长率和多样化的信息资产，是一种无法用常规数据工具在一定时间内进行采集、处理、存储和计算的数据集合，它需要专门的处理模式才能使其具有更强的决策力、洞察发现力和流程优化力。这些专门的处理模式包括大数据获取技术、大数据存储和管理技术、大数据分析和挖掘技术、大数据可视化展现技术等，通过这些专门的技术最终使数据产生了价值。

大数据是一个技术名词，和具体业务无关。无论哪个行业，只要数据量大到一定规模（如超过 10 亿条记录、100T 数据、1 万人并发使用等），就需要用到与大数据相关的专门技术。

（二）大数据产生的原因

互联网、移动互联网、物联网、人工智能及云计算等技术的发展和应用带来了数据的爆炸性增长，这主要体现在三个方面。第一，全球有数十亿人接入了互联网，每个人都是信息的接收者和产生者，每个人都是数据源。第二，全球有数千亿个传感器，这些传感器 24 小时不停地产生数据，导致了信息爆炸。第三，人类活动的进一步扩展使数据规模急剧膨胀，数据类型越来越多，数据结构越来越复杂。目前，大数据的增长速度非常快，大约每两年数据量就会增长一倍。

（三）身边的大数据

大数据就在人们身边，与人们如影随形、与每个人的日常生活密不可分。例如，当人们浏览网页时，嵌入页面的广告内容是基于大数据用户画像系统的精准广告推荐；当人们出行呼叫专车时，呼叫者与专车之间的匹配是基于位置、距离、评分、拼车等多个参数的大数据精准匹配模型运算结果；当一名司机的日常驾驶行为符合急加速、急刹车和急转弯的“三急”特征时，那么他下一年度的车险费用可能就会比别人高。又如，在不远的未来，当人们在商业街上漫步时，不同的人看到的路边广告都将是定制化的精准广告，这种广告系统能够自动获取人们随身携带的智能设备标识，根据该标识在大数据系统中进行数据匹配，从而显示用户最关心的商品信息。

知识扩展

三次信息化浪潮：根据国际商业机器公司（International Business Machines Corporation，简称 IBM）前首席执行官路易斯·格斯特纳的观点，第一次信息化浪潮发生在 1980 年左右，以个人计算机开始普及为契机，以信息处理应用为特征，以 IBM、英特尔、苹果、微软、联想、戴尔、惠普等 IT 厂商的崛起为标志，计算机开始进入企业和万千家庭。第二次信息化浪潮发生在 1995 年左右，以互联网开始普及为契机，以信息传输和共享为特征，以雅虎、谷歌、百度、阿里巴巴、腾讯等互联网巨头的崛起为标志，互联网开始进入企业和万千家庭。第三次信息化浪潮发生在2010年左右，以物联网、云计算、大数据的涌现和快速发展为契机，以解决信息爆炸问题为特征，以谷歌、IBM、亚马逊、Cloudera、阿里云等全球标杆企业为标志，大数据时代开始快速发展。

二、大数据的发展历程

大数据大致经过了以下几个发展阶段。

（一）萌芽阶段（1980—2008年）

1980年，未来学家阿尔温·托夫勒在其《第三次浪潮》的著作中，首次提出大数据概念，并将“大数据”喻为“第三次浪潮的华彩乐章”。此后，随着社交网络的激增，技术博客和专业人士为大数据概念注入新的生机。

2008年，全世界最权威的杂志之一——《自然》杂志推出名为“大数据”的封面专栏，进一步传播了大数据的相关技术和概念。

（二）成长阶段（2009—2012年）

2010年2月，《经济学人》杂志发表了大数据专题报告《数据，无所不在的数据》。

2011年6月，麦肯锡咨询公司在《大数据：下一个创新、竞争和生产力的前沿》的研究报告中指出大数据时代已经到来。

同年11月，我国工业和信息化部发布《物联网“十二五”发展规划》，把信息处理技术作为4项关键技术创新工程之一提出，其中，海量数据存储、数据挖掘、图像视频智能分析等技术都是大数据技术的重要组成部分。

2012年7月，国务院印发《“十二五”国家战略性新兴产业发展规划》，指出“加强以网络化操作系统、海量数据处理软件等为代表的基础软件、云计算软件、工业软件、智能终端软件、信息安全软件等关键软件的开发”。

（三）爆发阶段（2013—2015年）

2013年被称为我国的大数据元年，大型互联网企业争相推出创新性大数据应用。

2014年，大数据首次写入《政府工作报告》，上升为国家战略。

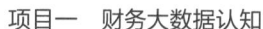

2015年8月，国务院发布指导中国大数据发展的国家顶层设计和总体部署文

件——《促进大数据发展行动纲要》，我国的大数据时代悄然开启。

在国外，大数据的发展也进入爆发阶段。

2013 年，英国政府加大了对大数据领域研究的资金支持，提出总额 1.89 亿英镑的资助计划，包括直接投资 1 000 万英镑建立“开放数据研究所”。

同年 8 月，澳大利亚政府信息管理办公室发布《公共服务大数据战略》，其中提出了大数据战略的 6 条原则：数据属于国有资产；隐私保护机制设计；数据完整性与处理程序透明；技术、资源与数据处理能力共享；与工业界和学术界合作；加强数据开放。

2015 年 3 月，美国发布了关于政府网站的数字化分析仪表盘，协助公众实时、便捷地了解美国联邦政府网站提供的社会公共服务。

（四）快速发展阶段（2016 年至今）

2016 年 1 月，贵州省十二届人大常委会第二十次会议表决通过《贵州省大数据发展应用促进条例》，成为全国第一部大数据地方性法规。

同年 2 月，教育部公布 2015 年度普通高等学校本科专业备案和审批结果，首次增加了“数据科学与大数据技术专业”。国家发展改革委、工业和信息化部、中央网信办发函批复，同意建设国家大数据（贵州）综合试验区。同年 10 月，京津冀、珠江三角洲、上海、重庆、河南等多个区域也开始推进国家大数据综合试验区建设。

2017 年，全国多个省、市相继成立了大数据管理和服务机构；同年 11 月，《中国大数据人才培养体系标准》正式发布。

2018 年，达沃斯世界经济论坛把大数据作为重要议题。

2019 年，中国人力资源和社会保障部发布 13 个新职业，包括大数据工程技术人员、云计算工程技术人员和数字化管理师等与大数据行业相关的新职业。同年，河北省（雄安新区）、浙江省、福建省、广东省、重庆市、四川省六个国家数字经济创新发展试验区建设项目正式启动。

2020 年，世界人工智能大会云端峰会数据智能主题论坛成功举办。

2021 年，《“十四五”大数据产业发展规划》发布，明确了我国“十四五”期间大数据产业发展的行动纲领。

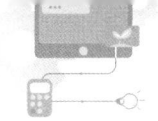

2022 年，由中国信息通信研究院云计算与大数据研究所发布的《大数据白皮书（2022 年）》对全球和我国大数据发展总体态势进行了分析总结，指出我国大数据产业发展态势好、动力足。

2023 年，中国首个数据服务枢纽上线，提供了企业、数商、生态伙伴、公共部门等多个数据提供方的集成服务。同年，数据资产入表政策的实施，进一步推动了数据资源向数据资产转化。

据数据分析公司 Statista 预测，全球大数据市场预计到 2027 年将增长到 1030 亿美元。

三、大数据的特点

大数据已经渗透到每一个行业的业务职能领域，并成为重要的生产因素。大数据具有 Volume、Variety、Velocity、Value 四个特点，简称为“4V”。

（一）Volume

Volume 是指海量化的数据。无论是采集、存储还是计算，大数据的数量都非常大。海量数据到底是多少呢？

假设全球每秒发送 290 万封电子邮件，如果一分钟读一篇，足够一个人昼夜不停地读 5.5 年。大型互联网企业往往一天产生的用户数据（点击率、访问记录、系统日志等）就有上千万条，数据存储量是以 PB 为基础单位，并发访问用户量往往是每秒几十万人次甚至几百万人次。

1 PB 到底能容纳多少数据呢？假设一首歌曲的大小约为 10 MB，1 PB 的存储空间就可以存储约 1 亿首这样的歌曲。若听一首歌曲需要约 4 分钟，那么听完 1 PB 存储空间里的歌曲需要约 7 158 278 小时，也就是说即使一天不间断地听，也需要约 298 261 天（约 817 年）才能听完。

图 1–1 所示的是一个放置存储设备的机柜，1 PB 的存储设备大约需要两个这样大小的机柜。而 1 EB 则大约需要 2 000 个这样大小的机柜。2 000 个机柜到底有多少呢？假如一字并排摆放这些机柜，估计可以连绵 1.2 千米；假如将机柜摆放在标准篮球场那么大的机房里，估计需要 21 个这样的机房（数据中心）。图 1–2 是某大型软件公司数据中心内部图。

图 1-1　机柜

图 1-2　某大型软件公司数据中心内部

知识扩展

字节（Byte）是用于计量存储容量的一种计量单位，一个字节是一个 8 位长的二进制数据，即 1 字节（Byte）= 8 位（bit）。

除字节 B 外，存储容量的计量单位还有：KB、MB、GB、TB、PB、EB、ZB、YB 和 BB，相邻两个单位之间的换算关系是 2^{10}，即 1024。以下是相关计量单位间的换算关系示例。

1 KB（KiloByte，千字节）= 1 024 B；

1 MB（MegaByte，兆字节）= 1 024 KB；

1 GB（GigaByte，千兆字节，吉字节）= 1 024 MB；

1 TB（TeraByte，万亿字节，太字节）= 1 024 GB；

1 PB（PetaByte，千万亿字节，拍字节）= 1 024 TB；

1 EB（ExaByte，百亿亿字节，艾字节）= 1 024 PB；

1 ZB（ZettaByte，十万亿亿字节，泽字节）= 1 024 EB；

1 YB（YottaByte，一亿亿亿字节，尧字节）= 1 024 ZB；

1 BB（BrontoByte，千亿亿亿字节）= 1 024 YB。

（二）Variety

Variety 指的是数据类型的多样化。大数据时代的数据类型有数字、文本、图像、音频、视频、地理位置信息、网络日志等。人们通常根据数据的特点把大数据分为结构化数据、非结构化数据和半结构化数据三种。

1. 结构化数据

结构化数据是具有统一的数据结构、规范的数据访问和处理方法的数据。企业销售系统数据、客户关系管理数据、库存数据、订单数据、财务数据等都是结构化数据，这些数据多存放在关系型数据库中。供应商信息表（如表 1–1 所示）就是一个存储在关系型数据库的结构化数据，这种结构化数据也称二维表。

表 1–1　供应商信息表

供应商编号	供应商名称	地址	联系电话	联系人
gys001	ABC 软件公司	北京	010–6787560×	蔡晓军
gys002	星光科技有限公司	上海	021–8870567×	李政
gys003	财智集团	广州	020–3218097×	姬丽

2. 非结构化数据

与结构化数据相比，非结构化数据是指不能采用预先定义好的数据模型或者没有以一个预先定义的方式来组织的数据。常见的非结构化数据有办公文档、邮件、各类报表、图像、音频、视频信息等，对于计算机而言，这些非结构化信息很难理解，无论是存储、查询还是利用都需要更加智能化的信息技术。例如，从一张电子发票中提取开票的相关信息时，可能会用到专门的光学字符识别（Optical Character Recognition，OCR）技术。

随着大数据时代的到来，非结构化数据扮演起越来越重要的角色，图片、视频、语音等蕴含丰富的信息将被广泛利用。

3. 半结构化数据

半结构化数据是介于结构化数据和非结构化数据之间的数据，互联网中的 XML 文件、HTML 文件就属于半结构化数据。

（三）Velocity

Velocity 是指大数据的时效性。大数据的时效性包含两个层面，即数据生成速度快和数据处理速度快。比如搜索引擎要确保几分钟前的新闻能够被用户查询到，个性化推荐引擎要求尽可能完成实时推荐。时效性是大数据区别于传统数据的显著特征。

在数据处理速度方面，有一个著名的“1 秒定律”，即要在秒级时间范围内给出数据分析结果，超出这个时间，数据就会失去价值。IBM 有一则广告提到，1 秒能检测出我国某地区的铁道故障并发布预警，也能发现美国某州的电力中断事故并采取相应措施，避免电网瘫痪，还能帮助巴西一家全球性金融公司提示行业欺诈风险，保障客户利益。

在商业领域，“快”也早已贯穿企业运营、管理和决策智能化的每一个环节，形形色色描述“快”的新兴词汇出现在商业大数据语境里，如实时、快如闪电、光速、念动的瞬间等。

（四）Value

Value 是指大数据的价值密度。与结构化数据相比，大数据的价值密度相对较低。在大量的数据中，真正有价值的数据并不多，而为了挖掘出有价值的数据，又必须具有强大的存储能力和计算能力。以视频为例，若发生交通肇事逃逸案件，交警需要调取沿路监控查看事故状况，需查看的视频量很大，但可能真正有意义的信息只有几秒，因此可以说视频数据的价值密度很低。

当企业进行决策分析时，如新产品投产分析、研发投入分析、营销策划、投融资决策等，会基于政治环境、经济环境、社会环境、技术总体水平、产品生命周期、内部经营数据等各方面的历史数据进行建模计算，最终得到一个准确的决策建议。这种基于庞大的内外部数据、历史数据计算得到的结果也是大数据价值密度低的一个体现，但是这种计算结果的商业价值却很高。

四、我国大数据发展战略

当今时代，大数据正日益对全球生产、流通、分配、消费活动以及经济运行机制、社会生活方式和国家治理能力产生越来越重要的影响。在宏观层面，世界各国都已将大数据作为国家基础性战略资源，在重视大数据对各国整体竞争力提升方面保持高度一致地认识。

2015 年 10 月 26 日至 29 日召开的中国共产党第十八届中央委员会第五次全体会议，第一次将大数据写入党的全会决议，这标志着大数据正式纳入我国国家发展战略。其目的旨在全面推进我国大数据发展和应用，加快建设数据强国，推动数据资源开放与共享，释放技术红利、制度红利和创新红利，促进经济的转型升级。

2017 年 10 月 18 日至 24 日召开的中国共产党第十九次全国代表大会明确提出，要推动互联网、大数据、人工智能和实体经济深度融合。建设现代化经济体系离不开大数据发展应用，加快推进大数据与实体经济深度融合发展，将为经济发展质量变革、效率变革、动力变革注入强大内生动力，助力我国经济由高速增长迈向高质量发展。

2022 年 10 月 16 日，习近平总书记在中国共产党第二十次全国代表大会报告中指出，“加快发展数字经济，促进数字经济和实体经济深度融合，打造具有国际竞争力的数字产业集群。” 12 月 19 日，中共中央、国务院印发《关于构建数据基础制度更好发挥数据要素作用的意见》，系统性布局了数据基础制度体系。

2023 年 2 月 27 日，中共中央、国务院印发《数字中国建设整体布局规划》，明确数字中国建设的指导思想、主要目标、重点任务和保障措施。同年，国家数据局正式揭牌，负责协调推进数据基础制度建设。《“数据要素 ×” 三年行动计划（2024—2026 年）》的发布，明确了数据要素发展目标和行动计划。

2024 年 6 月 30 日，《数字中国发展报告（2023 年）》发布，概述了数字中国建设的进展和展望，强调数据制度体系的健全和数字基础设施的扩容提速。同时，政策背景和市场趋势均表明数据交易规模持续增长，数据交易市场持续发展。在国际合作方面，我国正积极推动数据跨境流动国际合作，并参与国际规则制定。

2024 年 7 月 15 日至 18 日，中国共产党第二十届中央委员会第三次全体会议在北京召开，全会明确提出“建设和运营国家数据基础设施，促进数据共享”“加快构建促进数字经济发展体制机制，完善促进数字产业化和产业数字化政策体系”。

未来大数据的发展会大力推动新质生产力的发展。当前，全球各国都投入大量人力、物力和财力发展大数据，这是因为各国都看到了未来大数据发展将导致的生产力竞争。我国也非常重视大数据，将大数据的发展指引写入了国家行动纲要，把大数据发展提升到国家战略层面，这也是因为我国看到了未来大数据会对生产力产生重要影响。

五、大数据应用场景

大数据无处不在，大数据的应用在我们身边比比皆是，大数据已经与我们日常的衣食住行密不可分。大数据对各行各业的渗透，不仅大大推动了社会生产和生活的发展，而且对各行各业的创新与变革带来极大的冲击与挑战，在不远的将来，大数据必将对人类社会产生重大而深远的影响。

下面介绍几个大数据的应用案例。

（一）大数据＋民生

有着“中国大数据之都”之称的贵州省贵阳市，率先展开了用大数据服务大民生的积极实践。2016 年 11 月 18 日，贵阳市的“大数据民生”工程平台开始上线试运行，该平台初期接入了 42 项民生服务，涉及教育、卫计、民政等部门。

“大数据民生”工程致力于通过开展民生领域的大数据应用示范，深入发掘和释放贵阳市民生服务数据资源的潜在价值，推进贵阳市大数据民生领域在关键技术、安全保障、服务模式、政策体系等方面的探索和创新，助力打造创新型中心城市。

通过几年的建设，作为全国首个大数据综合试验区的贵州，其“大数据民生”建设成绩斐然。大数据与实体经济、社会治理、民生服务、乡村振兴的深度融合，形成了一条大数据融合发展的新道路。

1. 万企融合

万企融合，大数据让实体经济“更踏实”。贵州实施“万企融合”，推动大数据与实体经济深度融合。2023 年，贵州超过 2.8 万家企业“上云用数赋智”，大数据与实体经济深度融合指数达到 44.5。

2. 五级通办

五级通办，大数据让政府治理“更智慧”。贵州建设省、市、县、乡、村五级政务服务“一张网”，“一网通办”全省事，提升政务服务能力和水平。

3. 一个不落

一个不落，大数据让民生服务“更暖心”。为保障舌尖上的安全，贵州建设“食品安全云”，按照食品安全社会共治的模式，构建研发了食品安全智慧监管体系（政用）、“互联网＋”检验检测云服务体系（商用）、食品安全质量追溯认定云服务体系（民用）和食品安全大数据平台。

4. 隔空诊脉

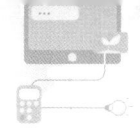

隔空诊脉，大数据让乡村医疗“更便捷”。作为国家首批远程医疗政策试点省，贵州搭建“医疗健康云”，构建“扁平化、零距离”的远程医疗服务体系，在全国

率先实现省、市、县、乡四级公立医疗机构远程医疗全覆盖。

5. 精准扶贫

精准扶贫，大数据让扶贫“摸得着”。贵州建设“精准扶贫大数据支撑平台”，打通公安、卫生健康、教育、住建、民政、水利、国土等多个部门和单位相关数据，为精准扶贫提供大数据参考。

（二）大数据 + 交通

大数据时代，铁路、公路、城市客运、水运、民航等交通出行领域的数据采集范围、采集深度和广度急剧增加，交通相关的数据量级已经从 TB 级别跃升到 PB、EB 甚至更高的级别，传统的交通数据分析方法难以支撑如此庞大的数据体的开发和利用。基于云计算、大数据、人工智能等数字新技术的交通业正朝着全面智能化加快转型和升级，这无疑给我国的交通行业带来新的发展机遇，进一步促进交通领域的服务、管理、节能、运营的效率和能级。

大数据给交通行业带来的巨大变革主要体现在五个方面：

1. 现场人工执法

大数据使现场人工执法越来越少。大数据能够实时记录交通行为中每个个体的行为特性，交通违规、违章、异常行为等都可由高清视频来提供，因而事后执法越来越多，而现场执法越来越少了。

2. 交通通行效率

大数据使交通通行效率越来越高。基于物联网中各种各样的传感器对复杂天气、事故及各种突发事件的实时采集数据的分析，可使交通管理部门掌握更多的交通状况，并及时做出反应。例如，广东省高速公路监控大数据综合分析展示项目先将收费数据、高清卡口数据、事件数据、气象数据等来自各车道和现场的大数据收集到各路段中心，再上传到省数据中心，使管理者可以及时、直观地了解高速公路的运营管理情况。

3. 重大交通决策制定

大数据使政府在交通方面的决策越来越科学。政府对重大政策的制定越来越依赖于大数据的支撑、依赖于一些专业机构和专门的大数据技术的支持。

4. 用户服务内容提供

大数据为用户提供的服务内容越来越精准。基于大数据的交通路网动态分析，可为出行用户提供更多可行的实时出行方案以供选择。例如，地图类 App 可以利用传感器数据帮助用户了解各条道路车辆通行密度，合理进行道路规划，甚至是单行线路规划、分时段限行路线规划。

5. 交通服务自动化程度

大数据使交通服务自动化程度越来越高。随着移动支付及各种自动化设备的应用，出行中的自助服务和无感服务已得到普遍应用。例如，可以利用无线射频卡、车牌自动识别、车辆配置等数据实现不停车自助缴费；可以利用人流、车流等数据实现信号灯实时调度，提高已有线路的运行能力。

（三）大数据 + 金融

大数据对于金融行业来说，可使金融行业以更灵活、更动态、更前瞻的适应型战略来应对新的竞争。下面简单介绍大数据技术在银行这一金融细分领域中的应用。

银行大数据应用可以分为四个方面：

1. 客户画像

客户画像应用主要分为个人客户画像和企业客户画像。个人客户画像包括人口统计学特征、消费能力数据、兴趣数据、风险偏好等数据；企业客户画像包括企业的生产、流通、运营、财务、销售和客户数据、相关产业链上下游等数据。进行客户画像时，不仅要考虑银行自身业务所采集到的数据，更应考虑客户在社交媒体上的行为数据、客户在电商网站的交易数据、企业客户的产业链上下游数据及其他客户兴趣爱好数据等，以扩展对客户的了解。

2. 精准营销

在客户画像的基础上，银行可以有效地开展精准营销，包括实时营销、交叉营销、个性化推荐等。实时营销是根据客户所在地或最近一次消费等实时状态信息进行针对性地营销，例如，当某客户采用信用卡采购露营用品时，银行可通过预测模型来推测客户旅游出行的概率，并推荐其他出行类产品或业务。交叉营销是根据客户的消费记录或交易记录进行不同业务或产品的交叉推荐，例如，银行可根据客户交易记录进行分析，有效识别小微企业客户，然后用网络银行来实施交叉销售。个性化推荐是指银行可以根据客户的喜好提供服务或进行银行产品的个性化推荐，例如，银行可根据客户的年龄、资产规模、理财偏好等信息，对客户群进行精准定位，分析出其潜在的金融服务需求，进而进行针对性地营销推广。

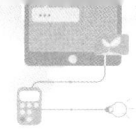

3. 风险管控

信贷风险一直是金融机构努力化解的重要问题之一。利用大数据技术，银行可对中小企业的贷款风险进行评估，对欺诈交易进行识别，从而帮助银行降低风险。例如，某些小额贷款平台会依据会员在该平台上的网络活跃度、交易量、网上信用评价以及海关、税务、电力等外部数据等，结合企业自身经营的财务健康状况进行信贷风险管控。

对于欺诈交易识别，银行可以利用持卡人的个人基本信息、银行卡基本信息、交易历史信息、客户历史行为模式及正在发生的行为模式等，结合智能规则引擎进行实时地交易反欺诈分析。

4. 运营优化

银行可以利用大数据分析方法对市场和渠道分析、产品和服务分析、舆情分析等进行优化，为管理层提供可靠的数据支撑，使经营决策更加高效、敏捷和精确。

在市场和渠道分析优化方面，银行可以通过大数据监控不同市场推广渠道的推广质量，分析哪些渠道更适合推广哪类银行产品或服务，从而对合作渠道和渠道推广策略进行调整和优化。

在产品和服务优化方面，银行可以将客户行为转化为信息流，从中分析客户的个性特征和风险偏好，更深层次地理解客户的习惯，智能化分析和预测客户需求，从而进行产品创新和服务优化。

在舆情分析方面，银行可以利用爬虫技术，抓取网络社区、论坛和微博关于银行及其产品和服务的相关信息，并通过自然语言处理技术进行正负面判断，及时发现和处理问题。

（四）大数据 + 安全

在安全领域，政府可以利用大数据技术构建起强大的国家安全保障体系，企业可以利用大数据抵御网络攻击，公安部门可以借助大数据来预防犯罪。

1. 大数据助力公共安全

随着经济的快速增长、城市人口不断增多，国内社会治安面临严重挑战，许多新型公共安全问题层出不穷。

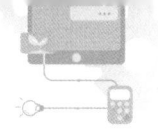

公共安全管理部门利用丰富的大数据、尖端的人工智能技术、高速的云计算及海量的云存储能力，采用先进的数据采集手段来获取丰富的内部数据和外部数据，

内部数据有户籍信息、出入境信息、驾驶证信息、居住证信息、纳税信息、社会保险信息、实有人口基本信息等，外部数据有旅馆数据、通信数据、交通数据、交易数据、社交网络数据、快递数据等。在内外数据的基础上，公共安全管理部门可以利用先进的数学模型对全量数据进行关联关系挖掘和关系推演，以洞察事件发生的可能性。配之以直观的大数据可视化技术，完成突发事件的快速响应和多部门之间地有效协作，为保护人民的生命财产安全保驾护航。

2. 大数据助力移动互联网安全

除生活中的公共安全管理外，人们日常使用的智能手机、平板电脑等便携移动设备的安全也是不容忽视的问题。智能移动设备上安装了大量的移动软件，这些软件有的是通过非法主动获取用户的生活隐私、财产隐私、工作隐私等数据，危害用户的隐私和财产安全；有的是由于自身软件功能的缺陷，在被黑客攻击后会造成用户损失；有的虽然不以盗取用户数据为目的，但却通过软件发布违规内容，污染网络环境，混淆视听，甚至威胁整个舆论阵地。

在互联网安全的监管方面，利用基于深度学习的恶意行为检测，基于机器学习的内容违规检测、盗版仿冒检测、高危漏洞扫描、关联分析等技术，可以对每天爬取的 App 大数据进行分类、入库存储、安全分析及展现，形成移动互联网安全状况的全景，为管理部门提供辅助决策信息。

（五）大数据自身的安全

大数据时代，各行业的数据规模呈 TB 级别的增长，拥有高价值数据源的企业在大数据产业链中的核心地位越来越重要。伴随这种重要地位而来的是日益重要的数据安全防护要求。

1. 大数据安全案例

在数据资产化的今天，拥有海量用户数据的重要商业网站，已成为民间黑客甚至国家级黑客攻击的重要目标。

2015 年 5 月，美国国税局宣布其系统遭受攻击，约 10 余万人的个人信息数据被泄露，同时约 39 万个纳税人账户被非法访问。

2016 年 9 月，全球互联网巨头雅虎证实，在 2014 年间，至少有 5 亿用户的账户信息被黑客窃取，窃取的内容涉及用户姓名、电子邮箱、电话号码、出生日期和部分登录密码等。

2019 年 7 月，微软的 Window10 操作系统由于过度搜集用户数据而违反欧盟的“安全港”法规，遭到了法国监管机构国家信息与自由委员会的发函警告。

2021 年，Facebook 遭遇了一次大规模数据泄露，其中涉及超过 5 亿用户的个人信息泄露，这些信息在黑客论坛上被免费分享。泄露的数据包括电话号码、ID、用户姓名、性别、位置、生日、电子邮件地址等。

从上述列举的信息安全事件中可以看出，在数据生产、流通和消费等大数据产业的各个环节，都可能存在数据安全漏洞和数据被盗卖的风险。造成这些大数据安全事件的风险成因复杂交织，既有外部攻击，又有内部泄密；既有技术漏洞，又有管理缺陷；既有新技术、新模式触发的新风险，又有传统安全问题的持续触发。

2. 大数据安全防护

将数据作为核心资产的企业在充分挖掘和发挥大数据价值的同时，必须解决好数据安全与个人信息保护等问题。

保护数据安全就是要保护信息系统或信息网络中的各类数据资源免于各种攻击、侵扰和破坏。随着信息技术的高速发展和高价值数据源的集中，如何确保网络数据的完整性、可用性和保密性，如何保证数据源不受信息泄漏和非法篡改的安全威胁，已成为政府机构和企事业单位在信息化高速健康发展过程中必须要考虑的核心问题。

防止数据泄露可采取的安全防护技术主要有：数据资产梳理（对公司拥有的数据、数据所处位置及数据敏感级别保持恰当的控制）、数据库加密（主动对核心数据加密存储）、数据库安全运维（防止运维人员对数据库进行访问和操作时的恶意操作和高危操作）、数据脱敏（通过脱敏规则对数据匿名化，实现敏感隐私数据的可靠保护）、数据库漏扫（通过授权扫描、非授权扫描、弱口令、渗透攻击等检测方式发现数据库安全隐患）等。

六、大数据思维

大数据时代，人们处理问题、解决问题的思维方式也发生很大的变化，具体体现在以下几个方面。

（一）全局思维

统计抽样其实只是为了在技术受限的特定时期，解决当时存在的一些特定问题而产生的。在大数据时代，随着数据收集、存储、分析技术的突破性发展，人们可以更加方便、快捷、动态地获得研究对象有关的所有数据，而不再因诸多限制不得不采用样本研究方法。相应地，大数据时代的思维方式也应该从样本思维转向全局思维，从而能够更加全面、立体、系统地认识总体状况。

（二）容错思维

由于抽样统计的结果从理论上讲其结论有不确定性，因此抽样的一丁点错误，就容易导致结论的“失之毫厘，谬以千里”。为保证抽样统计得出的结论相对正确，人们对抽样的数据精益求精，容不得半点差错。然而，大数据时代，由于人们采集了全样数据，而不是部分抽样数据，数据中的异常、纰漏、疏忽、错误都是数据的实际情况反映，当拥有海量即时数据时，绝对的精准不再是追求的主要目标，适当忽略微观层面上的精确度，容许一定程度的错误与混杂，反而可以在宏观层面拥有更好的洞察力。

（三）相关思维

在小数据世界中，人们往往执着于现象背后的因果关系，试图通过有限样本数据来剖析其中的内在机理。而在大数据时代，人们可以通过大数据技术挖掘出事物之间隐蔽的相关关系，获得更多的认知与洞见，运用这些认知与洞见就可以帮助人们捕捉现在和预测未来，而建立在相关关系分析基础上的预测正是大数据的核心议题。

任务二　财务大数据认知

任务说明

本任务帮助读者了解什么是财务大数据及大数据时代对财务行业的影响。作为财务人员的苏琳明白，在大数据时代，只有建立财务大数据，企业才能将大量的内部和外部数据整理成有价值的信息，提炼出辅助企业决策的情报，成为真正有价值的企业数字资产。

任务实施

一、财务大数据的概念

财务大数据是“财务”和“大数据”的有效结合，其依托海量结构化和非结构化的数据，利用大数据技术对数据进行分析，提炼出能辅助企业进行战略决策的有用信息，使数据成为真正有价值的企业数字资产。

随着大数据时代的到来，企业更加注重内部和外部数据的挖掘与深入分析。对于财务行业而言，大数据时代与小数据时代的区别在于：

（1）大数据时代的数据量突然大幅度增多，且增加的大多是非结构化的业务数据、政治法律环境数据、经济环境数据、社会和文化环境数据及技术类数据等。

（2）面对大数据时代的海量数据处理需求，数据分析人员的反应时间要短，反应速度要快。

因此，在大数据时代，如何收集数据、整理数据、分析数据和利用数据，并将这些有效数据进行整合和资源配置，是目前财务大数据分析要解决的主要难题。

二、大数据对财务行业的影响

在数字技术高速发展的背景下，各行各业实现了对海量的、杂乱的数据的处理和高效利用，创造了更多价值。对于企业而言，借助大数据及其关键技术形成财务大数据，可以赋能企业财务管理网络化、数据化和智能化。对于企业会计而言，利用大数据、人工智能等技术的支持，能够使预算、核算及决算工作更加快捷地完成，同时也有助于财务登记、审核以及财务档案等工作实现信息化，提升财务会计的工作效率。

（一）提升传统财务工作效率，重复性工作将被计算机系统取代

很多企业都有制作财务日报、周报、月报的重复性报表需求，通过计算机系统可实时展现自动更新的财务分析报表，并做到定时定点推送。在大数据背景下，计算机系统会把海量信息集合，按照程序给企业提供全面的分析报告，大量的重复工作将由程序自动处理，数据的收集、处理、分析速度不断加快，工作效率大大提升。

（二）促进传统财务流程重组，财务共享中心是未来的发展趋势

在大数据背景下，企业可以共享强大的数据库，使用大数据技术对数据进行筛

选、切割、排序、汇总等，自助灵活地达成期望的数据处理结果。企业也可以对数据进行分析，直观发现、剖析、预警数据中所隐藏的问题，及时应对业务中的风险，并发现增长点。

（三）预算管理更精准，财务会计走向决策高度

大数据能够使财务人员更精准地制定预算管理，通过大数据事前预测、事中把控、事后分析全程参与业务，挖掘财会数据价值，为领导层决策提供科学依据。

三、大数据在财务行业中的应用

利用大数据和人工智能提升企业预测和决策的能力，是当前财务与会计领域的重要变革之一，数据智能将成为未来企业财务的核心。传统财务会计主要依据数据、信息及资料的相关性进行分析和预测，预测的准确性主要受限于数据、信息及资料的丰富程度。而大数据技术恰恰弥补了这方面的不足，在大数据时代，人们已经不再受限于海量数据难以存储、全量数据难以运算的瓶颈，在财务分析和预测时可以用全量数据代替样本数据，用数据挖掘、机器学习、深度学习等技术代替人脑分析，用客观分析结果代替主观经验判断，用可视化动态图表代替静态报表展示。

传统的财务数据大多保存在结构化的关系型数据库或数据仓库中，这些数据的处理并不需要过多的大数据技术。然而，随着企业外部环境中大量非结构化、半结构化数据快速增多，支持财务分析和预测的数据在数量、容量和并发量三个方面远超出传统数据范围，财务大数据越发细致化、多元化和多维化。这意味着企业财务可以从经济业务中提取到更加多维的数据，从而超越原有的简单辅助核算；也可以整合更加多元的数据，既包括公司内部的合同、供应商、客户、订单、存货、研发、产品、营销、销售等数据，也包括外部的行业数据、同行比较数据、竞争对手数据、宏观经济数据以及重要的行情指标数据等。利用这些财务大数据，企业便可将业财基础数据变成有价值的信息，提炼出辅助企业制定战略决策的情报，使数据真正成为有价值的数字资产。

在智能财务时代，通过建立财务自身的“大数据”，可以帮助企业将财务数据工作管理得更细、更全、更好，让隐藏的数据价值体现出来，让企业经营和决策看得懂、用得着。只有这样，才能真正实现财务会计向管理会计的转型，充分体现会计职业的价值。

知识扩展

中国铁塔财务数字化转型之路

在第三届智能财务高峰论坛中，中国铁塔股份有限公司（简称中国铁塔）分享了其财务数字化转型经验，充分体现了财务大数据的价值。

中国铁塔拥有200余万座铁塔，资产高度分散、资产规模巨大。为实现精细化管理，中国铁塔通过一站一个身份证、一物一个资产码的方式对资产进行编码，实现资产全生命周期数字化管理，并在此基础上实现单塔核算。中国铁塔打通了采购、工程、营收、资产、维护等信息系统，贯通系统数据，实现业财一体化、稽核智能化、核算自动化、决策数字化的有机结合。

四、财务大数据的特点

与传统财务数据相比，财务大数据呈现出以下三个方面的特征。

（一）更细致的数据

在手工会计核算和电算化会计核算工作中，对于涉及较多原始单据和业务数据的情况，出于降低工作量的考虑，往往会采用合并处理的方式进行会计核算。例如，电商的销售收入数据、员工大量的报销单据等，一般都只记录一笔记账凭证，而不是逐笔编制会计分录和凭证。但是这样做只保留了统计结果，丢失了原有业务中的明细数据和信息，丧失了数据的可追溯性和可分析性。

（二）更多维的数据

在传统的会计核算中，一般会根据部门、人员、项目、供应商、客户等设置一些辅助核算项，来帮助记录业务数据的明细信息。但是，一个业务活动往往具有非常多的数据项和数据维度，例如，出差费用报销业务除所属部门、人员信息外，还包括乘坐的交通工具信息、座位和舱位等级信息、酒店星级、城市信息等非常多的维度信息，这些数据在进行常规会计核算时，无法通过辅助核算方式来记录，从而也就没有办法进行进一步的财务分析。

（三）更多元的数据

在进行传统会计核算和财务分析时，财务人员往往比较关注自己企业的内部数据，却较少涉及行业数据、同行比较数据、宏观经济数据、汇率数据、重要行情指数等。即使在大数据时代有更多元的数据供财务分析使用，但由于传统财务人员缺乏相关的大数据知识和技术，因此也限制了他们从外部数据源获取、整理、分析和统计数据的做法。

在智能财务时代，通过大数据、人工智能等相关技术的应用，财务人员可以将更加细致的原始数据交由机器自动逐笔处理，而不用人工合并录入系统；财务人员可以利用智能机器从经济业务中提取到更加多维的数据，而不只包括简单辅助核算项的数据；财务人员可以利用大数据技术整合更加多元的公司内部和外部数据，而不仅是常规的部分内部数据。

任务三　大数据处理流程和大数据分析处理工具认知

任务说明

本任务通过讲解大数据处理流程和大数据分析处理工具，使像苏琳这样的初学者弄清楚如何利用大数据及大数据技术为财务分析目标服务。通过本任务的学习，读者们应该能够独立回答下面一些问题：大数据处理流程是什么样的？常见的大数据分析处理工具有哪些？ Python 作为大数据分析处理工具的优势有哪些？

任务实施

如前文所述，大数据是一种需要专门技术来处理才能发挥强大决策力、洞察发现力和流程优化力的信息资产，这种数据集合的规模大到无法使用传统数据处理方法来获取、存储、管理和分析。因此，要发挥大数据的作用，必须提高运用大数据技术解决问题的相关能力。

一、大数据处理流程

大数据是一种全新的思维方式和商业模式，培养员工掌握数据分析思路和数据化管理方式是非常重要和必要的。在数据就是财富的数字经济时代，合理地利用历史数据和实时数据可以为企业决策者提供正确高效的决策支撑。

企业利用大数据进行经营管理和辅助预决策时，大致需要完成以下四个步骤：数据获取、数据预处理、数据分析、数据可视化。

（一）数据获取

数字技术的发展给企业获取数据提供了多种便利渠道。对于企业来说，获取数据的来源不仅包括来自企业内部的数据，也包括来自企业外部的数据。内部数据可以是企业各类信息系统中的数据，外部数据可以是爬取外部网页的数据或从数据服务商处购买的数据等。

知识扩展

网络爬虫是负责爬取网页数据的程序或脚本。网络爬虫又叫网页蜘蛛、网络机器人、网页追逐者，它按照一定的规则，自动地抓取网页信息。

在大数据时代，网络爬虫广泛应用于数据采集领域。通过编写网络爬虫程序或使用具有网络爬虫功能的工具，数据分析师可以从浩瀚的互联网中大规模、自动化地获取数据分析所需要的大量数据。

在数据已成为资产的时代，能够自动、批量获取数据的网络爬虫变得越来越重要。

1. 企业内部数据获取

企业内部数据主要是指来自诸如企业资源计划系统、客户关系管理系统、财务系统等企业内部信息系统的数据，涵盖企业内部生产经营活动中所产生的生产数据、财务数据、销售数据等。这种数据多以结构化数据为主，是大数据中价值密度较高的一类数据。

2. 企业外部数据获取

企业外部数据主要包括来自政府、竞争对手、所属行业等的相关数据，这部分数据的获取主要依赖于从数据分析商处购买或从网络中爬取。

（二）数据预处理

收集到的数据需要先进行专门的处理，之后才能用于数据分析，否则将导致错误的分析结论或不能完成数据分析任务。这些专门的处理称为数据预处理，包括对不符合要求的数据进行数据清洗以保证数据的完备性和数据质量、对数据进行标准化处理以使数据集符合数据挖掘时的算法要求。

1. 数据清洗

数据清洗是对数据进行重新审查和校验的过程，目的在于删除重复信息，纠正错误，保证数据的一致性。

一般获取到的原始数据往往存在缺失、异常或重复等质量问题，数据清洗，顾名思义就是把“脏”的数据“洗掉”，这是发现并纠正数据文件中可识别的错误的最后一道程序。常见的数据清洗方法包括缺失值处理方法、异常值处理方法、重复数据处理方法等。

2. 数据标准化

随着研究领域不断扩大、评价对象日趋复杂，多指标综合评价方法应运而生。多指标综合评价方法从整体角度全面地考虑问题，可避免仅依据单一指标对事物进行评价的不合理现象。多指标综合评价方法把描述评价对象不同方面的多个指标信息综合起来，得到一个综合指标，据此对评价对象做一个整体上的评判，并可进行横向或纵向比较。

而在多指标评价体系中，由于各评价指标的性质不同，通常会具有不同的量纲和数量级。当各指标间的水平相差很大时，若直接用原始指标值进行分析，就会突出数值较高的指标在综合分析中的作用，相对削弱数值水平较低的指标在综合分析中的作用。为了保证结果的可靠性，一般需要对原始指标数据进行标准化处理。

数据标准化是用于消除不同评价指标的单位量纲和数量级带来的数据不可比性，又称数据无量纲化或数据归一化。常见的数据标准化处理方法有：min-max 归一化、平均归一化、非线性归一化、z-score 标准化等。

（三）数据分析

数据分析是采用适当的方法对收集来的大量看似杂乱无章的数据进行理解、分析和汇总，提炼数据的内在规律，以最大化地开发数据的功能，发挥数据的作用。数据分析是为了提取有用信息和形成结论而对数据加以详细研究和概括总结的过程，基于大数据的分析活动主要挑战的不是大数据分析的技术，而是基于对行业的深入了解和对业务的精准把控，只有明确问题分析的方向才有可能准确地实现目标的分析。数据分析包括狭义数据分析和数据挖掘。

狭义数据分析是指根据事先确定的分析目标，选择适当的统计分析方法或工具，对收集来的大量数据进行处理与分析，从中提取有价值的信息，形成分析结论。分析结果可以辅助企业进行管理优化、预测和决策。

数据挖掘是采用适当的挖掘算法或工具，对收集来的海量数据进行挖掘，从中发现不为人知、无法通过人的经验或对数据的直观观察得出的规则或结论。挖掘出的规则或结论可以用于预测和决策。

本书作为一本财经类专业的大数据入门书籍，不重点区别狭义数据分析和数据挖掘，一律采用广义数据分析的概念。

（四）数据可视化

数据可视化是指将大型的、集中的数据以图形、图像形式表示，并利用数据分析和开发工具发现其中未知信息的处理过程。数据可视化旨在借助图形化手段，清晰有效地传达与沟通信息。在各类报表和说明性文件中，用直观的可视化图表展现数据，显得更为简洁、可靠、客观，也更有说服力。

许多大数据分析环境和工具都具有数据可视化功能，数据可视化功能既能给用户提供数据跟踪、抓取和多维度分析功能，还能支持多数据源、实时数据更新和交互式数据展示。

当前的数据可视化在可视化图形表现形式方面也更加多样化和丰富化，除支持传统的饼图、柱状图、折线图等常见图形外，还支持气泡图、面积图、词云图、瀑布图、漏斗图等多样化的图表。这些种类繁多的图形能满足不同用户的不同展示需求和分析需求。

在上述大数据处理流程中，数据质量一直贯穿始终，即每个数据处理环节的数据质量都会对整体大数据分析效果产生影响。一般地，一个好的大数据产品要有大量的数据规模、快速的数据处理、精准的数据分析与预测、优秀的可视化图表展示以及简练易懂的结果解释。

二、大数据分析处理工具

能够实现数据分析和处理的工具很多，像 Excel、SAS、SPSS、R、Python 等都能用于数据分析和处理，有的人甚至直接运用 Oracle、SQL Server、MySQL、MongoDB 等数据库技术进行大量且快速的数据处理。近些年来，随着数据科学的蓬勃发展，许多公司（包括很多创业公司）都推出了基于图形用户界面（Graphical User Interface，简称 GUI）的数据科学工具。即便不具备任何编程经验或对算法知之甚少的人，也可以借助这些工具来构建高质量的机器学习模型，进而成为一名合格的数据科学家。当然，上述各种数据处理工具在处理数据的效率、数据量大小和复杂度、数据模型的数量和效率、界面友好性等方面都存在一定的差异。下面重点介绍 Excel 和 Python。

（一）Excel

Excel 作为微软办公自动化软件家族中的一员，是上述这些能够进行数据分析和处理的软件中人们最熟悉的一个，如今的 Excel 功能十分强大，对于从事数据处理和分析的新手来说，使用 Excel 处理日常数据量较小的业务数据时既容易上手，效果又不太逊色于专业数据分析处理软件。

Excel 不仅可以提供最基本的工作簿、工作表、行和列、单元格等各种级别的对象操作方法，还可以提供与图表有关的功能、与数据处理相关的功能，并允许链接外部数据、支持 VBA 代码、支持 ActiveX 及表单等控件类对象、支持宏操作、支持数据安全管理以及支持各种类型的输出设置等。

（二）Python

Python 是由荷兰数学和计算机科学研究学会的吉多·范罗苏姆于 20 世纪 90 年代初设计的计算机编程语言。和计算机交流的语言有很多，不同的语言可以解决不同的问题。但若要实现数据分析的功能，那么 Python 语言是首选。对于初学者来说，Python 非常易学易用，它的语法结构简单，通俗易懂，同时借助各种第三方库，Python 能实现无所不能的数据管理和分析任务。

不久的将来，Python 会像 Office 软件一样成为办公必备技能。

（三）Python 与 Excel 比较

在当前的财务分析工作中，Excel 是一个必不可少的工具。不过要想真正精通

Excel，最高端的就是使用 VBA（Visual Basic for Applications）语言自己写宏，但是 VBA 作为一种编程语言是十分难学的；同时，对于数据量较大的情况，Excel 会由于不能胜任庞大的数据量而卡顿。在使用 Python 进行财务分析时，则不会出现上述问题。首先，Python 比 Excel 的 VBA 语言好学；其次，通常在 Excel 中需要大量复杂操作的任务，在 Python 中只需要短短几行代码就能轻松解决，特别是当数据分析任务重复度很高的时候，只要略微改动 Python 的代码即可完成任务，大大节省了时间，提高了效率；再次，Python 处理数据的体量要比 Excel 大得多；最后，Python 还有强大的绘图功能，可以自动生成可视化图形，再复杂的绘图过程都可以一次性完成，其数据结果还非常清晰直观。

技能训练 >>>

一、单选题

1. 下列不属于大数据的特点的是（　　）。

A. 海量化的数据　　B. 大数据都是有价值的数据

C. 数据类型的多样化　　D. 大数据的价值密度相对较低

2. 关于大数据思维的描述，下列观点错误的是（　　）。

A. 大数据时代的思维方式从样本思维转向总体思维

B. 大数据思维要从精确性转向模糊性

C. 大数据思维要从因果关系转向相关关系

D. 大数据时代，所有数据都是结构化数据

3. 关于财务大数据的描述，下列说法错误的是（　　）。

A. 大数据时代，大量的财务报表数据由程序自动处理，工作效率大大提升

B. 大数据时代，财务共享中心是未来的趋势

C. 大数据能够使财务人员更精准地制定预算管理，为领导层提供决策依据

D. 大数据时代，财会人员只需要关注自己企业的内部数据，不需要关注行业数据

4. 下列选项中，不属于大数据处理的环节的是（　　）。

A. 数据模型　　B. 数据预处理

C. 数据分析　　D. 数据可视化

5. 下列选项中，可以作为大数据处理的工具的是（　　）。

A. Google　　B. Python

C. Baidu　　D. Windows

二、简答题

1. 大数据的“4V”特征分别是什么？请举例说明和解释。
2. 大数据的数据来源和类型有哪些？请列举说明。
3. 列举当前大数据的应用场景，思考大数据将来还可应用在哪些方面？
4. 哪些数据是结构化数据？哪些是非结构化数据？请列举说明。
5. 谈一谈对财务大数据的理解。
6. 数据分析的目的是什么？
7. 简述数据分析的基本过程。
8. Python 作为大数据分析处理工具的优势有哪些？

项目评价表 >>>

学习效果评价表

任务序号	任务内容	任务清单	权重	
任务一	大数据认知	了解大数据的含义	5%	40%
		理解大数据的发展历程	10%	
		掌握大数据的特点	10%	
		了解我国大数据发展战略	5%	
		了解大数据应用场景	5%	
		了解大数据思维	5%	
任务二	财务大数据认知	掌握财务大数据的概念	10%	40%
		掌握大数据对财务行业的影响	10%	
		理解大数据在财务行业中的应用	10%	
		掌握财务大数据的特点	10%	
任务三	大数据处理流程和大数据分析处理工具认知	掌握大数据处理流程	10%	20%
		了解大数据处理工具	10%	

续表

实践能力评价表				
任务序号	任务内容	任务清单	权重	
技能训练一	大数据常识认知	辨识大数据特点	5%	25%
		辨识大数据思维	5%	
		辨识财务大数据	5%	
		辨识大数据处理流程	5%	
		辨识大数据分析处理工具	5%	
技能训练二	大数据理论与技术认知	简述大数据的“4V”特征	10%	75%
		简述大数据的数据来源和类型	10%	
		举例说明当前大数据的应用场景	5%	
		区别结构化数据和非结构化数据	10%	
		简述财务大数据的概念	10%	
		论述数据分析的目的	10%	
		描述数据分析的基本过程	10%	
		简述 Python 作为大数据分析处理工具的优势	10%	

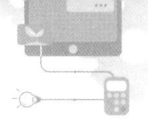

项目二

Python 环境搭建与使用

2

学习目标

知识目标

1. 了解 Python 开发环境
2. 掌握 Anaconda 的安装方法
3. 掌握 Jupyter Notebook 的基本使用方法

能力目标

1. 能够根据工作要求下载和安装开发环境
2. 能够根据财务大数据分析要求安装所需的 Python 工具包
3. 能够熟练完成 Jupyter Notebook 的基本操作

素养目标

1. 引入数据处理技术，认知新的数据处理工具，扩大知识范围，增强专业技能
2. 增强信息素养，树立专业融合、终身学习的正确理念

学思践行

工欲善其事，必先利其器

《论语·卫灵公》中记载："子贡问为仁。子曰：'工欲善其事，必先利其器。居是邦也，事其大夫之贤者，友其士之仁者。'"它的意思是：孔子的学生子贡问怎样才能实行仁德。孔子说，工匠要想把活干好，必须先把工具磨锋利。住在一个国家，就要给有德行的大夫效劳出力，同士人中的仁者交朋友。

【思考与践行】作为青年学习者，必须先使自己工作的能力变强。作为财务人

员，要做好财务数据分析这件事，学好 Python 很重要。从本项目开始，苏琳将逐步进入 Python 学习的各个阶段，用大数据分析的技能武装自己，力争从传统的“账房先生”变成企业的决策参谋。

项目说明 >>>

在正式学习 Python 数据分析之前，苏琳需要先搭建好 Python 环境。通过本项目的学习开启 Python 财务大数据分析的大门，迈入 Python 财务大数据分析的世界。本项目首先介绍 Python 与 Anaconda 的关系，然后介绍 Anaconda 环境的安装及使用，最后带大家完成一个小练习，成功踏入 Python 数据处理与分析的大门。

项目分解 >>>

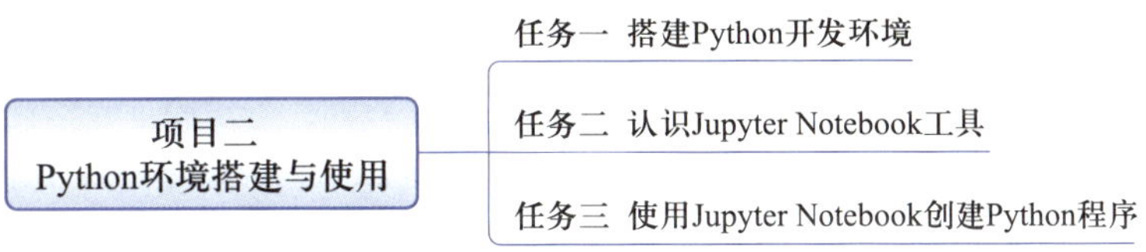

任务一 搭建 Python 开发环境

任务说明

本任务要掌握 Anaconda 环境的下载和安装方法，为后面使用 Anaconda 环境进行数据处理及分析做好铺垫。通过本任务的学习，读者们应能独立完成 Anaconda 版本的选择、下载、安装，并对安装结果进行验证。

任务实施

就像编辑文档需要安装文字处理软件、聊天需要安装聊天软件一样，要在计算机上编写 Python 程序，也需要先搭建 Python 开发环境。Python 程序有很多的开发环境可供使用，由于本书的重点是带领读者们学习编写 Python 财务数据分析程序，而 Anaconda 和 Jupyter Notebook 则是数据分析的标准环境。所以，本教材选择它们作为编写和执行 Python 数据分析代码的环境。下面将重点介绍如何安装和使用 Anaconda 及 Jupyter Notebook。

一、区分 Python 和 Anaconda

Python 之所以功能强大，是因为可以在其基本功能的基础上，通过导入第三方工具包扩展其功能，就像可以在一部智能手机上安装很多 App 来扩展其功能一样。若要使用 Python 进行数据分析，可在 Python 中导入用于数据处理和分析的 NumPy、Pandas、Matplotlib 等模块，以使 Python 变成一个可专门用于数据处理及可视化分析的开发环境。在 Python 中导入各种模块时，需要先将这些模块下载下来，再进行安装和配置，这些操作比较烦琐而且容易出错，对于初学者来说，是一个比较棘手的问题。但幸运的是，计算机工程师已经把 Python 和用于数据分析与可视化的模块都集成到一起了，数据分析人员只需直接下载和安装这个集成环境即可。这个集成的数据分析环境就是 Anaconda。

Python 与 Anaconda 的关系就像一台独立的计算机与一台已安装好扫描仪和打印机的计算机，也像一部没有安装 App 的手机和一部已安装了各种常规应用 App 的手机，前者只有基本功能，后者则是在前者的基础上扩充了很多功能。

Anaconda 是基于 Python 语言进行数据处理和科学计算开发的平台，它已经内置了许多重要的 Python 第三方库。在计算机上安装好 Anaconda，就相当于安装好了 Python 及数据分析用到的 NumPy、Pandas、Matplotlib 等模块，数据分析人员可以立即着手处理和分析数据，不再需要安装其他工具。因此，作为学习 Python 数据分析的初学者，只要学会下载和安装 Anaconda，数据分析需要的工具就都准备好了。

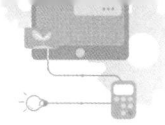

二、下载 Anaconda

下载
Anaconda

读者可以从本教材提供的教学资源中获取 Anaconda 安装包，也可以从清华大学开源软件镜像站等网站下载 Anaconda 安装包，下载时请注意网络安全。

提 示

Anaconda 一直在不断更新，不同时间下载的 Anaconda 安装包的版本可能会有区别。然而，即使软件版本不同，其安装过程区别并不大。读者可以参照下面的步骤进行 Anaconda 的安装。

三、安装 Anaconda

Anaconda 的安装过程比较简单，下面给出安装步骤及各步骤的含义。

步骤 1：双击下载好的安装文件，打开 Anaconda 安装向导，在安装向导界面单击“Next >”按钮，如图 2-1 所示。

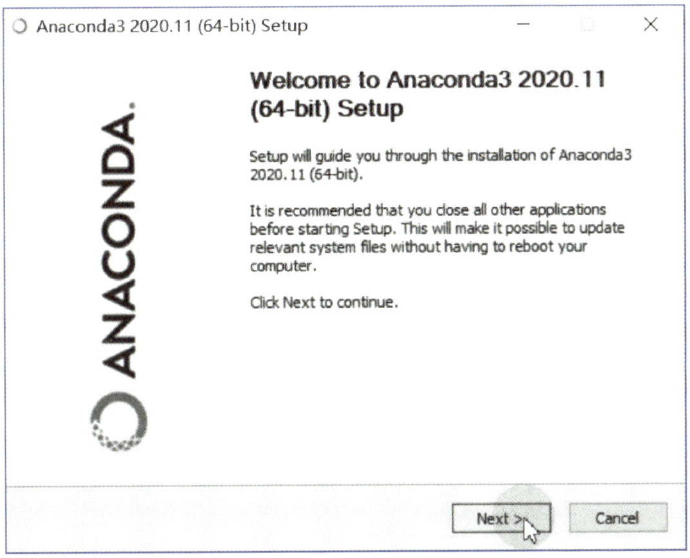

图 2-1 启动安装向导

步骤 2：在协议选择界面，单击“I Agree”按钮，如图 2-2 所示。

步骤 3：在选择安装类型界面中，“Install for: All Users（requires admin privileges）”

表示安装的 Anaconda 可以为当前计算机上的所有用户使用，“Install for: Just me（recommended）”表示安装的 Anaconda 仅供当前计算机上的当前用户使用。这里选择“All Users（requires admin privileges）”，单击“Next ＞”按钮，如图 2-3 所示。

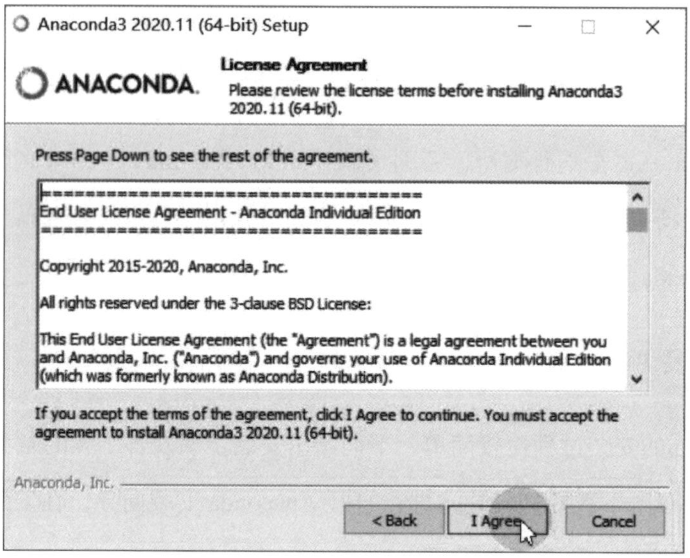

图 2-2　选择同意协议

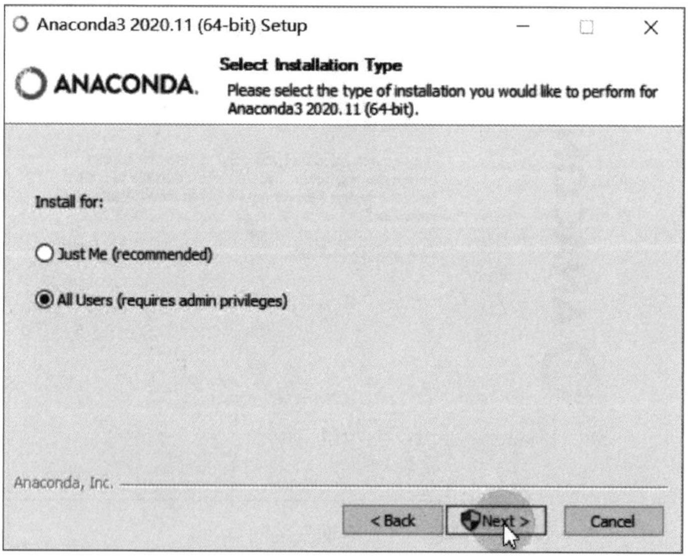

图 2-3　选择安装类型

步骤 4：在打开的安装路径设置界面，可以设置 Anaconda 的安装路径，建议采用默认安装路径。设置好安装路径后，单击“Next ＞”按钮，如图 2-4 所示。

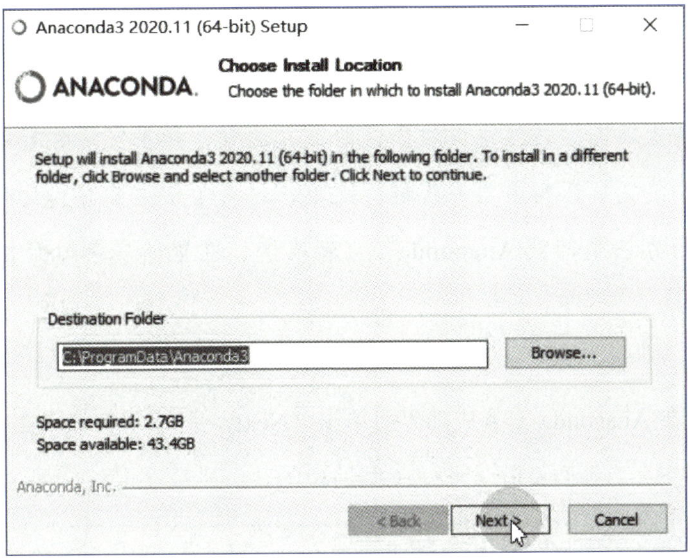

图 2-4　选择安装路径

步骤 5：在打开的“Advanced Installation Options”（高级安装选项）界面中，将两个复选框都选中，如图 2-5 所示。其中，第一个复选框表示是否允许将 Anaconda 添加到系统路径环境变量中，第二个复选框表示 Anaconda 默认使用 Python3.8 版本[①]。设置完成后，单击“Install”按钮安装 Anaconda。

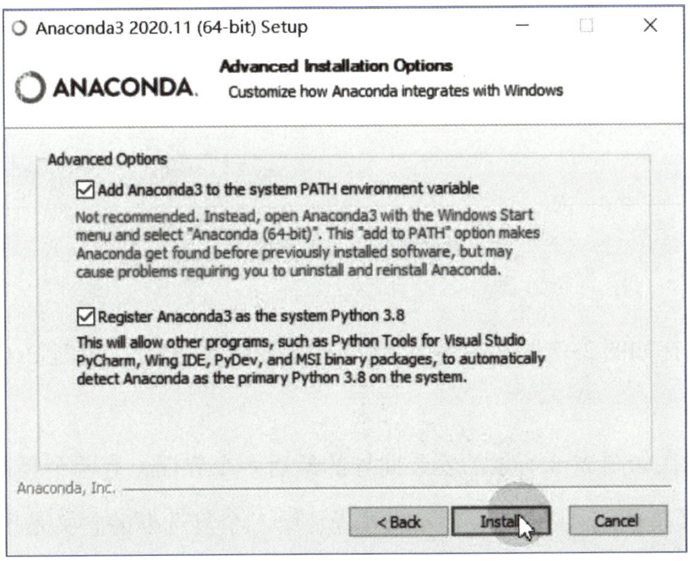

图 2-5　勾选高级安装选项

① 可能会因安装包的版本不同而有所差异。

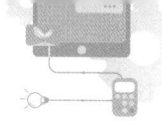

提　示

对于初学者来说，强烈建议勾选这两个复选框；如果安装时忘记勾选这两个选项，则在安装完后还需要对系统进行配置，这对于初学者而言是有难度的。此时，最简单的办法是卸载 Anaconda，重新安装，在重新安装时记住勾选这两个选项。

步骤 6：在 Anaconda 安装成功界面单击“Next >”按钮，如图 2-6 所示。

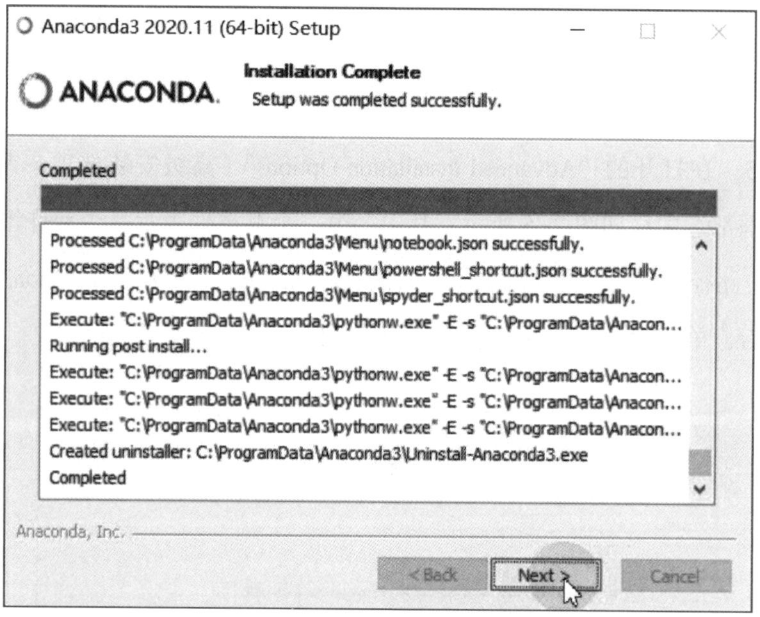

图 2-6　安装完成

步骤 7：在如图 2-7 所示的界面，单击“Next >”按钮，跳过 PyCharm 的下载和安装。

步骤 8：在如图 2-8 所示的安装向导的最后一个界面，有两个复选框，第一个复选框的含义是使用 Anaconda 个人版教程，第二个复选框的含义是启动 Anaconda 开始 Python 数据分析之旅。这里可以取消复选框的勾选，然后单击“Finish”按钮结束安装。

安装
Anaconda

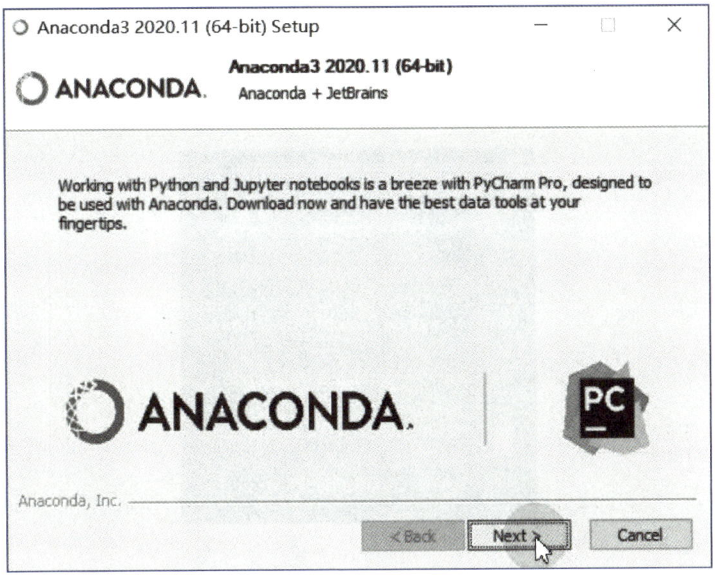

图 2-7　跳过 PyCharm 的下载和安装

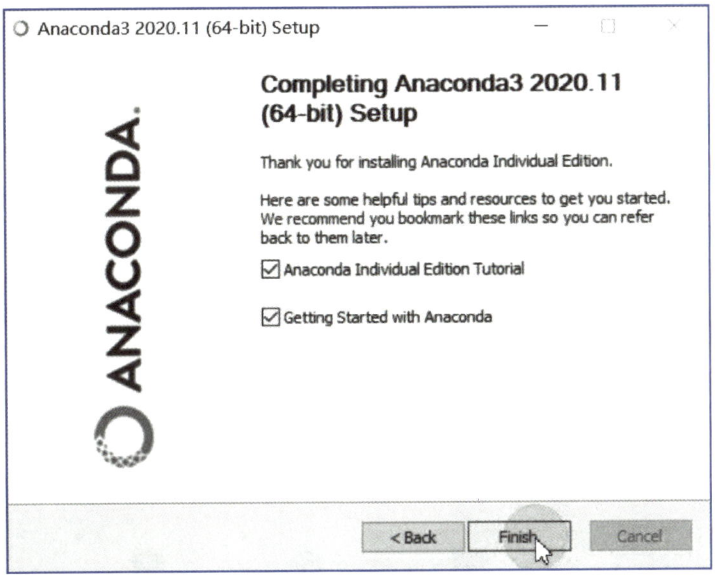

图 2-8　关闭安装向导

四、检验 Anaconda 安装是否成功

可以通过启动 Anaconda Navigator 来验证 Anaconda 是否安装成功。

步骤 1：单击屏幕左下角的“开始”按钮展开程序列表，在程序列表中找到

Anaconda3 文件夹，展开该文件夹后，可以看到多个 Anaconda 组件，如图 2-9 所示。

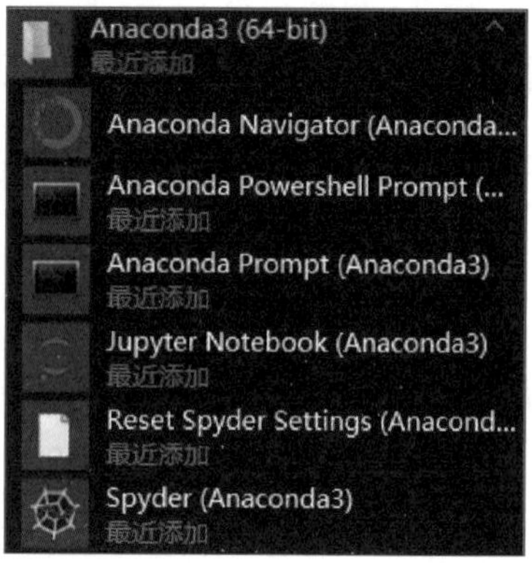

图 2-9　Anaconda3 程序文件夹

其中最常用的是倒数第三行“Jupyter Notebook（Anaconda3）”这一项。本书中所有代码的练习都要在这里编辑，就如同编辑文字时要先打开 Word 一样。

步骤 2：单击图 2-9 中的“Anaconda Navigator（Anaconda3）”这一项，出现如图 2-10 所示的界面，则表示 Anaconda 安装成功。

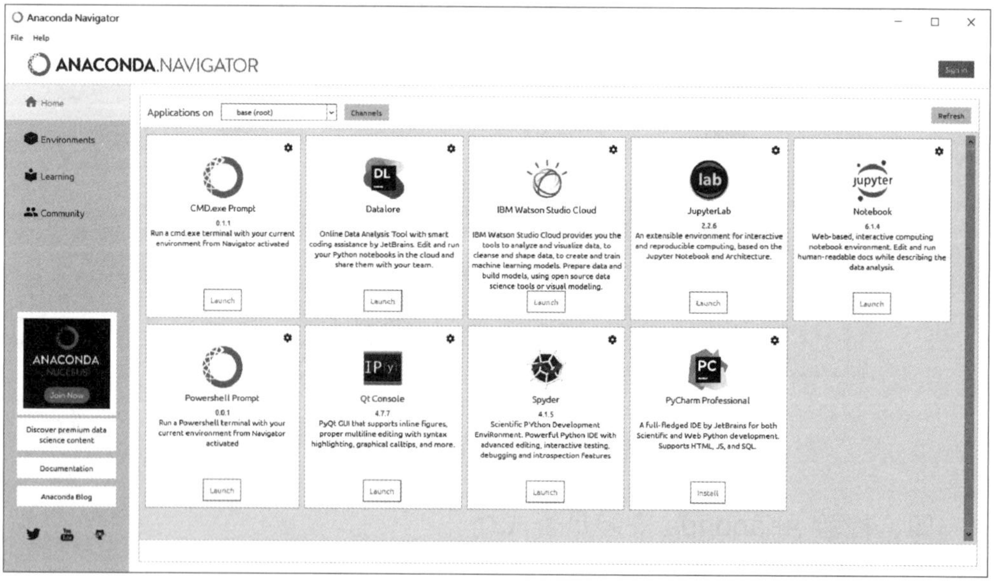

图 2-10　Anaconda Navigator 首页界面

任务二　认识 Jupyter Notebook 工具

任务说明

Anaconda 集成环境提供了一个代码编辑工具——Jupyter Notebook。本任务将带领读者认识 Jupyter Notebook，学习如何启动这个工具、熟悉该工具的操作界面并学会在这个编辑器中保存自己写好的代码。通过本任务的学习，像苏琳这样的初学者就能亲手创建自己的第一个 Python 程序了。

任务实施

Jupyter Notebook 是 Anaconda 集成环境中自带的代码编辑器，在计算机上安装好 Anaconda，默认就拥有了 Jupyter Notebook，不需要再另行下载和安装。本质上讲 Jupyter Notebook 是一个网页程序，它是以网页的形式打开的，但 Jupyter Notebook 和普通网页不同的是，数据分析师可以在 Jupyter Notebook 页面中直接编写和运行代码，代码的运行结果也会直接在网页中显示，这种操作 Jupyter Notebook 的过程叫作交互式编程。

对于数据分析来说，Jupyter Notebook 最大的优点是可以重现整个分析过程，它可以将数据分析中的说明性文字、程序代码、计算公式、图表展示和分析结论都整合在一个文档中，还可以将这个文档方便地分享给他人，以便数据的使用者查看数据分析过程并分析结论。

一、设置程序保存位置

使用过 Word 或 WPS 的读者都知道，当编辑好一篇文档后，要给该文档起一个文件名，并保存到磁盘的某一个位置，以供后续使用。同样地，在 Jupyter Notebook 中编写好程序代码后，也要给这些代码起一个文件名，并保存在指定的文件夹下。

在启动 Jupyter Notebook 之前，可以先设置好程序文件保存的位置，以后创建的程序就会自动保存到此位置，方便后续访问和操作。

步骤 1：首先在本地磁盘（E：）上新建一个名为 python 的文件夹（读者可以自行设定存储位置）。

步骤 2：右击“开始 | Anaconda3”下的 Jupyter Notebook，从弹出的快捷菜单中选择“更多 | 打开文件位置”，打开 Jupyter Notebook 快捷启动方式所在的文件夹。右击此文件夹下的 Jupyter Notebook，从打开的快捷菜单中选择“属性”，打开 Jupyter Notebook 属性对话框。

步骤 3：在对话框中，修改“目标”后的文本框内容。将光标定位到文本框的最后，先删除“%USERPROFILE%”字段，再在最后添加用户自己的文件夹（这里是 E:\python），如图 2-11 所示。注意在新添加的地址前留一个空格。

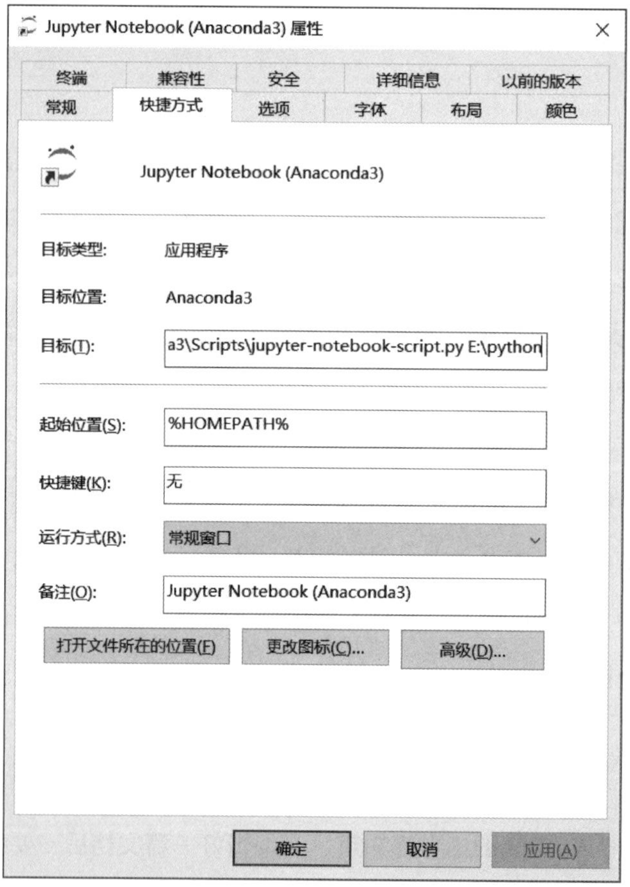

图 2-11 在 Jupyter Notebook 属性对话框添加用户自定义路径

步骤 4：在图 2-11 中单击“确定”按钮，完成修改。

二、启动 Jupyter Notebook

单击“开始 | Anaconda3”下的“Jupyter Notebook（Anaconda3）”项，启动 Jupyter Notebook。在启动 Jupyter Notebook 的过程中，会弹出一个黑色的启动窗口，如图 2-12 所示。同时在浏览器中打开 Jupyter Notebook 的主界面，如图 2-13 所示。

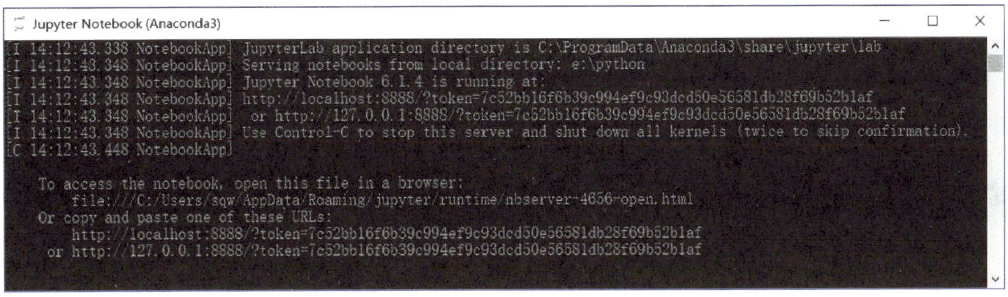

图 2-12　启动 Jupyter Notebook

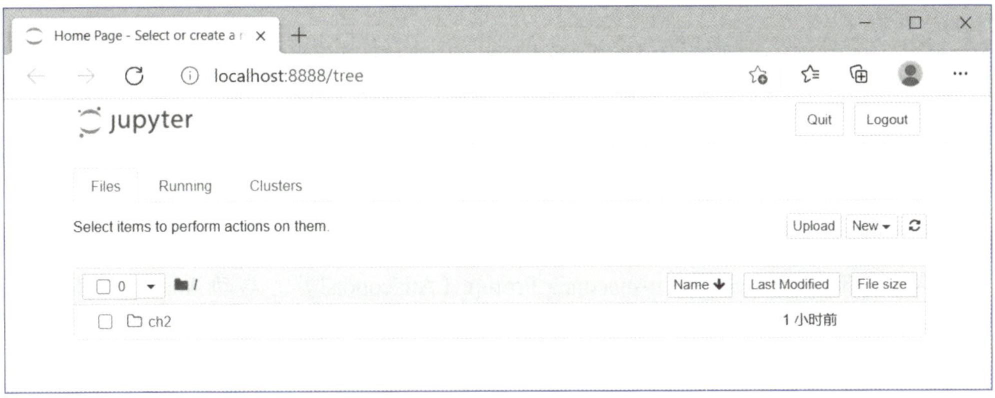

图 2-13　Jupyter Notebook 主界面

前面已经将“E:\python”设置为保存程序文件的路径，即“E:\python”是 Jupytcr Notebook 的当前文件夹，所以在图 2-13 中显示的就是“E:\python”下的所有内容。图 2-13 中显示了一个名为“ch2”的文件夹，这说明在 E 盘的 python 文件夹下有一个 ch2 文件夹。

提　示

（1）在 Jupyter Notebook 中进行操作时，注意不要关闭如图 2-12 所示的窗口。因为一旦关闭此窗口，Jupyter Notebook 就会断开与本地服务器的链接，这将导致无法继续在 Jupyter Notebook 中进行其他操作。

启动 Jupyter Notebook

（2）读者启动自己计算机中的 Jupyter Notebook 后，显示的界面可能和图 2-13 不同，这是因为不同计算机的 Jupyter Notebook 当前文件夹下的内容和本教材设置的 Jupyter Notebook 当前文件夹“E:\python”下的内容可能不同。如果没有自定义 Jupyter Notebook 路径，那么 Jupyter Notebook 也有自己的默认路径，此时打开 Jupyter Notebook 看到的就是默认路径下的所有内容。

知识扩展

下面给出其他启动 Jupyter Notebook 的方法。

1. 从 Anaconda 主界面启动

单击“开始 | Anaconda3 | Anaconda Navigator（Anaconda3）”，启动 Anaconda Navigator，打开如图 2-10 所示的 Anaconda Navigator 首页界面，单击 Jupyter Notebook 下的“Launch”按钮，打开 Jupyter Notebook（可以先配置好文件路径后再用这种方式打开 Jupyter Notebook）。

2. 从命令行启动

单击“开始 | Anaconda3 | Anaconda Prompt（Anaconda3）”，启动 Anaconda Prompt，在 Anaconda 命令提示符下输入 Jupyter Notebook，回车即可启动 Jupyter Notebook。

在输入代码前，可以先使用目录切换命令，从当前默认目录转到要存放程序文件的目录，再启动 Jupyter Notebook，如此打开 Jupyter Notebook，就能编辑指定目录下的程序文件。这种打开 Jupyter Notebook 的方式相比其他方式，能够实现通过目录切换命令随时更换当前操作目录，而其他方式则需要进行相关的配置。

三、详解 Jupyter Notebook 界面

在如图 2-13 所示的主界面中，单击“ch2”进入该目录。继续单击右上方的

下拉按钮“New ▾”，选择“Python 3”（其中的“3”是 Python 的版本编号，可能会变化），如图 2-14 所示。Jupyter 将打开一个可编辑 Python 程序代码的新页面，如图 2-15 所示。

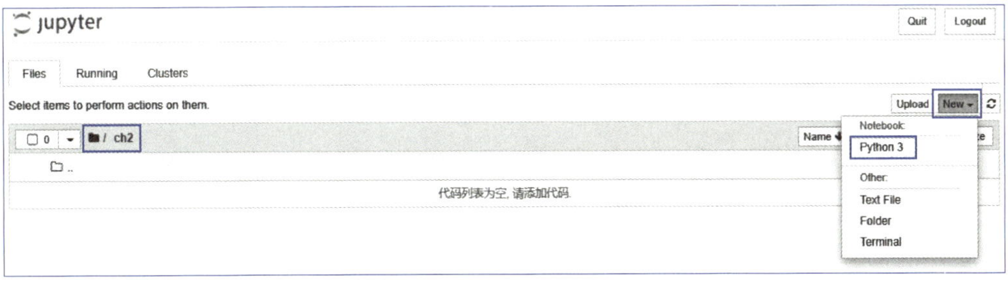

图 2-14　新建 Python 程序

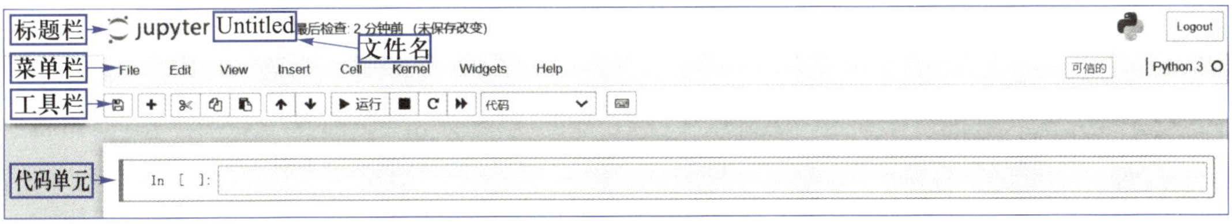

图 2-15　Jupyter Notebook 新界面

其他启动 Jupyter Notebook 的方法

Jupyter Notebook 的代码编辑界面主要由四部分组成：标题栏、菜单栏、工具栏（部分常用菜单项列示于此）以及代码单元（Cell），如图 2-15 所示。

（1）标题栏。显示 Jupyter 正在编辑的文件名称，新建的未命名的程序名显示为“Untitled”。单击当前程序名称，可打开重命名对话框进行程序的重命名操作，例如，将程序名重命名为“项目二”。

（2）菜单栏。位于标题栏的下方，可以通过菜单栏中的功能操作 Jupyter Notebook，从而实现对程序代码的编辑、运行等操作。

（3）工具栏。工具栏是菜单栏中使用非常频繁的菜单项的列示区域，其中的工具按钮都来自菜单栏。操作 Jupyter Notebook 时，可以使用工具栏中的工具按钮，也可以使用菜单栏中的菜单项。

（4）代码单元。程序编辑区域是 Notebook 的主要区域，由一至多个代码单元组成，每个代码单元可书写一至多行代码。新建的 Notebook 只有一个代码单元，可以根据需要增加多个代码单元。每个单元都有两种形式：代码单元和 Markdown 单元。

代码单元是编写代码的地方，此类型的单元是以“In [ ]:”开头的。代码单元中可以输入 Python 代码，也可以输入 Markdown 模式的文本。单击工具栏中的“代码 ”下拉框，从展开的列表中选择“Markdown”选项，就可以将代码单元转换成 Markdown 单元。可以在 Markdown 单元中编辑文字，用于对程序功能或数据分析过程作说明。

详解 Jupyter Notebook 界面

任务三 使用 Jupyter Notebook 创建 Python 程序

任务说明

本任务将带领读者使用 Jupyter Notebook 创建 Python 程序。通过讲解在 Jupyter Notebook 中如何输入代码，帮助苏琳这样的初学者掌握使用 Jupyter Notebook 编写程序的基本操作，为后续利用 Jupyter Notebook 编写大数据处理及分析程序做好铺垫。通过本任务的学习，读者们应能独立打开 Jupyter Notebook，完成程序的创建、保存、执行等基本操作。

任务实施

一、编写第一个 Python 程序

编写第一个 Python 程序

（一）在 Jupyter Notebook 中编辑和运行代码

步骤 1：在图 2-15 所示的编辑界面中，默认已经有一个代码单元，选中这个代码单元，在其中输入 Python 代码。代码如下：

```
print("欢迎进入财务大数据的学习")
```

步骤 2：按下“Alt＋Enter”组合键，或单击工具栏中的“▶ 运行”按钮，运行

当前代码单元中的程序，运行后的结果界面如图 2-16 所示。

图 2-16 运行第一行代码单元

从图 2-16 中可以看出，执行代码后，代码执行结果会显示在代码单元的下方，同时输入光标自动移动到下一个新代码单元中。

“print ("欢迎进入财务大数据的学习")” 是用 Python 语言编写的一条代码。每条代码各有特定的写法，可以实现不同的功能，多行代码组织起来就可以完成特定的功能，多行代码的集合就称为程序。在后续的项目中读者会学习各种 Python 代码，而且要用一定的方法将相关代码组织起来，以实现每个任务特定的功能要求。

细心的读者会发现，这条代码的写法和数学中的函数写法比较类似，即一个函数名后加一对英文括号，括号中可以有参数。本步骤运行的代码由一个 print() 函数组成，也可以称为 print 命令或 print 语句，其功能是将括号中的参数输出到屏幕上。

（二）添加文字说明

步骤 1：选中如图 2-16 所示的第一行代码单元，在菜单中单击“Insert | Insert Cell Above”，在当前代码单元的上方插入一个新的代码单元。选中新插入的代码单元，单击工具栏中的“”下拉框，从展开的列表中选择“Markdown”选项，将此代码单元转换成 Markdown 单元。在 Markdown 单元中输入的文字不再是 Python 程序代码。

步骤 2：在 Markdown 单元中，输入一个以“#”符号开头的文本。内容如下：

```
# 简单示例
```

在 Markdown 模式下，“#”符号的作用是表示文本字体的大小。注意，“#”和文本之间要有一个空格，如图 2-17 所示。

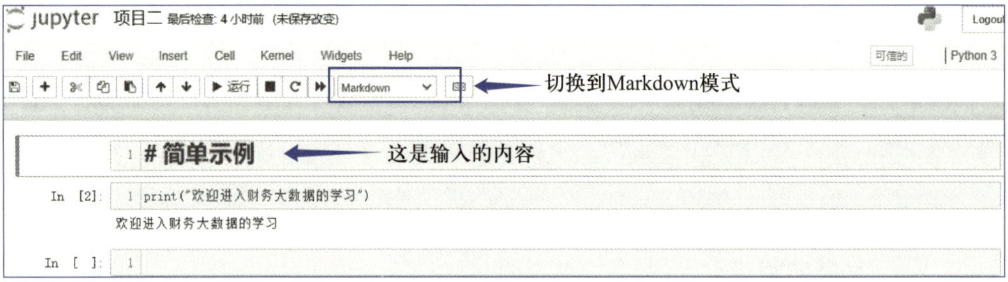

图 2-17　编辑 Markdown 单元

步骤 3：运行该单元，成功地在程序中增加了文字说明内容，如图 2-18 所示。

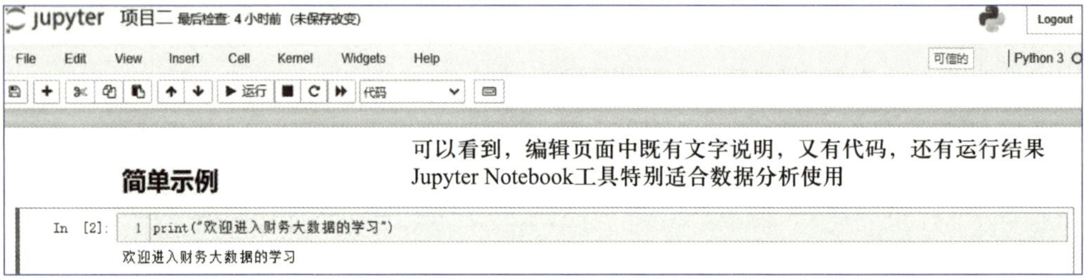

图 2-18　运行 Markdown 单元

从图 2-18 可以看出，编辑页面中既有文字说明，又有代码，还有运行结果，这个特征使得 Jupyter Notebook 工具特别适合数据分析。

（三）导出程序文件

Jupyter Notebook 还有一个强大的功能——导出功能，它可以将笔记本文件导出为多种格式，如 HTML(.html)、PDF(.pdf)、Notebook(.ipynb)、Python(.py) 等。在菜单中单击“File | Download as”菜单项，就可以在展开的二级菜单中选择需要导出的文件格式。

在 Jupyter Notebook 中编写的程序文件扩展名是“.ipynb”，如果在启动 Jupyter Notebook 时没有设置程序文件保存路径，也可以利用导出功能将程序文件导出到指定位置下，并保存为“.ipynb”格式。

二、编写销售毛利率计算程序

（一）程序说明及要求

北京 MG 公司 2023 年度营业成本和营业收入如表 2-1 所示。请按照如图 2-19 所示的内容编写程序，计算北京 MG 公司 2023 年度的销售毛利率。

表 2-1　北京 MG 公司 2023 年度营业收入和营业成本

单位：万元

项目	第一季度	第二季度	第三季度	第四季度
营业收入	274.50	525.33	888.41	595.85
营业成本	158.67	301.35	568.23	311.09
毛利润	115.83	223.98	320.18	284.76

北京MG公司2023年度销售毛利率

销售毛利率计算公式:

销售毛利率=（营业收入-营业成本）/营业收入*100%

```
In [1]: 115.83/274.50
Out[1]: 0.4219672131147541

In [2]: print(115.83/274.50)
0.4219672131147541

In [3]: print('第二季度销售毛利率=')
        print(223.98/525.33)
第二季度销售毛利率=
0.42636057335389177

In [4]: print('第三季度销售毛利率=',end='')
        print(320.18/888.41)
第三季度销售毛利率=0.3603966637025698

In [5]: print('第四季度销售毛利率=',end='')
        print(284.76/595.85*100,end='')
        print('%')
第四季度销售毛利率=47.79055131324997%

In [6]: print('第四季度销售毛利率=',end='')
        print(round((284.76/595.85*100),2),end='')
        print('%')
第四季度销售毛利率=47.79%
```

图 2-19　程序运行结果

知识扩展

毛利率（Gross Margin Rate）是反映企业盈利能力的重要指标之一。毛利率是毛利润与营业收入的比值，其中毛利润是营业收入减去与收入对应的营业成本之间的差额。毛利率的计算公式表示为：

毛利率＝毛利润 / 营业收入 ×100%＝(营业收入 − 营业成本)/ 营业收入 ×100%。

（二）在 Jupyter Notebook 中编写程序

步骤 1：输入如图 2-19 所示的第一行提示信息。在如图 2-18 所示的编辑界面中继续操作，选中最后一行空白代码单元（选中的代码单元左侧有蓝色标示线，当前编辑的代码单元左侧有绿色标示线），单击工具栏中的“代码 ⌄”下拉框，从展开的列表中选择 Markdown 选项，接着在选中的单元中输入一行内容：

```
## 北京 MG 公司 2023 年度销售毛利率
```

提　示

Markdown 语法规定，以一个“#”符号开头的文本串表示此文本串是一级标题格式的文本，以两个“#”符号开头的文本串表示此文本串是二级标题格式的文本，以此类推。

步骤 2：继续输入如图 2-19 所示的第 2 至 3 行的内容。单击工具栏中的“✚”按钮，在当前代码单元下方插入一个新的代码单元，并将新插入的代码单元设置为 Markdown 模式。在新代码单元中输入如下两行内容：

```
### 销售毛利率计算公式：
### 销售毛利率 =(营业收入 - 营业成本)/ 营业收入 *100%
```

提　示

“✚”按钮只能在当前代码单元下方插入新代码单元，若要在当前代码单元上方插入新代码单元，可使用“Insert”菜单，该菜单可以在当前代码单元上方或者下方插入新代码单元。

步骤 3：单击工具栏中的“✚”按钮，在当前代码单元下方继续插入新的代码单元，注意不要修改单元模式。在新代码单元中输入下面的代码：

```
115.83/274.50
```

步骤 4：新增五个代码单元，并依次在新增的代码单元中输入如图 2-20 所示的代码。

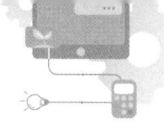

```
print(115.83/274.50)
```

```
print('第二季度销售毛利率=')
print(223.98/525.33)
```

```
print('第三季度销售毛利率=',end='')
print(320.18/888.41)
```

```
print('第四季度销售毛利率=',end='')
print(284.76/595.85*100,end='')
print('%')
```

```
print('第四季度销售毛利率=',end='')
print(round((284.76/595.85*100),2),end='')
print('%')
```

图 2-20　输入代码

步骤 5：输完所有代码后的 Notebook 界面如图 2-21 所示。注意，蓝色边框指示的是当前正选中的代码单元。

```
## 北京MG公司2023年度销售毛利率
```

```
### 销售毛利率计算公式：
### 销售毛利率=（营业收入-营业成本）/营业收入*100%
```

```
In [ ]: 115.83/274.50
```

```
In [ ]: print(115.83/274.50)
```

```
In [ ]: print('第二季度销售毛利率=')
        print(223.98/525.33)
```

```
In [ ]: print('第三季度销售毛利率=',end='')
        print(320.18/888.41)
```

```
In [ ]: print('第四季度销售毛利率=',end='')
        print(284.76/595.85*100,end='')
        print('%')
```

```
In [ ]: print('第四季度销售毛利率=',end='')
        print(round((284.76/595.85*100),2),end='')
        print('%')
```

图 2-21　最终界面

提 示

Markdown 模式的单元前没有形如“In [ ]:”的提示符。另外一定要注意的是，在输入代码模式下，非汉字的 Python 语法符号一律使用英文字符来输入，如单引号、空格、括号等。

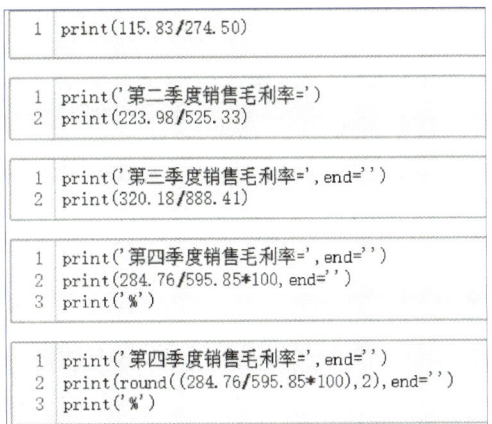

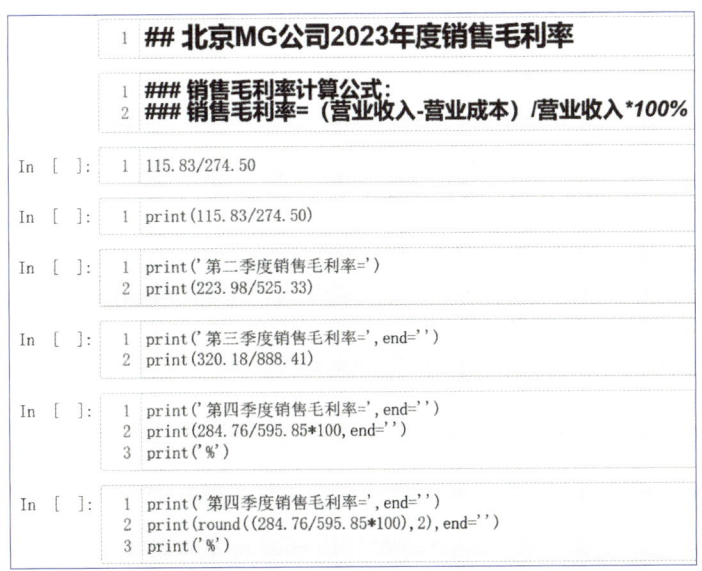

步骤 6：选中第一个要运行的单元，按住 Shift 键的同时再选中最后一个要运行的单元，便可同时选中要运行的若干个单元，单击“运行”按钮，同时运行多个单元中的代码。本步骤运行结果如图 2–22 所示。

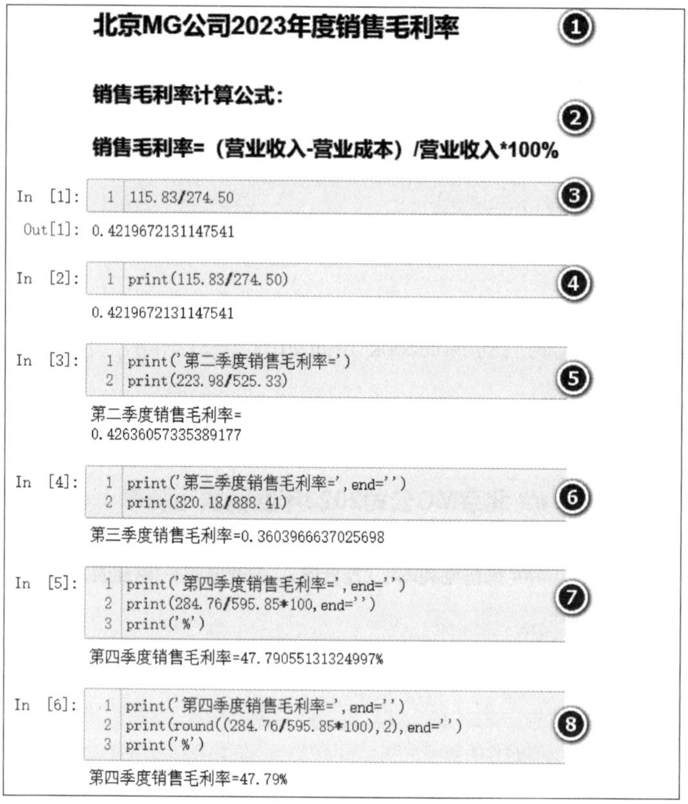

图 2–22　代码运行结果

提 示

运行单元时，可以输入完一个单元的内容后就立即运行；也可以在全部输入后，依次选中每个单元，逐一运行。

图 2–22 中的代码功能释义如下：

① 是二级标题 Markdown 文本。

② 是三级标题 Markdown 文本。

③ 中的“115.83/274.50”是 Python 的除法运算表达式，其中“/”是除法符号。

④ 中的 print 命令是 Python 中的输出命令，如前所述，print( ) 实际上是一个函数，其括号内的参数可以有不同的形式。本行的 print(158.67/274.50) 是输出除法运算表达式的运算结果。

⑤ 包括两条 print 命令，print('第二季度销售毛利率 = ') 是输出引号中的字符串。

⑥ 也包括两条 print 命令，print('第三季度销售毛利率 =', end = '') 中的 end = '' 表示 print 输出后不换行，也就是说，下一条 print 的输出内容会跟在这条 print 的输出内容后，即同行输出。

⑦ 包括三行 print 命令，其中第二行和第三行的 print 用于输出一个百分比形式的值。

⑧ 也包括三行 print 命令，其中第二行 print 使用了 round(*x*,2)，其作用是将 *x* 的值保留 2 位小数四舍五入。

需要注意的是，③中的代码“115.83/274.50”没有使用 print 命令进行计算结果的输出，但 Notebook 会自动以红色的“Out [ ]:”方式输出计算结果。

思 考

如何在 Notebook 界面中显示或隐藏代码单元的输出结果？

三、操作 Jupyter Notebook 文件

Jupyter 除了提供 Notebook 文件的编辑功能，还提供了操作 Notebook 文件的其他功能。

（一）重命名文件

新建的 Notebook 文件的默认名称是“Untitled.ipynb”，为使文件名能“见名思义”，可以给 Notebook 文件重命名。下面给出几种修改文件名的不同方法。

方法一：在 Jupyter 的文件编辑界面单击文件名，打开重命名对话框后进行修改。

方法二：在 Jupyter 的文件编辑界面单击菜单“File”下的“Rename”菜单项，打开重命名对话框后进行修改。

方法三：在 Jupyter 主界面，在要修改的文件被关闭的状态下，选中文件后单击“Rename”按钮进行修改。

操作Jupyter Notebook 文件

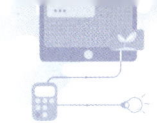

（二）复制、移动和删除文件

在 Jupyter 主界面中，可以复制、移动或删除 Jupyter Notebook 文件。

（三）上传与下载文件

在 Jupyter 主界面中，可以将创建好的 Jupyter Notebook 文件下载到本地进行保存；也可以将本地 Notebook 文件上传到 Jupyter 服务器，文件上传到服务器后便可在 Jupyter 中编辑和运行。

技能训练 >>>

一、单选题

1. 下列说法不正确的是（　　）。

A. Anaconda 是一个集成环境

B. Jupyter Notebook 是 Anaconda 中的一个组件

C. 安装了 Anaconda 还需要安装 Python

D. 安装了 Anaconda 就安装好了数据分析所用的模块

2. 下列关于 Jupyter Notebook 的说法，不正确的是（　　）。

A. Jupyter Notebook 是 Anaconda 集成环境中自带的代码编辑器

B. Jupyter Notebook 是一个网页程序

C. Jupyter Notebook 页面单元格中不仅可以输入代码还可以输入文字

D. 在 Jupyter Notebook 的 Markdown 单元中只能输入文字

3. 对于 print 语句的使用，下列选项正确的是（　　）。

A. print("欢迎进入财务大数据的学习")

B. print "欢迎进入财务大数据的学习"

C. print(欢迎进入财务大数据的学习)

D. print([欢迎进入财务大数据的学习])

4. 执行下列代码，正确的运行结果是（　　）。

```
print('第二季度销售毛利率为:',end = '')
print(328.5/228.6)
```

A. 第二季度销售毛利率为：1.4370078740157481

B. 第二季度销售毛利率为：

1.4370078740157481

C. 第二季度销售毛利率为：1.44

D. 第二季度销售毛利率为：

1.44

5. 将 Jupyter Notebook 编写的文件保存后，其后缀为（　　）。

A. .ipynb　　B. .py

C. .class　　D. .conda

二、实操题

1. 练习从清华大学开源软件镜像站下载适合自己计算机版本的 Anaconda 安装包。

2. 在计算机上练习安装 Anaconda 环境，并检验是否安装成功。

3. 在 Jupyter Notebook 中创建 Python 程序，完成北京 MG 公司 2024 年第二季度各月销售毛利率的计算，并将文件命名为“GrossMarginRate”。相关数据如表 2-2 所示。

表 2-2　北京 MG 公司 2024 年第二季度营业收入和营业成本

单位：万元

项目	4 月	5 月	6 月
营业收入	158.35	185.80	227.89
营业成本	98.50	105.60	121.30
毛利润	59.85	80.20	106.59

4. 将上述命名为 GrossMarginRate 的文件另存为 HTML 形式的文件，尝试把学习成果分享给亲人或好友。

5. 在 Jupyter Notebook 中完成 Python 文件的复制、移动、删除、下载、上传、重命名等操作。

项目评价表 >>>

学习效果评价表				
任务序号	任务内容	任务清单	权重	
任务一	搭建 Python 开发环境	区分 Python 和 Anaconda	5%	20%
		下载 Anaconda	5%	
		安装 Anaconda	10%	
任务二	认识 Jupyter Notebook 工具	设置程序保存位置	6%	30%
		启动 Jupyter Notebook	6%	
		详解 Jupyter Notebook 界面	6%	
		认识代码单元	6%	
		认识 Markdown 单元	6%	
任务三	使用 Jupyter Notebook 创建 Python 程序	编写第一个 Python 程序	15%	50%
		编写销售毛利率计算程序	20%	
		完成 Markdown 单元操作	5%	
		完成 Jupyter Notebook 文件操作	10%	
实践能力评价表				
任务序号	任务内容	任务清单	权重	
技能训练一	Jupyter Notebook 基本练习	认识 Anaconda 和 Jupyter Notebook	5%	40%
		分辨 Jupyter Notebook 的基本特征	5%	
		初识 print 命令	10%	
		判断 print 命令的输出结果	10%	
		保存 Jupyter Notebook 文件	10%	
技能训练二	Python 环境搭建与使用	下载和安装 Anaconda	10%	60%
		在 Jupyter Notebook 中新建程序 Calculate Gross Margin	30%	
		将 Python 程序文件重命名	10%	
		将 Python 程序文件下载为 HTML 形式	10%	

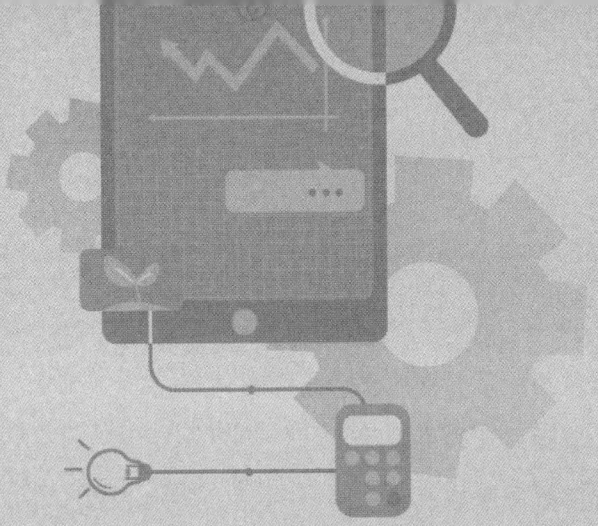

项目三

Python 基础程序设计

3

学习目标 >>>

知识目标

1. 掌握变量、数据类型和运算符的含义与用法
2. 理解列表结构并掌握列表的用法
3. 理解字典结构并掌握字典的用法

能力目标

1. 能够正确书写 Python 表达式
2. 能够熟练操作列表
3. 能够熟练操作字典

素养目标

1. 培养财经专业学生的数据素养，提高财经专业学生对基础数据存储的理解和应用能力，为理解更复杂的数据打好基础
2. 逐步培养灵活应用数据加工处理方法的基本素养

学思践行 >>>

美的集团的财务数字化转型启示

美的集团是一家全球化的科技集团，业务涵盖智能家居、楼宇科技、工业技术、机器人与自动化系统等多个领域。自 2013 年起，美的集团便开始其财务数字化转型之旅，实现企业精细化管理，推动企业数字化进程深入发展。同时，美的集团通过建立跨国公司的经营管理体系，以海内外大数据为支撑手段，逐步完善了标准流程体系，并建立了一套以财务内控、内部审计、外部审计和法务管理为核心的预警和纠错体系，为实现跨国财务数字化统一奠定了基础。

【思考与践行】在全球化浪潮中，高科技已经成为推动经济发展和国际竞争的关键力量。美的集团的财务数字化转型案例，为以苏琳为代表的新一代青年提供了宝贵启示。青年财务人员应当积极学习相关技术，理解数字化转型的核心价值，为成长为企业所需的既懂技术又懂业务的复合型人才而努力。

项目说明

学习 Python 数据分析得先从掌握 Python 基础语法知识入手，Python 基础语法包括 Python 变量、数据类型、运算符、列表、字典等，苏琳决定先把 Python 的这些基础知识掌握好。

本项目使用 Jupyter Notebook 编写程序来完成企业净资产收益率的计算，同时要学会举一反三，分别用变量、列表和字典三种方法来实现这一计算任务。通过本项目的学习，读者们要掌握简单数据类型和容器类数据类型（列表、字典）的使用，提高利用 Python 语言完成简单财务计算的能力。

项目分解

项目三 Python基础程序设计
- 任务一　使用变量计算企业净资产收益率
- 任务二　使用列表计算企业净资产收益率
- 任务三　使用字典计算企业净资产收益率的变化

任务一　使用变量计算企业净资产收益率

任务说明

就像学习一种语言一样，Python 语言也有自己的一套语法和规则需要学习。本任务将围绕中国软件与技术服务股份有限公司（简称：中国软件）2023 年一季度和二季度的相关报表数据，编程计算该企业的净资产收益率。通过讲解 Python 的基本语法、变量、数据类型、运算符等知识，帮助苏琳这样的初学者掌握使用 Python 编写程序的基本技能。

中国软件 2023 年相关报表数据如表 3-1 所示。

表 3-1　中国软件 2023 年相关报表数据

单位：元

项目	2023/3/31	2023/6/30
净利润	−201 692 562.56	−526 350 939.73
期初净资产	3 560 111 655.87	3 377 181 705.07
期末净资产	3 377 181 705.07	3 066 567 492.85

知识扩展

净资产收益率（Return on Equity，简称 ROE）是反映企业盈利能力的一个重要指标。净资产收益率又称股东权益报酬率（或净值报酬率、权益报酬率、权益利润率、净资产利润率），是公司净利润除以净资产得到的百分比，该指标反映股东权益的收益水平，用以衡量公司运用自有资本的效率。ROE 越高，说明投资带来的收益越高。

相关知识

一、变量

在 Python 程序中，数据输入到计算机后会保存在它的内存里。内存对于程序来说就是一块有地址编号的连续空间。打个比方，内存类似于宾馆中的若干房间，住在房间中的宾客就是输入的数据。程序中的数据存放到内存中的某个位置后，为了方便后续程序找到和操作这个数据，需要给这个位置起一个名字，在编程语言中这个名字叫变量。之所以叫变量，是因为其中的数据可以根据需要发生多次改变。类似于每个宾馆房间都有一个房间号，用这个房间号来管理入住的宾客，房间号就是程序中的变量，入住到房间里的宾客可以更换，但房间号（也就是变量名）则是不变的。

在 Python 中使用变量时，需要给变量命名，类似于给宾馆的房间标房间号。命名规则如下：

（1）变量名由字母、下划线和数字组成，且不能以数字开头。

（2）Python 中的变量名是区分大小写的。例如，account 和 Account 是不同的变量名。

（3）Python 中的变量名不能使用关键字，即不能使用 Python 自身已使用了的词命名。例如，不能将 print 作为变量名，因为 print 有专门的用途。

在 Python 中给变量赋值是通过等号（＝）来实现的，此时＝也叫赋值运算符。例如，account＝123456。在程序需要改变变量值时，只需使用＝给变量赋一个新值即可，如 account＝654321，此时 account 变量的值不再是 123456，而是 654321。图 3-1 给出了一些变量的定义示例。

```
account=123456    # account被赋值为123456
print(account)    # 输出变量的值
account=654321    # account被重新赋值为654321
print(account)    # 输出变量的值
```

```
123456
654321
```

```
str1 = 'Hello!'      # str1被赋值为字符串Hello!
str2 = 'World!'      # str2被赋值为字符串World!
print(str1, str2)    # 同时输出两个变量的值
```

```
Hello! World!
```

图 3-1　定义变量

定义变量

二、常用数据类型

常用数据类型

在程序中完成运算时经常要使用值，值也称为数据，值的类型也就是数据的类型。对数据进行类型定义，一方面是为了确定数据在内存中占多大地方，类似普通类型教室能容纳 50 名学生，阶梯类型教室能容纳 150 名学生；另一方面，定义数据类型是为了告诉计算机如何处理这种数据，比如两个数值可以进行加减乘除等数学运算，例如：2＋3＝5；两个字符串可以连接成一个更长的字符串，例如：'010'＋'-87656786'＝'010-87656786'。

Python 常用数据类型有数字（number）、字符串（string）、列表（list）、字典（dictionary）等。

数字类型又分整数和小数，如 123 是整数，123.9 是小数（又称浮点数）。字符串是用引号括起来的字符序列，如 '123' 是字符串。给变量赋值时，所赋值的类型决定了变量的数据类型。例如，account = 123456，则 account 是整数类型（int，简称整型）；account = 123.456，则 account 是浮点类型（float，简称浮点型）；account = '123456'，则 account 是字符串类型（string，简称字符串）。图 3-2 给出了变量常用数据类型的示例。

```
money=8203.5                # 小数
str1='本月收入：'            # 字符串
months=2                    # 整数
print(str1, money)
print('两个月收入:', months*money)
```

```
本月收入： 8203.5
两个月收入: 16407.0
```

图 3-2 变量常用数据类型示例

思 考

定义变量 account = 888，此变量的值是什么类型？

三、运算符与优先级

（一）运算符的分类

运算符与优先级

运算符是构成程序计算功能的重要符号，例如，在赋值语句 account = 12 + 25 中，12 和 25 是参与运算的数据，而 + 是加法运算符。

Python 语言支持的常用运算符有算术运算符、比较（关系）运算符、逻辑运算符、赋值运算符等。

1. 算术运算符

算术运算符用于对操作数执行算术运算。算术运算符有加（ + ）、减（ - ）、乘（ * ）、乘幂（ ** ）、除（ / ）、取余（ % ）、整除（ // ）。取余是指取除法计算后的余数，整除是指取除法计算后的商的整数部分。

例如：执行 Python 赋值命令 account = 12 + 25 后，account 的值是 37。

2. 比较（关系）运算符

比较（关系）运算符用于对操作数执行比较运算，比较运算的结果是 True（真）或 False（假）。比较运算符有等于（ == ）、不等于（ != ）、大于（ > ）、小于（ < ）、大于等于（ >= ）、小于等于（ <= ）。

例如：25 > 0 的结果是 True。

3. 逻辑运算符

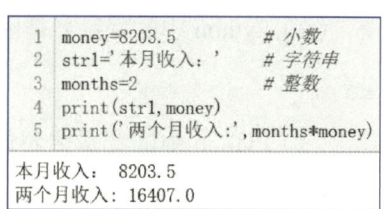

逻辑运算符用于对操作数执行逻辑运算，逻辑运算的结果是 True 或 False。逻辑

运算符有逻辑与（and）、逻辑或（or）、逻辑非（not）。and 对两个操作数执行“与”操作，只有当两个操作数均为真时运算结果才为真；or 对两个操作数执行“或”操作，只有当两个操作数均为假时运算结果才为假；not 对一个操作数执行“非”操作，当这个操作数为真时运算结果为假，当这个操作数为假时运算结果为真。

例如：12 < 0 and 25 > 0 的结果是 False。

4. 赋值运算符

赋值运算符用于给变量赋值，用等号（=）表示。

（二）运算符的优先级

像四则混合运算一样，多个运算符在 Python 的同一个表达式中出现时，也会涉及运算符的优先级问题。算术运算符优先于比较运行符，比较运算符优先于逻辑运算符，逻辑运算符优先于赋值运算符。可以使用圆括号来改变运算优先级。

运算符及优先级示例如图 3-3 所示。

```
# 变量赋值
num1,num2 = 8,2      # 整数
split_line='-'*10  # 字符串

# 算术运算
print("两数和为：", num1 + num2)
print("两数差为：", num1 - num2)
print("两数积为：", num1 * num2)
print("两数商为：", num1 / num2)
print("取余结果为：", num1 % num2)
print("整除结果为：", num1 // num2)
print("幂为：", num1 ** num2)
print(split_line)

# 比较运算
print('num1比num2大？',num1>num2)
print('num1比num2小？',num1<num2)
print('num1等于num2？',num1==num2)
print('num1不等于num2？',num1!=num2)
print(split_line)

# 逻辑运算
print("两数和与差都为正？", (num1 + num2)>0 and (num1 - num2)>0)
print("两数和为正或差为正？", (num1 + num2)>0 or (num1 - num2)>0)
print("两数和为正、差为负？", (num1 + num2)>0 and (num1 - num2)<0)
print("两数和为正或差为负？", (num1 + num2)>0 or (num1 - num2)<0)
print('True的对立是：', not True)
```

```
两数和为： 10
两数差为： 6
两数积为： 16
两数商为： 4.0
取余结果为： 0
整除结果为： 4
幂为： 64
----------
num1比num2大？ True
num1比num2小？ False
num1等于num2？ False
num1不等于num2？ True
----------
两数和与差都为正？ True
两数和为正或差为正？ True
两数和为正、差为负？ False
两数和为正或差为负？ True
True的对立是： False
```

图 3-3　运算符及优先级示例

第 2 行代码同时给两个变量赋值，= 右边的值按顺序赋给 = 左边的变量。这行代码也可以分两行写，第 1 行写 num1 = 8，第 2 行写 num2 = 2。

第 3 行代码是给变量 split_line 赋值，所赋的值是一个字符串表达式。例如，字符“-”乘以 10，相当于 10 个“-”连接起来。使用变量 split_line 是为了将多行输出用一行线区分开。

提 示

如果有多行代码，可以单击“View”菜单下的“Toggle Line Numbers”菜单项，或按下组合键“Shift + L”，在代码前显示行号。代码行号显示在代码的最左侧。

四、输出格式

宏观上，程序编写可分为三个步骤：第一步，输入数据；第二步，处理数据；第三步，输出数据。输入的数据存到变量中，先进行各种运算处理，再将计算结果输出。

Python 使用 print( ) 函数进行输出。print( ) 函数将括号内用逗号分隔的参数输出到屏幕上。无论什么类型的数据，如数值、字符串、列表以及字典等都可以输出。print( ) 函数可以直接输出数据，也可以先将数据赋值给变量，再用 print( ) 函数输出变量的值。

使用print()函数输出数据

例如，若变量 b = 2，则 print(b) 表示输出变量 b 的值 2。而 print('小明',18) 会输出两个值，两个值之间用英文逗号分隔。

在输出的同时，还可以使用各种格式定义使输出的结果清晰易懂。输出的格式定义有多种，这里重点介绍在 print 语句中结合 format( ) 函数输出的格式。format( ) 函数格式为 str.format( )，其中，str 代表要格式化输出的字符串。

例如：print('我叫 {}，今年 {} 岁。'.format('小明',18))，输出的结果是：我叫小明，今年 18 岁。

这条 print 语句输出的内容按照“我叫 {}，今年 {} 岁。”这样的格式输出，其中 {} 是占位符，这个位置的值在实际输出时由 format( ) 中的参数值替代。此示例中，小明替换了第一个 {}，18 替换了第二个 {}。

如果输出的数据是数值型的，还可以在字符串包含的 {} 中使用格式符来定义输出的格式。例如语句：print('4 季度的净资产收益率是 {:.4f}'.format(x))，其中 {:.4f} 定义输出值的格式是保留四位小数的浮点数（f 是 float 的缩写，表示浮点数）。假设 x 的值是 0.056 215 89，输出结果是：4 季度的净资产收益率是 0.056 2。

以上输出格式的示例如图 3-4 所示。

```
b=2
print(b)
print('小明',18)
```

```
2
小明 18
```

```
print('我叫{}，今年{}岁。'.format('小明', 18))
```

```
我叫小明，今年18岁。
```

```
x=0.05621589
print('4季度的净资产收益率是{:.4f}'.format(x))
```

```
4季度的净资产收益率是0.0562
```

```
# 创建列表
chineseSoftList4=[141738761.38, 2280931307.32, 2761772535.39]
print(chineseSoftList4)     # 输出列表
```

```
[141738761.38, 2280931307.32, 2761772535.39]
```

图 3-4　输出格式示例

任务实施

在 Jupyter Notebook 中编写程序，实现中国软件 2023 年第二季度净资产收益率的计算。净资产收益率的计算可以采用下面的公式：

净资产收益率 = 净利润 / 平均净资产 *100%

平均净资产 =（期初净资产 + 期末净资产）/2

在本任务中，中国软件 2023 年第二季度净资产收益率计算公式为：

净资产收益率 = 净利润 /((期初净资产 + 期末净资产）/2）*100%

= −526350939.73/((3377181705.07 + 3066567492.85）/2）*100%

本任务将讲解完成净资产收益率计算的三种不同方法，帮助读者尽快熟悉 Python 编程。

第一种，直接将数据代入公式计算。

第二种，先将数据赋值给一个变量，再将变量代入公式计算。

第三种，计算用的数据由用户从键盘输入，这种方法更具通用性，任何季度的净资产收益率都可以计算。

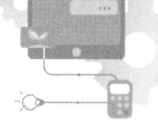

一、直接使用数值进行计算

计算中国软件 2023 年第二季度净资产收益率时，可以直接使用数值进行计算。

步骤 1：打开 Jupyter Notebook，在 Jupyter Notebook 主界面新建 Python 程序，命名为项目三。

步骤 2：计算净资产收益率，在代码单元格中输入计算公式，代码如下：

```
# 计算中国软件 2023 年第二季度净资产收益率
-526350939.73/((3377181705.07 + 3066567492.85)/2)
```

运行代码，结果如图 3-5 所示。

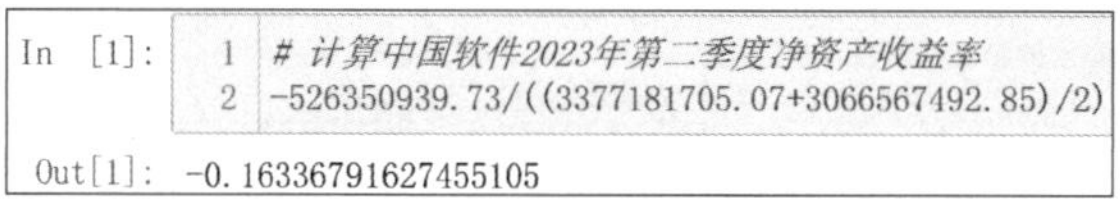
In [1]:
1 # 计算中国软件2023年第二季度净资产收益率
2 -526350939.73/((3377181705.07+3066567492.85)/2)
Out[1]: -0.16336791627455105

图 3-5　使用数值直接进行计算

各代码行功能释义如下：

第 1 行代码是 Python 中的注释语句，注释语句用 # 符号开头。注释常用于对程序功能做注解，实际程序运行时并不运行注释中的内容。

第 2 行代码是一个由数值和算术运算符构成的数学表达式，表达式中的小括号用来改变运算符的优先级。

需要注意的是，这里并没有使用 print 语句输出计算结果，Jupyter Notebook 自动输出该代码单元的最后一行的计算结果，并以红色的 Out [ ] 标示其输出。

二、使用变量进行计算

步骤 1：将计算用的数据先赋值给变量，以变量代替计算公式中的数据进行计算。在项目三文件的最后新增一个代码单元，输入如下代码：

```
# 定义变量，保存计算要用到的值
netProfit = -526350939.73                  # 净利润变量
beginNetAssets = 3377181705.07             # 期初净资产变量
endNetAssets = 3066567492.85               # 期末净资产变量
ROE = netProfit/((beginNetAssets + endNetAssets)/2)
```

步骤 2：使用 print 语句输出计算结果，在 print 后的括号中给出不同的输出内容，就可以将数据以不同的形式输出，代码如下：

```
# 用 print 输出计算结果
print(ROE)      # 直接输出结果
# 以下 print 输出两项内容，一个字符串，一个变量的值
print('中国软件 2023 年第二季度净资产收益率为：', ROE)
```

运行代码，结果如图 3-6 所示。

```
1  # 定义变量，保存计算要用到的值
2  netProfit = -526350939.73              # 净利润变量
3  beginNetAssets = 3377181705.07         # 期初净资产变量
4  endNetAssets = 3066567492.85           # 期末净资产变量
5  ROE = netProfit/((beginNetAssets+endNetAssets)/2)
6
7  # 用print输出计算结果
8  print(ROE)        # 直接输出结果
9  # 以下print输出两项内容，一个字符串，一个变量的值
10 print('中国软件2023年第二季度净资产收益率为：',ROE)

-0.16336791627455105
中国软件2023年第二季度净资产收益率为：  -0.16336791627455105
```

图 3-6　使用变量进行计算

提　示

编写 Python 程序时要注意区分大小写。例如，若将 print 语句写成 Print，程序将会报错。另外，在 Python 中，一行代码也称一条 Python 语句，每条 Python 语句以回车换行结束。

各代码行功能释义如下：

第 1 行、第 7 行和第 9 行代码是注释语句，注释语句既可以单独写一行，也可以放在某行代码之后，如第 2、3、4 行后面都有注释。

第 2 行代码至第 5 行代码中，netProfit、beginNetAssets、endNetAssets 及 ROE 都是定义的 Python 变量。变量名最好是一个有意义的名字，使读代码的人一眼就能知道变量存储的值的含义，从而提高代码的可读性。

第 2 行至第 4 行代码分别给 netProfit、beginNetAssets 和 endNetAssets 三个变量赋了一个数值，而第 5 行是将公式计算的结果赋值给 ROE 变量，这个计算公式在 Python 中称为表达式。Python 给变量赋值一个表达式时，会先将表达式计算出来，

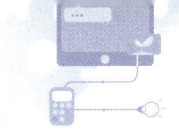

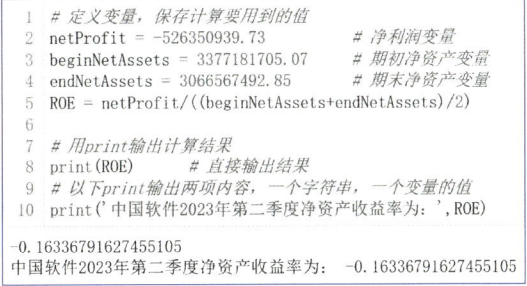

再将计算结果赋值给变量。

netProfit/((beginNetAssets + endNetAssets)/2) 是 Python 中的数值表达式，此表达式中使用了数学运算符加（+）和除（/），同时使用了数学中的小括号来划分计算优先级。Python 的数值表达式不能使用中括号和大括号（中括号和大括号在 Pyhton 中有其他的用途），当需要划分多个计算优先级时，可嵌套多级小括号。

第 6 行是一个空行，在一段程序中，可使用空行来标示上下段代码在功能上的不同，这是一种提高代码可读性的方法。

第 8 行和第 10 行代码使用 print 输出计算结果。第 8 行的 print 直接输出了一个变量的值，第 10 行的 print 则输出了多个值。

提 示

Python 中的字符串需要使用定界符进行限定，即把字符串放在定界符中，Python 遇到定界符，就知道这是一个字符串。Python 中的字符串定界符可以是一对英文单引号 ''，或一对英文双引号 ""，或一对英文三引号（可以是三个连续的单引号 '''，也可以是三个连续的双引号 """）。字符串是一串文本信息，组成字符串的字符可以是键盘上的任意字符。在本任务中，“'中国软件 2023 年第二季度净资产收益率为：'” 就是字符串。

三、使用 input 接收键盘输入

前面的示例代码中，变量值都是在程序中直接给定的，若程序在执行过程中需要从键盘输入值时，可以使用 Python 中的 input() 函数。input() 函数可以接收一个从键盘输入的数据，并将此输入数据带入到程序内部。

程序执行到 input() 函数时会立即暂停，等待用户从键盘输入数据，用户输入完成并以回车结束输入后，程序才会继续向下执行。用户输入的内容以字符串形式作为 input() 的返回值返回到程序中，供程序后续使用该值参与计算。

步骤 1：用 input() 函数从键盘接收计算用的各个数据，由于 input() 函数会将接收到的输入数据当作字符类型，因此，需要将接收到的值转换成计算需要的数值类型。代码如下：

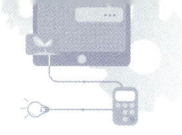

```
# 使用 input 接收键盘输入
netProfit = input('请输入中国软件 2023 年第一季度的净利润:')
print('input() 接收的值，其数据类型为 {}'.format(type(netProfit)))  # 检测 netProfit 的数据类型
netProfit = float(netProfit)  #float() 用于将括号里的字符型参数转换成浮点小数
print('float() 转换后的值，其数据类型为 {}'.format(type(netProfit)))
beginNetAssets = float(input('请输入中国软件 2023 年第一季度的期初净资产：'))
endNetAssets = float(input('请输入中国软件 2023 年第一季度的期末净资产：'))
# 计算净资产收益率
ROE = netProfit/((beginNetAssets + endNetAssets)/2)
print('中国软件 2023 年第一季度净资产收益率 = {}'.format(ROE))  # 带格式的输出
print('中国软件 2023 年第一季度净资产收益率 = {:.4f}'.format(ROE))  # 保留 4 位小数
```

步骤 2：运行代码，依次输入 2023 年第一季度的净利润、期初净资产和期末净资产。程序执行过程和计算结果如图 3-7 所示。

```
1  # 使用input接收键盘输入
2  netProfit=input('请输入中国软件2023年第一季度的净利润：')
3  print('input()接收的值，其数据类型为{}'.format(type(netProfit)))  # 检测netProfit的数据类型
4  netProfit=float(netProfit)  # float()用于将括号里的字符型参数转换成浮点小数
5  print('float()转换后的值，其数据类型为{}'.format(type(netProfit)))
6  beginNetAssets=float(input('请输入中国软件2023年第一季度的期初净资产：'))
7  endNetAssets=float(input('请输入中国软件2023年第一季度的期末净资产：'))
8  # 计算净资产收益率
9  ROE=netProfit/((beginNetAssets+endNetAssets)/2)
10 print('中国软件2023年第一季度净资产收益率={}'.format(ROE))  # 带格式的输出
11 print('中国软件2023年第一季度净资产收益率={:.4f}'.format(ROE))  # 保留4位小数
```

```
请输入中国软件2023年第一季度的净利润：-201692562.56
input()接收的值，其数据类型为<class 'str'>
float()转换后的值，其数据类型为<class 'float'>
请输入中国软件2023年第一季度的期初净资产：3560111655.87
请输入中国软件2023年第一季度的期末净资产：3377181705.07
中国软件2023年第一季度净资产收益率=-0.058147335586416875
中国软件2023年第一季度净资产收益率=-0.0581
```

图 3-7　使用 input 接收键盘输入

代码功能释义如下：

第 2 行代码将 input() 函数接收的值赋给变量 netProfit。

第 3 行代码使用 type() 函数检测变量 netProfit 值的数据类型，此行输出结果为

<class'str'>，其中，class 是类型的意思，表明 netProfit 值的数据类型是 str，即字符串类型。

第 4 行使用 float( ) 函数将变量 netProfit 的值转换成浮点型小数，并将转换后的值重新赋值给变量 netProfit。

第 5 行代码再次使用 type( ) 函数检测变量 netProfit 值的数据类型，此行输出结果为 <class'float'>，表示 netProfit 的值已经变成浮点型小数。

第 6 行代码和第 7 行代码分别将用户从键盘输入的期初净资产和期末净资产存入 beginNetAssets 变量和 endNetAssets 变量中。

提 示

Python 函数可以嵌套，例如表达式：float(input('请输入中国软件 2023 年第一季度的期初净资产：'))，Python 先执行里层函数，再执行外层函数。此表达式在计算时先执行 input( ) 函数接收用户输入的值，再将 input( ) 的返回值作为 float( ) 函数的参数，接着执行 float( ) 函数，将 input( ) 带回的输入值转换成浮点型小数。

任务二　使用列表计算企业净资产收益率

任务说明

任务一中使用的数据都是单个数据，每个数据都可以保存在一个独立的变量中。但是当数据很多的时候，使用独立的变量逐个保存各个数据会很不方便。Python 提供了容器类型的变量来存储大量的数据。本任务将围绕中国软件 2023 年四个季度的数据，使用 Python 容器类型变量——列表来存储这些数据，并基于列表编程实现四个季度的净资产收益率的计算。通过讲解 Python 列表的基本知识，帮助苏琳这样的初学者掌握使用列表编写程序的能力。

中国软件 2023 年四个季度相关数据如表 3–2 所示。

表 3-2　中国软件 2023 年各季度相关数据

单位：元

项目	2023/3/31	2023/6/30	2023/9/30	2023/12/31
净利润	−201 692 562.56	−526 350 939.73	−439 393 891.20	−7 834 747.02
期初净资产	3 560 111 655.87	3 377 181 705.07	3 066 567 492.85	3 055 845 394.83
期末净资产	3 377 181 705.07	3 066 567 492.85	3 055 845 394.83	3 429 031 128.43

相关知识

一、列表

Python 语言除提供简单的数值类型、字符串类型外，还提供一些更复杂的数据类型，这些类型像容器一样可以存放多个数据，为编程提供了极大的便利。列表就是 Python 的一种容器类型数据。

考虑这样一个问题：如果要分别计算中国软件 2023 年四个季度的净资产收益率，应该用到多少个数据呢？如表 3−2 所示，每个季度各有 3 个值：净利润、期初净资产和期末净资产，那么四个季度共有 12 个值。如果使用前面学过的变量来存储这些数据，将会需要 12 个变量；但如果把每个季度的 3 个数据分别存入列表，那么存放四个季度的数据将需要 4 个列表。

列表是 Python 的重要数据类型之一，是一组任意对象的有序集合。创建列表的语法很简单，使用方括号将用逗号分隔的不同的数据项括起来即可，如下示：

```
[ele1,ele2,ele3,...]
```

其中，“ele1,ele2,ele3,...”可以是任意类型的对象。

例如，执行 cSoftList4 = [−7834747.02, 3055845394.83, 3429031128.43]，就会创建一个名为 cSoftList4 的列表，该列表包括三个元素，每个元素都是数值类型的数据，如图 3−8 所示。

```
# 创建列表
cSoftList4=[-7834747.02, 3055845394.83, 3429031128.43]
print(cSoftList4)      # 输出列表

[-7834747.02, 3055845394.83, 3429031128.43]
```

图 3−8　创建列表示例

思 考

现有中国软件 2014 年到 2023 年各年度的销售净收入数据，如果要将这些数据保存在变量中以供后续程序计算使用，应该如何保存这些值才比较合理呢？

二、列表的常见操作

将多个数据保存在一个列表中可以简化变量管理，但是，当需要使用列表的各个元素参与计算时，得先把需要的元素从列表中提取出来。访问并提取列表中元素的方式有索引方式和切片方式。此外，列表其他的常见操作还包括增加、修改和删除元素。

（一）索引方式访问列表

列表中的所有元素都有各自的位置编号，Python 把这个位置编号称为索引或者下标。由于 Python 的编号是从 0 开始的，因此，列表各元素从左到右的索引顺序是 [0,n−1]，其中，n 是列表的长度。访问列表中的某个值可以通过索引来访问，格式为：列表名 [编号]。例如，cSoftList4[0] 表示列表 cSoftList4 中第 0 个位置的数据，也就是 −7834747.02。

（二）切片方式访问列表

如果要获取列表的若干个元素，可以使用切片方式。对于一个列表，其切片操作的命令格式如下：

```
列表名 [start:end:step]
```

其中“start:end”表示返回从第一个数字索引到第二个数字索引（不包括第二个数字索引的值）的一个列表切片。“step”是截取的步长，缺省状态下默认取 1，表示从左到右逐个对元素进行切片。

例如，print(cSoftList4[0:2]) 输出 [−7834747.02,3055845394.83]，而 print(cSoftList4)、print(cSoftList4[:])、print(cSoftList4[0:3]) 均输出 [−7834747.02，3055845394.83，3429031128.43]。其中，cSoftList4[:] 中省略了开始和结束的索引，表示从头到尾，即 0 到 3。

（三）增加元素

给已有的列表添加元素可使用 append( ) 方法，该方法把传入的参数追加到原列表的最后。例如，用 cSoftList3 = [ ] 语句定义了一个空列表，再执行 cSoftList3.append(−439393891.2)，就会给列表 cSoftList3 追加新元素，此时 print(cSoftList3) 就会输出 [−439393891.2]。

（四）修改元素

修改列表元素可以通过给列表元素赋值的方式来进行操作。例如，cSoftList3[0] = 1，则 print(cSoftList3) 就会输出 [1]。

（五）删除元素

删除列表中的元素可以使用 del 语句，此语句既可删除列表中的单个元素，也可删除列表中间的一段元素。例如，执行 del cSoftList3[0] 后再执行 print(cSoftList3)，则输出 [ ]。注意，执行 del 后 cSoftList3 已是空列表，因此不能使用 print(cSoftList3[0]) 来输出，这将引起报错。

图 3-9 所示的代码为列表操作示例。

```
cSoftList4=[-7834747.02, 3055845394.83, 3429031128.43]
print(len(cSoftList4))    # 输出列表长度，即列表中的元素个数

# （一）索引方式访问列表
print(cSoftList4[0])      # 输出第0个元素
# （二）切片方式访问列表
print(cSoftList4[0:2])    # 输出列表切片
print(cSoftList4)
print(cSoftList4[:])
print(cSoftList4[0:3])
print('-'*20)

# （三）增加元素
cSoftList3=[]     # 定义空列表
cSoftList3.append(-439393891.2)     #追加列表元素
print(cSoftList3)
print('-'*20)

# （四）修改元素
cSoftList3[0]=1   # 修改列表元素
print(cSoftList3)
print('-'*20)

#（五）删除元素
del cSoftList3[0]   # 删除元素
print(cSoftList3)
```

```
3
-7834747.02
[-7834747.02, 3055845394.83]
[-7834747.02, 3055845394.83, 3429031128.43]
[-7834747.02, 3055845394.83, 3429031128.43]
[-7834747.02, 3055845394.83, 3429031128.43]
--------------------
[-439393891.2]
--------------------
[1]
--------------------
[]
```

图 3-9　操作列表示例

操作列表

思　考

想一想，下面这段代码的输出结果是什么？

```
cSoftList3 = [-439393891.2,3066567492.85]
cSoftList3.append(3055845394.83)
print(cSoftList3)
cSoftList3[:] = [0,0,0]
print(cSoftList3)
del cSoftList3[0:2]
print(cSoftList3)
```

任务实施

下面使用列表来实现中国软件 2023 年各季度的净资产收益率的计算。继续在项目三文件中增加代码单元来输入本任务的代码。

步骤 1：本任务中有四个季度的数据，将每个季度的数据存放到一个列表中。先定义一个列表，将第四季度的数据存放到该列表中，然后输出列表及其中的每个元素值，代码如下：

```
# 定义列表，存储 2023 年第四季度的初始数据
cSoftList4 = [-7834747.02, 3055845394.83, 3429031128.43]
print(cSoftList4)                                        # 输出列表
print(cSoftList4[0], cSoftList4[1], cSoftList4[2])      # 输出列表各元素的值
```

运行代码，结果如图 3-10 所示。

```
# 定义列表，存储2023年第四季度的初始数据
cSoftList4=[-7834747.02, 3055845394.83, 3429031128.43]
print(cSoftList4)      # 输出列表
print(cSoftList4[0],cSoftList4[1],cSoftList4[2])   # 输出列表各元素的值

[-7834747.02, 3055845394.83, 3429031128.43]
-7834747.02 3055845394.83 3429031128.43
```

图 3-10　用列表存储第四季度数据

代码功能释义如下：

第 2 行代码通过 [ele1, ele2, ele3,...] 的方式定义了一个包含三个值的列表，再利用赋值号“=”将此列表赋值给变量 cSoftList4。注意代码中的方括号“[]”和逗号“,”都是英文符号。

第 3 行代码输出列表变量 cSoftList4。

第 4 行代码采用“列表名 [*n*]”的形式指明要输出列表 cSoftList4 中的哪个元素，注意 Python 列表中元素的位置标号是从 0 开始的。

注意第 3 行代码和第 4 行代码的输出结果，第 3 行代码输出的是列表对象，因此输出［ −7834747.02, 3055845394.83, 3429031128.43 ］，此输出结果外带方括号。在 Python 中，列表就是用方括号将不同数据项括起来，各数据之间用逗号分隔。第 4 行代码输出的是列表各元素的值，此列表的各个元素都是数值，因此输出 −7834747.02 3055845394.83 3429031128.43。

步骤 2：处理第三季度的数据。方法是：先定义一个空列表，然后使用列表的 append( ) 方法向空列表中追加数据，从而实现将第三季度的数据存放到列表中。代码如下：

```
# 定义列表，存储 2023 年第三季度的初始数据
cSoftList3 = [ ]                                    # 定义一个空列表
cSoftList3.append(float(input('输入净利润：')))  # 利用 append( ) 给列表追加净利润值
cSoftList3.append(float(input('输入期初净资产：')))      # 追加期初值
cSoftList3.append(float(input('输入期末净资产：')))      # 追加期末值
print(cSoftList3)      # 输出列表的值
```

运行代码，结果如图 3-11 所示。

```
# 定义列表，存储2023年第三季度的初始数据
cSoftList3=[]      # 定义一个空列表
cSoftList3.append(float(input('输入净利润：')))   # 利用append()给列表追加净利润值
cSoftList3.append(float(input('输入期初净资产：')))   #追加期初值
cSoftList3.append(float(input('输入期末净资产：')))   #追加期末值
print(cSoftList3)  # 输出列表的值

输入净利润：-439393891.20
输入期初净资产：3066567492.85
输入期末净资产：3055845394.83
[-439393891.2, 3066567492.85, 3055845394.83]
```

图 3-11　用列表存储第三季度数据

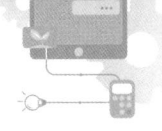

代码功能释义如下：

第 2 行代码定义了一个空列表 cSoftList3，空列表就是不包含任何元素的列表，用一对空方括号（[]）表示。

第 3 行代码调用了列表 cSoftList3 的 append() 方法，调用语法是：列表名.append()。append() 的作用是在列表末尾追加元素。在程序执行 append(float(input('输入净利润：'))) 时，先执行最里层的 input()，再执行第二层的 float()，最后执行最外层的 append()。

第 4 行和第 5 行代码含义同第 3 行代码。

第 6 行代码输出列表 cSoftList3 的内容，输出结果为 [-439393891.2, 3066567492.85, 3055845394.83]。

步骤 3：创建第二季度的数据列表。采用先复制第三季度的数据，再修改列表元素的方法来完成。代码如下：

```
'''复制列表 cSoftList3 的所有元素到列表 cSoftList2 中，
列表 cSoftList2 存储 2023 年第二季度的初始数据'''
cSoftList2 = cSoftList3.copy()      # 复制 cSoftList3 中所有元素
print('复制后 cSoftList2 的值是：{}'.format(cSoftList2))

# 修改列表 cSoftList2 的所有值
cSoftList2 = [-526350939.73, 3377181705.07, 3066567492.85]
print('重新赋值后 cSoftList2 的值是：{}'.format(cSoftList2))
```

运行代码，结果如图 3-12 所示。

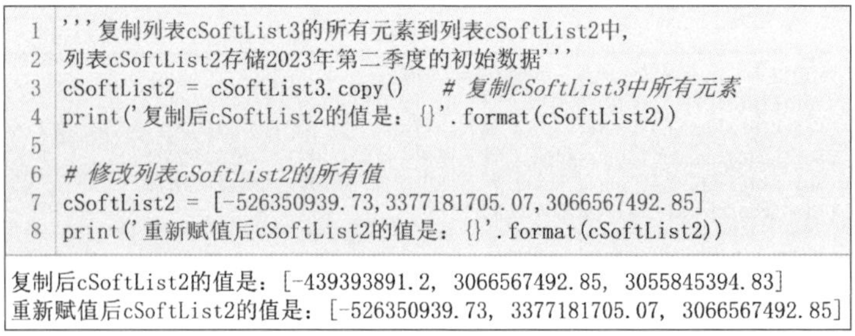
'''复制列表cSoftList3的所有元素到列表cSoftList2中，
列表cSoftList2存储2023年第二季度的初始数据'''
cSoftList2 = cSoftList3.copy()　# 复制cSoftList3中所有元素
print('复制后cSoftList2的值是：{}'.format(cSoftList2))
# 修改列表cSoftList2的所有值
cSoftList2 = [-526350939.73, 3377181705.07, 3066567492.85]
print('重新赋值后cSoftList2的值是：{}'.format(cSoftList2))
复制后cSoftList2的值是：[-439393891.2, 3066567492.85, 3055845394.83]
重新赋值后cSoftList2的值是：[-526350939.73, 3377181705.07, 3066567492.85]

图 3-12　操作列表数据

代码功能释义如下：

第 1 行和第 2 行代码是 Python 中的多行注释语句。Python 支持单行注释，也支持多行注释。多行注释可以使用一对三引号将多行注释内容引起来。

第 3 行代码利用赋值命令将 cSoftList3 赋值给 cSoftList2，这也是实现列表相互复制的方法。

第 4 行代码输出了列表 cSoftList2，其值同列表 cSoftList3。

第 7 行代码给列表 cSoftList2 重新赋值。也可以只修改列表中的某个值，例如，cSoftList2[0] = −526350939.73 是修改 0 位置的值，其他值保持不变。

第 8 行代码输出重新赋值后的列表 cSoftList2。

步骤 4：计算中国软件第二、三、四季度的净资产收益率，并将这三个季度的计算结果存放到一个列表中。先建立一个空列表，每计算完一个季度的值就将该值添加到列表中，计算完成后输出每个季度的净资产收益率。代码如下：

```
# 计算中国软件 2023 年第二、三、四季度的净资产收益率
cSoftROE = [ ]
cSoftROE.append(cSoftList2[0]/((cSoftList2[1] + cSoftList2[2])/2))
cSoftROE.append(cSoftList3[0]/((cSoftList3[1] + cSoftList3[2])/2))
cSoftROE.append(cSoftList4[0]/((cSoftList4[1] + cSoftList4[2])/2))
print('中国软件 2023 年第二、三、四季度的净资产收益率 {}'.format(cSoftROE))
print('中国软件 2023 年第二季度的净资产收益率 {:.4f}'.format(cSoftROE[0]))
print('中国软件 2023 年第三季度的净资产收益率 {:.4f}'.format(cSoftROE[1]))
print('中国软件 2023 年第四季度的净资产收益率 {:.4f}'.format(cSoftROE[2]))

# 将净资产收益率的值用百分比的格式显示，小数点后保留两位
ROE2Percent = '{:.2%}'.format(cSoftROE[0])      # 构造格式字符串
print("中国软件 2023 年第二季度的净资产收益率：",ROE2Percent)
ROE34Percent = '{:.2%}\t{:.2%}'.format(cSoftROE[1], cSoftROE[2])
print("中国软件 2023 年第三季度和第四季度的净资产收益率分别是：",ROE34Percent)
```

运行代码，结果如图 3-13 所示。

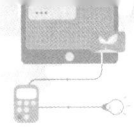

```
1  # 计算中国软件2023年第二、三、四季度的净资产收益率
2  cSoftROE=[]
3  cSoftROE.append(cSoftList2[0]/((cSoftList2[1]+cSoftList2[2])/2))
4  cSoftROE.append(cSoftList3[0]/((cSoftList3[1]+cSoftList3[2])/2))
5  cSoftROE.append(cSoftList4[0]/((cSoftList4[1]+cSoftList4[2])/2))
6  print('中国软件2023年第二、三、四季度的净资产收益率{}'.format(cSoftROE))
7  print('中国软件2023年第二季度的净资产收益率{:.4f}'.format(cSoftROE[0]))
8  print('中国软件2023年第三季度的净资产收益率{:.4f}'.format(cSoftROE[1]))
9  print('中国软件2023年第四季度的净资产收益率{:.4f}'.format(cSoftROE[2]))
10
11 # 将净资产收益率的值用百分比的格式显示，小数点后保留两位
12 ROE2Percent='{:.2%}'.format(cSoftROE[0])      # 构造格式字符串
13 print("中国软件2023年第二季度的净资产收益率：",ROE2Percent)
14 ROE34Percent='{:.2%}\t{:.2%}'.format(cSoftROE[1],cSoftROE[2])
15 print("中国软件2023年第三季度和第四季度的净资产收益率分别是：",ROE34Percent)
```

```
中国软件2023年第二、三、四季度的净资产收益率[-0.16336791627455105, -0.14353618393956502, -0.002416313399923121]
中国软件2023年第二季度的净资产收益率-0.1634
中国软件2023年第三季度的净资产收益率-0.1435
中国软件2023年第四季度的净资产收益率-0.0024
中国软件2023年第二季度的净资产收益率： -16.34%
中国软件2023年第三季度和第四季度的净资产收益率分别是： -14.35%	-0.24%
```

图 3-13 计算第二、三、四季度净资产收益率

代码功能释义如下：

第 2 行代码定义了一个空列表 cSoftROE。

第 3 行至第 5 行代码使用列表 cSoftROE 的 append( ) 方法依次将计算好的第二、三、四季度的净资产收益率值添加到列表 cSoftROE 中。

第 6 行代码输出整个列表 cSoftROE。第 7 行至第 9 行代码分别输出列表 cSoftROE 中的每个元素值。

第 12 行代码的 ROE2Percent 变量是格式字符串，与第 13 行代码结合，以百分比形式输出中国软件 2023 年第二季度的净资产收益率。

同理，第 14 行代码构造了 ROE34Percent 变量作为 cSoftROE[1] 和 cSoftROE[2] 的格式输出字符串，第 15 行代码输出了这两个百分比形式的净资产收益率。

注意第 14 行代码的格式串 '{:.2%}\t{:.2%}'，其中第 1 个 {:.2%} 对应 cSoftROE[1]，第 2 个 {:.2%} 对应 cSoftROE[2]，\t 是 Python 中的转义字符，表示在两个输出值间插入一个 tab 键（tab 是横向制表符）的输出。

知识扩展

Python 定义了转义字符用于将键盘上不可打印的字符进行输出。例如，要在 print 中输出回车以使输出的内容换行时，可以使用 \n。常见的转义字符有反斜杠（\\）、单引号（\'）、双引号（\"）等。

步骤 5：处理第一季度的数据，将计算结果插入到汇总列表中，代码如下：

```
# 计算中国软件 2023 年第一季度的净资产收益率，并将其插入到列表 cSoftROE 中
print('中国软件 2023 年第二、三、四季度的净资产收益率分别是',cSoftROE)
# 列表 cSoftList1 存储 2023 年第一季度的初始数据
cSoftList1 = [-201692562.56, 3560111655.87, 3377181705.07]
# 计算第一季度的净资产收益率 temp
temp = cSoftList1[0]/((cSoftList1[1] + cSoftList1[2])/2)
# 将 temp 插入到 cSoftROE 的第一个位置，
# 使 cSoftROE 中的各个值依次是第一、第二、第三、第四季度的净资产收益率
cSoftROE.insert(0, temp)
print('中国软件 2023 年各季度的净资产收益率 {}'.format(cSoftROE))
ROE1234Percent = '{:.2%}\t{:.2%}\t{:.2%}\t{:.2%}'\
.format(cSoftROE[0], cSoftROE[1], cSoftROE[2], cSoftROE[3])
print("中国软件 2023 年各季度净资产收益率分别是：",ROE1234Percent)
```

运行代码，结果如图 3-14 所示。

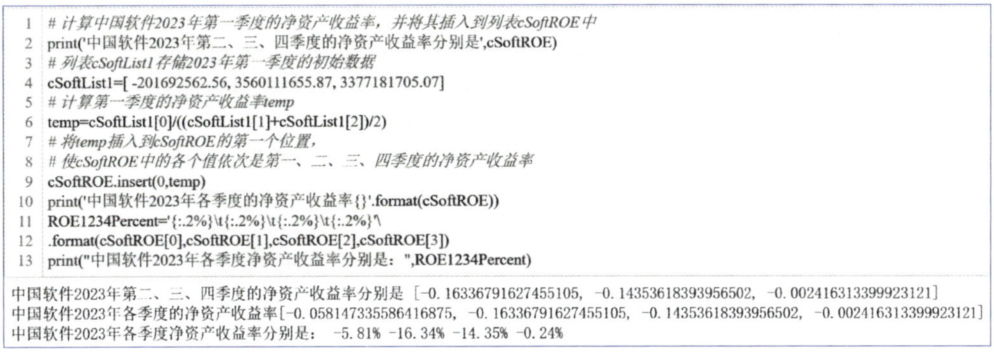

```
1  # 计算中国软件2023年第一季度的净资产收益率，并将其插入到列表cSoftROE中
2  print('中国软件2023年第二、三、四季度的净资产收益率分别是',cSoftROE)
3  # 列表cSoftList1存储2023年第一季度的初始数据
4  cSoftList1=[ -201692562.56, 3560111655.87, 3377181705.07]
5  # 计算第一季度的净资产收益率temp
6  temp=cSoftList1[0]/((cSoftList1[1]+cSoftList1[2])/2)
7  # 将temp插入到cSoftROE的第一个位置，
8  # 使cSoftROE中的各个值依次是第一、二、三、四季度的净资产收益率
9  cSoftROE.insert(0,temp)
10 print('中国软件2023年各季度的净资产收益率{}'.format(cSoftROE))
11 ROE1234Percent='{:.2%}\t{:.2%}\t{:.2%}\t{:.2%}'\
12 .format(cSoftROE[0],cSoftROE[1],cSoftROE[2],cSoftROE[3])
13 print("中国软件2023年各季度净资产收益率分别是：",ROE1234Percent)

中国软件2023年第二、三、四季度的净资产收益率分别是 [-0.16336791627455105, -0.14353618393956502, -0.002416313399923121]
中国软件2023年各季度的净资产收益率[-0.058147335586416875, -0.16336791627455105, -0.14353618393956502, -0.002416313399923121]
中国软件2023年各季度净资产收益率分别是：  -5.81% -16.34% -14.35% -0.24%
```

图 3-14　计算中国软件 2023 年各季度净资产收益率

代码功能释义如下：

第 2 行代码输出列表 cSoftROE 中的原有值。注意，此时列表 cSoftROE 中只有第二、三、四季度的净资产收益率。

第 4 行代码将 2023 年第一季度的初始数据赋值给列表 cSoftList1。

第 6 行代码将第一季度的净资产收益率赋值给 temp 变量。

第 9 行代码执行 cSoftROE.insert(0, temp) 方法，使用 insert( ) 方法将 temp 的值插入到列表 cSoftROE 的第一个位置（Pyhton 中第一个位置的标号是 0），列表中原有的元素依次后移。

知识扩展

若希望在列表中增加新元素，可使用 insert( ) 方法。insert( ) 方法有两个参数，第一个参数指明插入位置，第二个参数是要增加的数据。

第 10 行代码输出 cSoftROE 的所有值。

第 11 行和第 12 行代码定义格式串 ROE1234Percent，由于第 11 行代码较长，因而使用了 Python 中的反斜杠（\）后直接回车的方法实现代码续行。要格外注意的是，用于代码换行的反斜杠后不能再有空格或者其他符号。

第 13 行代码以百分比形式输出了中国软件 2023 年各季度净资产收益率。

提 示

每执行一次 append( ) 方法或 insert( ) 方法，就会在列表中追加或者插入元素。在调试代码的过程中，要注意多次运行部分代码可能会导致多次追加或者插入相应元素。此处，步骤 5 中的代码多次运行会导致在 cSoftROE 列表中多次插入数据，形成错误的输出。此时，应从步骤 4 的代码单元开始运行。操作方法为：选中步骤 4 的代码单元（蓝色框线）或将输入光标定位在步骤 4 的代码单元中（绿色框线），此时步骤 4 的代码单元成为当前代码单元，单击 Notebook 的“Cell”菜单中的“Run All Below”，便可运行当前代码单元及其后的所有代码单元。

步骤 6：为任务二代码添加说明标题，选中当前程序的第一个代码单元，单击“Insert”菜单下的“Insert Cell Above”菜单项，在第一个代码单元前插入一个新的代码单元。设置新的代码单元为 Markdown 模式后，在其中输入：

```
## 任务二　中国软件净资产收益率计算
```

单击工具栏的“▶运行”按钮运行当前单元格内容。

任务三　使用字典计算企业净资产收益率的变化

任务说明

本任务将围绕中国软件 2022 年和 2023 年的相关财务数据，使用 Python 字典来计算这两年净资产收益率的变化。通过讲解 Python 字典的基本知识，帮助苏琳这样的初学者掌握使用 Python 字典编写程序的能力。

中国软件 2022 年和 2023 年的相关数据如表 3-3 所示。

表 3-3　中国软件 2022 年和 2023 年相关财务数据

单位：元

项目	2022 年	2023 年
净利润	244 060 018.6	−7 834 747.02
期初净资产	3 312 422 711.80	3 560 111 655.87
期末净资产	3 560 111 655.87	3 429 031 128.43

相关知识

一、字典

字典是 Python 的重要数据类型之一。字典是一种映射的集合，可以通过形如 {key1:value1, key2:value2,...} 的形式来定义字典。字典元素包括在一对花括号（{}）中，花括号内是一系列的键值对（key:value），键和值之间用英文冒号（:）分隔，多个键值对之间用英文逗号分隔。

例如，下面的 Python 语句定义了一个名为 cSoftDict1 的字典：

```
cSoftDict1 = {"Profit":-7834747.02, "beginAsset":3560111655.87, "endAsset":3429031128.43}
```

此字典用英文逗号分隔了三个键值对。以 "Profit":−7834747.02 为例，冒号前的 "profit" 是键（key），冒号后的 −7834747.02 是该 key 对应的值（value）。

在字典中 key 非常重要，在同一个字典中 key 必须唯一且不可变，因为程序都是基于 key 对字典进行操作的。key 对应的 value 可以不唯一且可修改。key 可以是字符串和数字形式，用以指明 value 的含义，例如，"Profit" 指明 −7834747.02 是利润的值。字典中的 value 可以是任意数据类型。

定义字典

字典也可以通过 dict( ) 函数来定义，例如：

```
cSoftDict2 = dict(Profit = −7834747.02, beginAsset = 3560111655.87, endAsset = 3429031128.43)
```

图 3-15 所示的代码是字典定义示例。

```
# 使用{}定义字典
cSoftDict1={"Profit":-7834747.02,"beginAsset": 3560111655.87 ,"endAsset": 3429031128.43 }
print('cSoftDict1:',cSoftDict1)
# 使用dict()定义字典
cSoftDict2=dict(Profit=-7834747.02,beginAsset=3560111655.87,endAsset= 3429031128.43 )
print('cSoftDict2:',cSoftDict2)
```

```
cSoftDict1: {'Profit': -7834747.02, 'beginAsset': 3560111655.87, 'endAsset': 3429031128.43}
cSoftDict2: {'Profit': -7834747.02, 'beginAsset': 3560111655.87, 'endAsset': 3429031128.43}
```

图 3-15　字典定义示例

思　考

字典和列表的定义有哪些区别？

二、字典的常见操作

定义字典后，可以通过下面的方法来操作字典中的元素。

（一）通过 key 访问 value

访问字典中的对象时，可通过 key 来实现。例如，print(cSoftDict["profit"]) 将输出 −7834747.02。

（二）通过 get( ) 方法访问 value

访问字典中的对象时，也可以通过 get( ) 方法来实现。例如，print(cSoftDict.get("profit")) 将输出 −7834747.02。

（三）添加元素

给字典添加元素非常简单，直接使用赋值命令给字典中不存在的 key 赋值即可。例如，对字典 cSoftDict 执行 cSoftDict["period"] = "2023" 后，若执行 print(cSoftDict["period"])，则输出字符串 2023；若执行 print(cSoftDict)，则输出 {'profit'：−7834747.02, 'beginAsset'：3560111655.87, 'endAsset': 3429031128.43, 'period': '2023'}。

（四）修改元素

如果对字典中存在的 key 重新赋值，则可改变该 key 对应的 value。例如，对字典 cSoftDict 执行 cSoftDict["profit"] = 244060018.6 后，再执行 print(cSoftDict["profit"]) 将输出 244060018.6。

（五）删除元素

可以使用 del 语句删除字典中的键值对（key:value）。例如，执行 del cSoftDict ["period"] 后，再执行 print(cSoftDict)，则输出 {'profit': 244060018.6, 'beginAsset': 3560111655.87, 'endAsset': 3429031128.43}。

图 3-16 所示代码为字典操作示例。

```
cSoftDict={'profit':-7834747.02,'beginAsset': 3560111655.87,'endAsset': 3429031128.43}
print(cSoftDict["profit"])    # 通过key访问value
print(cSoftDict.get("profit"))    # 通过get()方法访问value
print('-'*20)

# 添加字典元素
cSoftDict ["period"]="2023"
print(cSoftDict ["period"])
print(cSoftDict)
print('-'*20)

# 修改元素
cSoftDict["profit"] = 244060018.6
print(cSoftDict["profit"])
print('-'*20)

# 删除元素
del cSoftDict ["period"]
print(cSoftDict)
```

```
-7834747.02
-7834747.02
--------------------
2023
{'profit': -7834747.02, 'beginAsset': 3560111655.87, 'endAsset': 3429031128.43, 'period': '2023'}
--------------------
244060018.6
--------------------
{'profit': 244060018.6, 'beginAsset': 3560111655.87, 'endAsset': 3429031128.43}
```

图 3-16　字典操作示例

思考

执行下面的代码后，输出结果是什么？

```
Dict1 = {"profit":150, "beginAsset":2200, "endAsset":2800}
ROE = Dict1["profit"]/((Dict1["beginAsset"] + Dict1["endAsset"])/2)
print(ROE)
```

字典的常见操作

任务实施

下面使用字典来展现中国软件 2022 年和 2023 年间的净资产收益率变化，继续在项目三中输入代码。

步骤 1：先添加一个标题，表示从这里开始是任务三的代码，将当前代码单元转换为 Markdown 模式，并输入下面的内容：

```
## 任务三 使用字典计算中国软件净资产收益率的增长率
```

单击工具栏的“▶运行”按钮运行当前单元中的代码。

步骤 2：用字典存放 2023 年的净利润、期初净资产和期末净资产的值，并将字典内容输出。代码如下：

```
""" 定义字典变量 cSoftDict，存储中国软件 2023 年的净利润、期初净资产和期末净资产的值 """
cSoftDict = {"profit":-7834747.02, "beginAsset":3560111655.87, "endAsset": 3429031128.43}
print(cSoftDict)        # 输出字典
```

运行代码，结果如图 3-17 所示。

```
1  """定义字典变量cSoftDict,存储中国软件2023年的净利润、期初净资产和期末净资产的值"""
2  cSoftDict={"profit":-7834747.02,"beginAsset": 3560111655.87,"endAsset": 3429031128.43}
3  print(cSoftDict)   # 输出字典

{'profit': -7834747.02, 'beginAsset': 3560111655.87, 'endAsset': 3429031128.43}
```

图 3-17　用字典存储中国软件 2023 年的数据

代码功能释义如下：

第 2 行代码定义了一个名为 cSoftDict 的字典，此字典包括三个键值对（key:value），三个 key 说明这三个字典元素分别是 profit（净利润）、beginAsset（期初净资产）、endAsset（期末净资产）。

第 3 行代码使用 print 输出字典的内容，输出的内容是用花括号标注的。

步骤 3：查看字典中每个键对应的值，即查看 profit（净利润）、beginAsset（期初净资产）、endAsset（期末净资产）的值，代码如下：

```
# 输出 cSoftDict 中每个 key 对应的值
print("中国软件 2023 年度的净利润：", cSoftDict["profit"],"元")
```

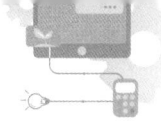

```
print（"中国软件 2023 年度的期初净资产：", cSoftDict["beginAsset"],"元")
print（"中国软件 2023 年度的期末净资产：", cSoftDict.get("endAsset"),"元"）
```

运行代码，结果如图 3-18 所示。

```
1 # 输出cSoftDict中每个key对应的值
2 print("中国软件2023年度的净利润：",cSoftDict["profit"],"元")
3 print("中国软件2023年度的期初净资产：",cSoftDict["beginAsset"],"元")
4 print("中国软件2023年度的期末净资产：",cSoftDict.get("endAsset"),"元")
```

```
中国软件2023年度的净利润： -7834747.02 元
中国软件2023年度的期初净资产： 3560111655.87 元
中国软件2023年度的期末净资产： 3429031128.43 元
```

图 3-18　输出字典中的值

有两种方法可以获取字典中的值：

第 2 行代码和第 3 行代码通过“字典名 [key]”的形式依次输出字典元素 profit 和 beginAsset 的值。

第 4 行代码使用“字典名.get(key)”形式访问字典元素 endAsset。

步骤 4：定义一个空字典，继续把 2022 年的净利润、期初净资产和期末净资产的值添加到字典中，代码如下：

```
""" 定义字典变量 cSoftDict1，存储中国软件 2022 年的净利润、期初净资产和期末
净资产的值 """
cSoftDict1 = {}
cSoftDict1["profit"] = 244060018.6
cSoftDict1["beginAsset"] = 3312422711.80
cSoftDict1["endAsset"] = 3560111655.87
print("中国软件 2022 年的净利润、期初净资产和期末净资产分别是：")
print(cSoftDict1)
```

运行代码，结果如图 3-19 所示。

```
"""定义字典变量cSoftDict1,存储中国软件2022年的净利润、期初净资产和期末净资产的值"""
cSoftDict1={}
cSoftDict1["profit"] = 244060018.6
cSoftDict1["beginAsset"] = 3312422711.80
cSoftDict1["endAsset"] = 3560111655.87
print("中国软件2022年的净利润、期初净资产和期末净资产分别是：")
print(cSoftDict1)
```

```
中国软件2022年的净利润、期初净资产和期末净资产分别是：
{'profit': 244060018.6, 'beginAsset': 3312422711.8, 'endAsset': 3560111655.87}
```

图 3-19　用字典存储中国软件 2022 年的数据

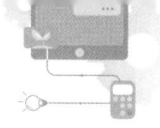

代码功能释义如下：

第 2 行代码使用“字典名 = {}”的形式定义了一个空字典。空字典也可以使用“字典名 = dict( )”来创建。

第 3 至 5 行的代码分别使用“字典名 [key] = value”的形式给字典添加新元素。给字典中不存在的 key 赋值，就会在字典中新增元素（即新增一个键值对）；给字典中已存在的 key 赋值，就会修改此 key 对应的值。

第 6 行代码输出一个提示字符串，第 7 行代码输出字典元素。

步骤 5：从字典中取出净利润、期初净资产和期末净资产的值，带入公式计算 2023 年的净资产收益率。代码如下：

```
# 根据净资产收益率的计算公式计算中国软件 2023 年的净资产收益率
cSoftROE = cSoftDict["profit"]/((cSoftDict["beginAsset"] + cSoftDict["endAsset"])/2)
print("中国软件 2023 年度的净资产收益率 :",cSoftROE)

# 将净资产收益率的值用百分比的格式显示，小数点后保留两位
cSoftROEPercent = "{:.2%}".format(cSoftROE)
print("中国软件 2023 年度的净资产收益率 :",cSoftROEPercent)
```

运行代码，结果如图 3-20 所示。

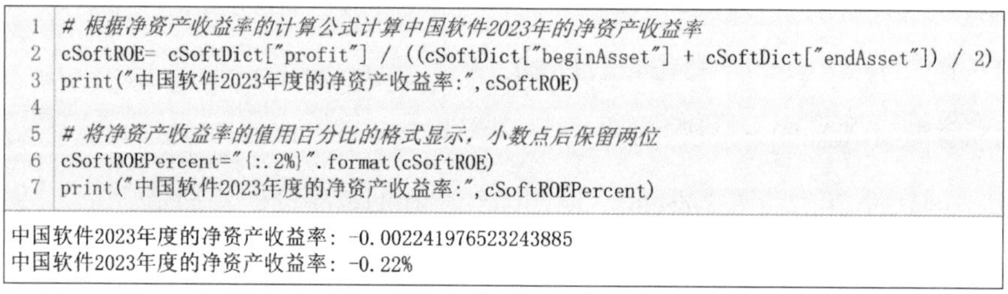
1 # 根据净资产收益率的计算公式计算中国软件2023年的净资产收益率
2 cSoftROE= cSoftDict["profit"] / ((cSoftDict["beginAsset"] + cSoftDict["endAsset"]) / 2)
3 print("中国软件2023年度的净资产收益率:", cSoftROE)
4
5 # 将净资产收益率的值用百分比的格式显示，小数点后保留两位
6 cSoftROEPercent="{:.2%}".format(cSoftROE)
7 print("中国软件2023年度的净资产收益率:", cSoftROEPercent)
中国软件2023年度的净资产收益率: -0.002241976523243885
中国软件2023年度的净资产收益率: -0.22%

图 3-20　计算中国软件 2023 年的净资产收益率

代码功能释义如下：

第 2 行代码使用字典元素计算中国软件 2023 年的净资产收益率。可以通过字典的 key 访问对应的 value，语法为“字典名 [key]”的形式。

第 3 行输出计算结果 cSoftROE。

第 6 行代码定义了一个格式输出字符串 cSoftROEPercent，表示以保留两位小数

的百分比形式输出净资产收益率。

第 7 行代码输出格式字符串 cSoftROEPercent。

步骤 6：计算 2022 年的净资产收益率，计算方法和步骤 5 一样，代码如下：

```
# 根据净资产收益率的计算公式计算中国软件 2022 年的净资产收益率
cSoftROE1 = cSoftDict1["profit"]/((cSoftDict1["beginAsset"] + cSoftDict1["endAsset"])/2)
print("中国软件 2022 年度的净资产收益率 :", cSoftROE1)

# 将净资产收益率的值用百分比的格式显示，小数点后保留两位
cSoftROEPercent1 = "{:.2%}".format(cSoftROE1)
print("中国软件 2022 年度的净资产收益率:", cSoftROEPercent1)
```

运行代码，结果如图 3-21 所示。

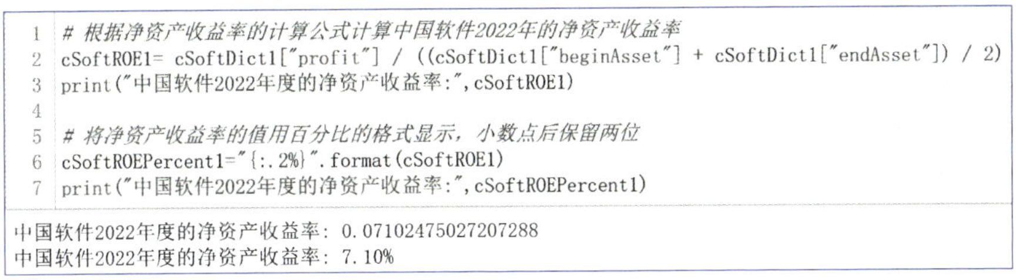

```
1  # 根据净资产收益率的计算公式计算中国软件2022年的净资产收益率
2  cSoftROE1= cSoftDict1["profit"] / ((cSoftDict1["beginAsset"] + cSoftDict1["endAsset"]) / 2)
3  print("中国软件2022年度的净资产收益率:",cSoftROE1)
4
5  # 将净资产收益率的值用百分比的格式显示，小数点后保留两位
6  cSoftROEPercent1="{:.2%}".format(cSoftROE1)
7  print("中国软件2022年度的净资产收益率:",cSoftROEPercent1)

中国软件2022年度的净资产收益率: 0.07102475027207288
中国软件2022年度的净资产收益率: 7.10%
```

图 3-21　计算中国软件 2022 年的净资产收益率

步骤 7：比较中国软件 2022 年和 2023 年的净资产收益率并输出比较结果，代码如下：

```
# 比较中国软件 2022 年和 2023 年的净资产收益率
growth = cSoftROE-cSoftROE1

# 定义百分比形式的格式字符串
growth = "{:.2%}".format(growth)

# 输出比较结果
print("{} 年比 {} 年的净资产收益率上涨了 {}".format("2023", "2022", growth))
```

步骤 8：运行代码，结果如图 3-22 所示。

```
1 # 比较中国软件2022年和2023年的净资产收益率
2 growth = cSoftROE-cSoftROE1
3
4 # 定义百分比形式的格式字符串
5 growth="{:.2%}".format(growth)
6
7 # 输出比较结果
8 print("{}年比{}年的净资产收益率上涨了{}".format("2023","2022",growth))
```

```
2023年比2022年的净资产收益率上涨了-7.33%
```

图 3-22　比较净资产收益率

代码功能释义如下：

第 2 行代码计算净资产收益率的变化。

第 5 行代码定义了保留两位小数的百分比形式的格式字符串。

第 8 行代码输出净资产收益率的变化。

技能训练 >>>

一、单选题

1. 以下合法的 Python 变量名是（　　）。

A. 1num　　B. num1

C. print　　D. num1 + 0

2. 下面赋值命令不合法的是（　　）。

A. account = 123456　　B. 123456 = account

C. account = account + 1　　D. account = 12 + 156−90

3. 赋值语句 $x=\dfrac{-b+ac}{2a}$ 在 Python 中的表达方式为（　　）。

A. $x=(-b+ac)/(2a)$　　B. $x=(-b+a*c)/2*a$

C. $x=(-b+a*c)/(2*a)$　　D. $x=(-b+a*c)/(2a)$

4. 小明有个水果店，现在他想通过列表管理水果品种，假如有三种水果：苹果、桃子和西瓜，下面语句正确定义了包含这三种水果的 fruits 列表的是（　　）。

A. fruits = ['苹果','桃子','西瓜']　　B. fruits = [苹果,桃子,西瓜]

C. fruits = ('苹果','桃子','西瓜')　　D. fruits = (苹果,桃子,西瓜)

5. 接第 4 题，如果要在桃子前插入草莓，则下面语句正确定义了在列表中插入元素的是（　　）。

A. fruits.insert(2, ' 草莓 ')　　B. fruits.insert(1, 草莓)

C. fruits.insert(1, ' 草莓 ')　　D. fruits.insert(2, 草莓)

6. 若有字典 fruits = {'apple': 10, 'pear': 12,' orange': 23}，在执行 fruits['pear'] = 22 后，fruits 的字典元素变为（　　）。

A. {'apple': 10, 'pear': 12, 'orange': 23}　　B. {'apple': 10, 'pear': 22, 'orange': 23}

C. {'apple': 10, 'orange': 23}　　D. ['apple': 10, 'pear': 12, 'orange': 23]

二、实操题

1. 定义三个变量，分别存储中国软件 2023 年第一季度的净利润、期初净资产和期末净资产，如表 3–4 所示。计算中国软件 2023 年第一季度的净资产收益率，保留 4 位小数输出计算结果。

表 3–4　中国软件 2023 年第一季度相关数据

单位：元

项目	2023/3/31
净利润	−201 692 562.56
期初净资产	3 560 111 655.87
期末净资产	3 377 181 705.07

2. 定义三个变量，用以存储从键盘输入的中国软件 2023 年第一季度的净利润、期初净资产和期末净资产，数据如表 3–4 所示。计算中国软件 2023 年第一季度的净资产收益率，保留 4 位小数输出计算结果。

3. 定义一个列表变量，包含中国软件 2023 年第一季度的净利润、期初净资产和期末净资产三个元素，数据如表 3–4 所示。计算中国软件 2023 年第一季度的净资产收益率，以保留 2 位小数的百分比形式输出计算结果。

4. 定义一个字典变量，包含中国软件 2023 年第一季度的净利润、期初净资产和期末净资产三个键值对，数据如表 3–4 所示。计算中国软件 2023 年第一季度的净资产收益率，以保留 2 位小数的百分比形式输出计算结果。

项目评价表 >>>

学习效果评价表				
任务序号	任务内容	任务清单	权重	
任务一	使用变量计算 企业净资产收益率	使用变量存储数据	5%	30%
		区别数据类型	5%	
		用算术运算符完成计算	5%	
		用关系运算符完成比较	5%	
		用逻辑运算符完成逻辑判断	5%	
		用赋值语句给变量赋值	5%	
任务二	使用列表计算 企业净资产收益率	创建列表	5%	35%
		对列表进行索引和切片	15%	
		对列表元素进行增、删、改	15%	
任务三	使用字典计算 企业净资产收益率的变化	创建字典	5%	35%
		访问字典的值	15%	
		对字典元素进行增、删、改	15%	

实践能力评价表				
任务序号	任务内容	任务清单	权重	
技能训练一	Python 基础操作训练	识别合法变量名	5%	30%
		使用赋值语句	5%	
		将数学公式转换为 Python 表达式	5%	
		创建列表	5%	
		操作列表	5%	
		操作字典	5%	
技能训练二	用 Python 基础编程解决实际问题	基于度量值计算净资产收益率	10%	
		基于输入值计算净资产收益率	20%	70%
		基于列表计算净资产收益率	20%	
		基于字典计算净资产收益率	20%	

项目四

Python 分支结构程序设计

4

学习目标 >>>

知识目标

1. 理解分支结构
2. 掌握单分支、双分支、多分支结构的用法

能力目标

1. 能够读懂分支结构程序
2. 能够编写分支结构程序

素养目标

1. 培养财经专业学生具备基本的程序逻辑思维
2. 增强财经专业学生对复杂数据逻辑的判断能力和应用能力

学思践行 >>>

财税科技：助推中国式现代化的改革引擎

党的二十届三中全会提出了要深化财税体制改革、优化税制结构、完善中央和地方财政关系等改革任务。在党的二十届三中全会精神的指引下，财税科技的发展成为推动财税体制改革和中国式现代化的重要力量。通过运用大数据、云计算、人工智能等现代信息技术，财税科技不仅能提升财务管理的效率和透明度，还能增强决策的智能化水平，为财税体制改革提供强有力的技术支持。

【思考与践行】国家的这一号召为青年学生的学习方向给出了重要指引，财会专业学生不仅要掌握扎实的财会专业知识，还要积极拥抱科技变革，适应财税体制改革带来的新挑战。通过学习和实践，将现代科技与财税体制改革紧密结合，提升

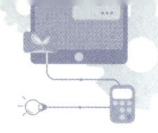

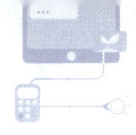

自身在复杂的财税环境中进行有效决策的能力，为提高国家治理效能、推动经济社会高质量发展贡献智慧和力量。

项目说明

所谓计算机自动化运行，实际上是由人事先写好程序，由程序“指挥”机器执行任务。机器的判断能力和不知疲倦地重复工作的能力，其实是使用了编程语言的分支语句和循环语句自动控制机器运行的结果。苏琳在项目三中已经学习了 Python 的基础知识，现在她决定更深一步地学习 Python 的编程逻辑，掌握分支语句，并将这种语句运用在企业净资产收益率的计算中。

本项目将围绕中国软件和用友网络科技股份有限公司（简称：用友网络）2023 年相关财报数据，使用 Python 分支语句来对比这两家上市公司的净资产收益率以及行业平均净资产收益率，判断投资哪家公司带来的收益更高或者哪家公司运用自有资本获得净收益的能力更强。通过本项目的学习，读者应掌握单分支、双分支和多分支语句的使用，能够根据财务分析的要求选择合适的分支语句完成程序的编写。

中国软件和用友网络 2023 年相关财报数据如表 4-1 所示。

表 4-1　中国软件和用友网络 2023 年相关财报数据

单位：元

项目	中国软件	用友网络
净利润	−7 834 747.02	−933 238 693.00
期初净资产	3 560 111 655.87	12 518 019 618.00
期末净资产	3 429 031 128.43	11 803 363 222.00

项目分解

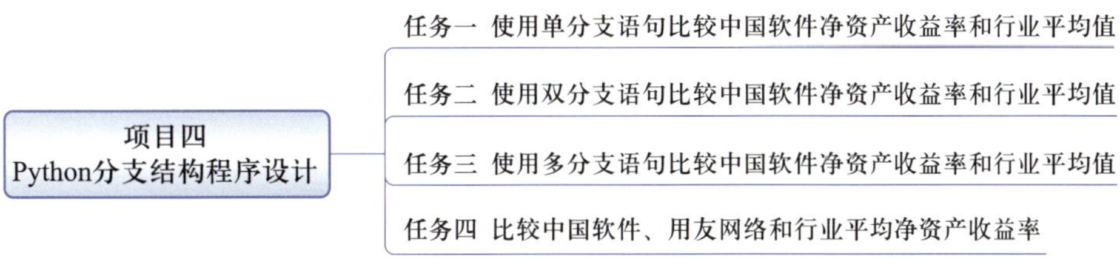

任务一　使用单分支语句比较中国软件净资产收益率和行业平均值

任务说明

本任务将计算中国软件的净资产收益率，并将其与行业平均值进行比较，以衡量该公司运用自有资本的效率。通过讲解 Python 单分支结构的基本语法及含义，帮助苏琳这样的初学者掌握使用 Python 单分支语句编写简单分支程序的技能。

相关知识

程序执行过程中经常需要判断一些条件，根据条件是否被满足来决定程序的控制走向，要达到这种程序执行效果就得使用程序控制流程中的分支结构（又称选择结构）。

分支结构包括单分支结构、双分支结构和多分支结构。本任务介绍单分支结构。

一、单分支结构

Python 中的单分支结构语法格式如下所示：

```
if 条件表达式:
    语句块
```

语法说明：

（1）条件表达式是计算结果为真或假的表达式。例如，表达式 cSoftROE < roeAvg 的含义是比较 cSoftROE 的值和 roeAvg 的值，若 cSoftROE 的值小于 roeAvg 的值，则表达式为真；若 cSoftROE 的值不小于 roeAvg 的值，则表达式为假。

（2）if 条件表达式后面的冒号不可缺少，冒号表示一个语句块的开始。

（3）if 下的语句块必须缩进，表示该语句块在逻辑上隶属于 if 条件。同一个语句块中的所有代码必须保证相同的缩进量，一般缩进 4 个字符。

单分支结构的程序流程图如图 4-1 所示。菱形框表示要判断的条件，矩形框表示语句块。单分支结构程序控制逻辑的含义是：当 if 条件表达式成立（即为真）时，执行语句块；否则，跳过语句块执行分支后面的其他语句。

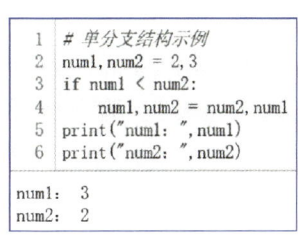

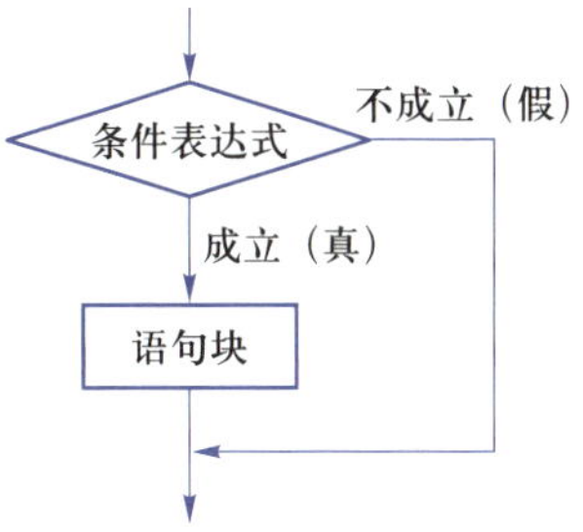

图 4-1　单分支结构的程序流程图

单分支语句

二、单分支结构示例

如图 4-2 所示的代码是一个单分支结构示例。其中，由于 num1 小于 num2，故执行 if 后的语句块：交换 num1 和 num2。执行结束后，继续执行程序中的后两条 print 语句。注意，这两条 print 语句不属于 if 语句块。

```
# 单分支结构示例
num1, num2 = 2, 3
if num1 < num2:
    num1, num2 = num2, num1
print("num1: ", num1)
print("num2: ", num2)
```

```
num1:  3
num2:  2
```

图 4-2　单分支结构大小数交换

任务实施

下面将使用单分支语句来实现 2023 年中国软件净资产收益率与行业平均净资产收益率的对比。

步骤 1：在 Jupyter Notebook 中新建一个 Python 程序，将其命名为项目四。

步骤 2：Jupyter Notebook 的特点是在文件中既可以写代码，又可以写说明文字。为了对本任务作一个总体说明，先在文件的开头处输入一段说明文字。将第一个代码单元切换为 Markdown 模式，并输入下列内容：

```
# 任务一 使用单分支语句进行中国软件净资产收益率和行业平均值比较
```

单击工具栏的“▶运行”按钮运行当前单元的代码，其效果是给文件加了一行说明性的标题。

步骤 3：处理中国软件 2023 年的数据，包括使用字典变量存储净利润、期初净资产和期末净资产的值以及计算净资产收益率。代码如下：

```
# 定义字典变量 cSoftDict, 存储中国软件 2023 年的净利润、期初净资产和期末净资产的值
cSoftDict={"profit":-7834747.02, "beginAsset":3560111655.87, "endAsset":3429031128.43}
print(cSoftDict)

# 根据净资产收益率的计算公式计算中国软件 2023 年的净资产收益率
cSoftROE=cSoftDict["profit"] / ((cSoftDict["beginAsset"] + cSoftDict["endAsset"]) / 2)
print("中国软件 2023 年度净资产收益率为 :{0:.4f} 或 {0:.2%}". format(cSoftROE))
```

运行代码，结果如图 4-3 所示。

```
1 # 定义字典变量cSoftDict,存储中国软件2023年的净利润、期初净资产和期末净资产的值
2 cSoftDict={"profit":-7834747.02,"beginAsset":3560111655.87,"endAsset":3429031128.43}
3 print(cSoftDict)
4 
5 # 根据净资产收益率的计算公式计算中国软件2023年的净资产收益率
6 cSoftROE= cSoftDict["profit"] / ((cSoftDict["beginAsset"] + cSoftDict["endAsset"]) / 2)
7 print("中国软件2023年度净资产收益率为:{0:.4f} 或 {0:.2%}".format(cSoftROE))

{'profit': -7834747.02, 'beginAsset': 3560111655.87, 'endAsset': 3429031128.43}
中国软件2023年度净资产收益率为:-0.0022 或 -0.22%
```

图 4-3　计算中国软件 2023 年的净资产收益率

代码功能释义如下：

第 2 行代码定义了一个名为 cSoftDict 的字典，此字典包括三个键值对，分别存储 profit、beginAsset、endAsset 的值。

第 3 行代码使用 print 语句输出字典的内容。注意输出字典时，输出的内容是用花括号标注的。

第 6 行代码是根据净资产收益率计算公式计算中国软件 2023 年的净资产收益率 cSoftROE，计算中用到的 cSoftDict["profit"]、cSoftDict["beginAsset"] 和 cSoftDict["endAsset"] 是通过“字典 [key]”的形式依次读取字典 cSoftROE 中的各个元素值。

第 7 行代码使用两种不同的格式输出 cSoftROE 的值。format( ) 只有一个参数 : cSoftROE，这个参数在 format( ) 中的位置编号是 0，输出格式串 {0:.4f} 和 {0:.2%} 中的 0 指的就是 format( ) 中第 0 个位置的值，将这个值分别以保留 4 位小数和保留 2 位小数的百分比形式进行输出。

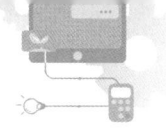

提 示

若 format( ) 中有多个参数，则各个参数的位置依次分别是 0、1、2……

步骤 4：如果已知 2023 年行业平均净资产收益率，比较中国软件 2023 年的净资产收益率和行业平均值，判断中国软件的净资产收益率是否低于行业平均值。代码如下：

```
# 比较中国软件净资产收益率与行业平均值
roeAvg = -1.76      # 行业平均净资产收益率
if(cSoftROE > roeAvg):
    print("2023 年中国软件的净资产收益率高于行业平均值。")
```

运行代码，结果如图 4-4 所示。

```
1  # 比较中国软件净资产收益率与行业平均值
2  roeAvg = -1.76      # 行业平均净资产收益率
3  if(cSoftROE > roeAvg):
4      print("2023年中国软件的净资产收益率高于行业平均值。")

2023年中国软件的净资产收益率高于行业平均值。
```

图 4-4　单分支语句比较中国软件净资产收益率与行业平均值

代码功能释义如下：

第 2 行代码定义变量 roeAvg，并为其赋值，这是行业平均净资产收益率的值。

第 3 行代码和第 4 行代码共同构成一个单分支程序，分支条件是判断中国软件 2023 年净资产收益率是否大于行业平均净资产收益率，若大于，则输出 "2023 年中国软件的净资产收益率高于行业平均值。"。

本段代码的程序流程图如图 4-5 所示。

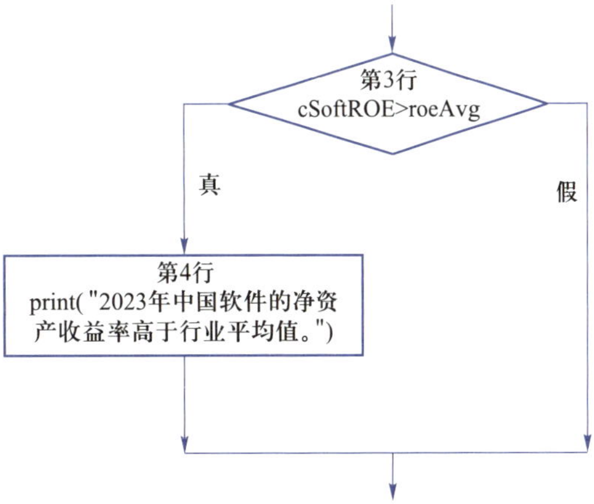

图 4-5　比较中国软件 2023 年净资产收益率与行业平均值的单分支程序流程图

提 示

当 if 条件不满足时，程序将跳过 if 中的 print 命令，结束运行。

一定要注意 if 的书写格式要求，if 条件后要有英文冒号（:），if 中的语句块要保持缩进，一般缩进 4 个字符。

思 考

若中国软件 2023 年净资产收益率比行业平均值低，程序还会不会输出 print( )？

任务二 使用双分支语句比较中国软件净资产收益率和行业平均值

任务说明

本任务继续进行中国软件净资产收益率与行业平均净资产收益率的对比。任务一的单分支程序仅处理了中国软件净资产收益率比行业平均值高的情况，若中国软件净资产收益率比行业平均值低，该程序就不会输出任何信息。为增强程序的功能，接下来将使用 Python 的双分支语句来完善任务一的程序。本任务通过讲解 Python 双分支结构的基本知识，使读者具备编写双分支程序的能力。

相关知识

一、双分支结构

Python 中的双分支结构语法如下所示：

```
if 条件表达式:
    语句块 1
```

```
else:
    语句块 2
```

双分支结构的程序流程图如图 4-6 所示。双分支结构程序控制逻辑的含义是：当条件表达式成立（即为真）时，执行语句块 1；否则，跳过语句块 1 执行 else 下的语句块 2。要格外注意的是，语句块 1 执行结束后，将跳过 else 下的语句块 2，继续执行分支后面的其他语句；若执行的是 else 中的语句块 2，则语句块 2 执行结束后也将继续执行分支后面的其他语句。即 if-else 分支结构会根据条件表达式的满足情况，要么运行语句块 1，要么运行语句块 2。

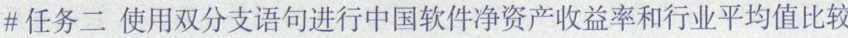

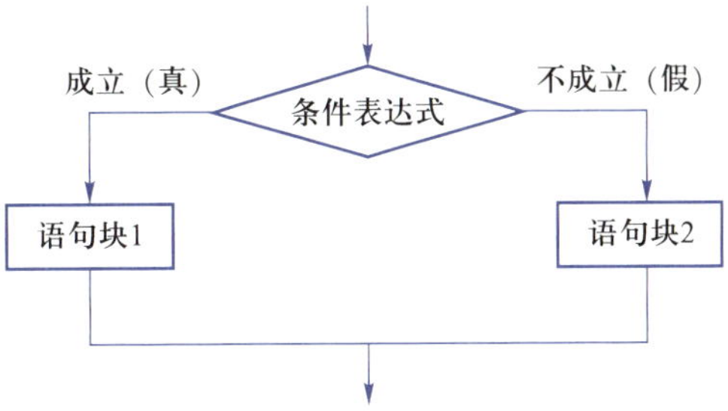

图 4-6　双分支结构的程序流程图

二、双分支结构示例

如图 4-7 所示的代码是一个双分支程序示例。(a) 图中由于 num1 小于 num2，故执行 if 后的语句块：交换两数，并输出交换结果；(b) 图中由于 num1 不小于 num2，故执行 else 后的语句块：不交换两数，直接输出提示信息。

```
# 双分支结构示例
num1,num2 = 2,3
if num1 < num2:
    num1,num2 = num2,num1
    print('两数交换了！')
    print("num1=",num1,"\t num2=",num2)
else:
    print('两数未交换！')
    print("num1=",num1,"\t num2=",num2)
```

```
两数交换了！
num1= 3         num2= 2
```

(a)

```
# 双分支结构示例
num1,num2 = 3,2
if num1 < num2:
    num1,num2 = num2,num1
    print('两数交换了！')
    print("num1=",num1,"\t num2=",num2)
else:
    print('两数未交换！')
    print("num1=",num1,"\t num2=",num2)
```

```
两数未交换！
num1= 3         num2= 2
```

(b)

图 4-7　双分支结构大小数交换

任务实施

步骤 1：为本任务添加一个标题。将当前代码单元切换为 Markdown 模式，输入下列内容并运行：

```
# 任务二 使用双分支语句进行中国软件净资产收益率和行业平均值比较
```

双分支语句

步骤 2：先使用两个单分支结构比较中国软件净资产收益率与行业平均值。第一个单分支判断前者是否大于等于后者，若是，则输出中国软件净资产收益率高于（含等于）行业平均值的提示；第二个单分支判断前者是否小于后者，若是，则输出中国软件净资产收益率低于行业平均值的提示。代码如下：

```
# 不使用双分支语句的解决办法
roeAvg = -1.76      # 行业平均净资产收益率
if(cSoftROE > = roeAvg):
    print("2023 年中国软件的净资产收益率高于（含等于）行业平均值。")
if(cSoftROE < roeAvg):
    print("2023 年中国软件的净资产收益率低于行业平均值。")
```

从本步骤的代码可以看出，在比较中国软件净资产收益率与行业平均值时，由于不知道具体数值，要完整地输出孰高孰低的判断结果，就得写两段单分支程序，每个分支还要把比较的条件写清楚，使程序先判断完第一种情况，再判断第二种情况。

步骤 3：下面使用双分支语句来解决步骤 2 的问题。如果使用双分支语句比较中国软件净资产收益率与行业平均值，则可以大大简化代码的编写，程序逻辑也会更清晰。代码如下：

```
if(cSoftROE >= roeAvg):
    print("2023 年中国软件的净资产收益率高于（含等于）行业平均值。")
else:
    print("2023 年中国软件的净资产收益率低于行业平均值。")
```

运行代码，结果如图 4-8 所示。

```
1 if(cSoftROE >= roeAvg):
2     print("2023年中国软件的净资产收益率高于（含等于）行业平均值。")
3 else:
4     print("2023年中国软件的净资产收益率低于行业平均值。")

2023年中国软件的净资产收益率高于（含等于）行业平均值。
```

图 4-8　双分支语句比较中国软件净资产收益率与行业平均值

代码功能释义如下：

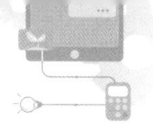

第 1 行代码至第 4 行代码定义了一个包含 if 和 else 的双分支程序，如果 if 后

的条件 cSoftROE >= roeAvg 为真，则执行 if 后的 print 语句；若条件 cSoftROE >= roeAvg 为假，则跳过 if 后的 print 语句，直接执行 else 后的 print 语句。

本段代码的程序流程图如图 4-9 所示。

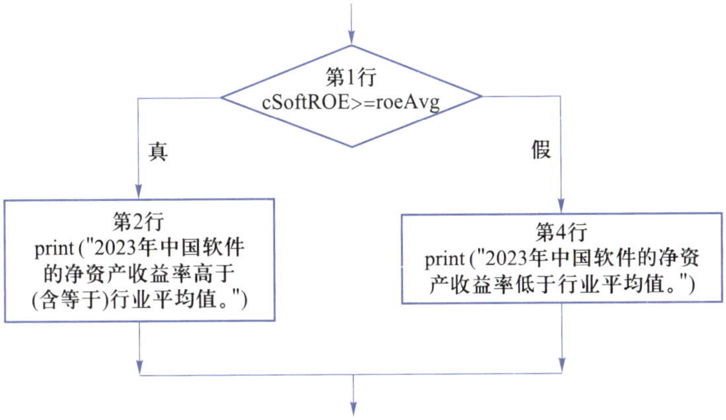

图 4-9　比较中国软件净资产收益率与行业平均值的双分支程序流程图

提 示

一定要注意 if-else 的书写格式要求，if 条件后和 else 后都要有英文冒号（:），if 和 else 中的语句块都要保持缩进，一般缩进 4 个字符。

任务三　使用多分支语句比较中国软件净资产收益率和行业平均值

任务说明

本任务继续进行中国软件净资产收益率与行业平均净资产收益率的对比，两者比较可能会出现高、低和相同三种情况。双分支结构只能解决两种情况的对比，当判断结果多于两种情况时，就要使用 Python 的多分支语句来实现。本任务通过讲解 Python 多分支结构的基本知识，使读者具备编写更复杂的逻辑判断程序的能力。

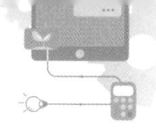

相关知识

一、多分支结构

Python 中的多分支结构语法如下所示：

```
if 条件表达式 1:
    语句块 1
elif 条件表达式 2:
    语句块 2
elif 条件表达式 3:
    语句块 3
......
else:
    语句块 n
```

多分支结构的程序流程图如图 4-10 所示。多分支结构程序控制逻辑的含义是：当 if 条件表达式成立（即为真）时，执行语句块 1；否则，跳过语句块 1，转去判断 elif 后的条件表达式，当 elif 条件表达式成立时，执行其下的语句块 2；否则，跳

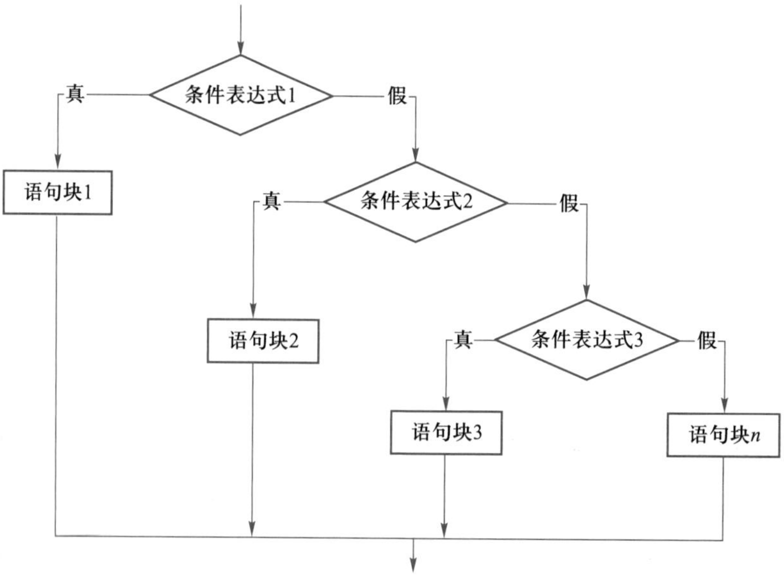

图 4-10　多分支结构的程序流程图

过语句块 2，转去判断下一个 elif 后的条件表达式，以此类推，直到最后一个 elif 条件表达式也不成立时，执行 else 后的语句块 *n*。

多分支语句

要格外注意的是，当满足某个条件表达式并执行完其对应的语句块后，程序将直接跳出多分支语句，转去执行多分支语句后的其他代码。即多分支语句根据条件表达式的满足情况，仅运行其中一个语句块。

二、多分支结构示例

如图 4-11 所示的代码是一个多分支程序示例。(a) 图中由于 num1 小于 num2，故输出 if 后的 print()；(b) 图中由于 num1 等于 num2，故输出 elif 后的 print()；(c) 图中由于 num1 大于 num2，故输出 else 后的 print()。

```
# 多分支结构示例
num1,num2 = 2,3
if num1 < num2:
    print('num1小于num2!')
elif num1==num2:
    print('num1等于num2!')
else:
    print('num1大于num2!')
```
```
num1小于num2!
```
(a)

```
# 多分支结构示例
num1,num2 = 3,3
if num1 < num2:
    print('num1小于num2!')
elif num1==num2:
    print('num1等于num2!')
else:
    print('num1大于num2!')
```
```
num1等于num2!
```
(b)

```
# 多分支结构示例
num1,num2 = 3,2
if num1 < num2:
    print('num1小于num2!')
elif num1==num2:
    print('num1等于num2!')
else:
    print('num1大于num2!')
```
```
num1大于num2!
```
(c)

图 4-11　多分支结构比较大小

知识扩展

条件表达式可以是关系表达式或逻辑表达式。关系表达式是指用“>、<、==、>=、<=、!=”等关系运算符将两个表达式连接起来的式子。逻辑表达式是用逻辑运算符“and、or、not”将关系表达式或逻辑量连接起来的式子。关系表达式和逻辑表达式的计算结果都是逻辑值，即真（True）或假（False）。

另外要注意的是，Python 把非零值当作真值，把零值当作假值。例如，if (12+9)，由于 12+9 等于 21，而 21 是非零值，因此，if (12+9) 的条件表达式是真值；同理，if (12−12)、if (0) 中的条件表达式均是假值。

思考

if(2+9) 中的条件表达式是真还是假？ if('true') 中的条件表达式是真还是假？if(0) 中的条件表达式是真还是假？

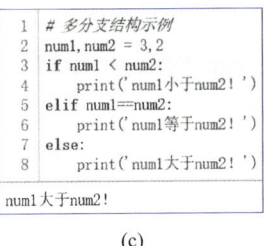

任务实施

步骤 1：为本任务加一标题。将当前代码单元切换为 Markdown 模式，输入下列内容并运行：

```
# 任务三 使用多分支语句进行中国软件净资产收益率和行业平均值比较
```

步骤 2：用多分支结构完成中国软件净资产收益率与行业平均值的对比，代码如下：

```
if(cSoftROE > roeAvg):
    print("2023 年中国软件的净资产收益率高于行业平均值。")
elif(cSoftROE == roeAvg):
    print("2023 年中国软件的净资产收益率等于行业平均值。")
else:
    print("2023 年中国软件的净资产收益率低于行业平均值。")
```

运行代码，结果如图 4-12 所示。

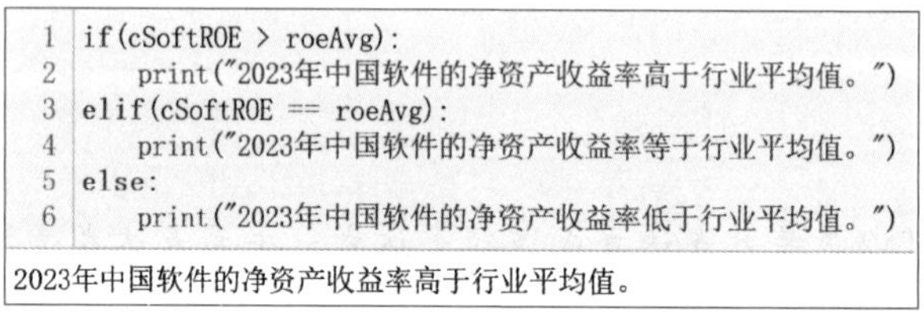

```
1 if(cSoftROE > roeAvg):
2     print("2023年中国软件的净资产收益率高于行业平均值。")
3 elif(cSoftROE == roeAvg):
4     print("2023年中国软件的净资产收益率等于行业平均值。")
5 else:
6     print("2023年中国软件的净资产收益率低于行业平均值。")
```

2023年中国软件的净资产收益率高于行业平均值。

图 4-12 多分支语句比较中国软件净资产收益率与行业平均值

代码功能释义如下：

第 1 至 6 行的代码定义了一个 if-elif-else 多分支程序。当满足第 1 行代码中的 if 条件时，执行第 2 行的 print 语句；若不满足 if 的条件，则跳过第 2 行，执行第 3 行的 elif 条件判断。若满足第 3 行的条件，则执行第 4 行的 print 语句；若仍不满足，则跳过第 4 行，执行第 5 行 else 后的语句块，即执行第 6 行的 print 语句。注意，同时只能有一种条件被满足，这段代码中三条 print 语句，最终只会有一条语句被执行。

本段代码的程序流程图如图 4-13 所示。

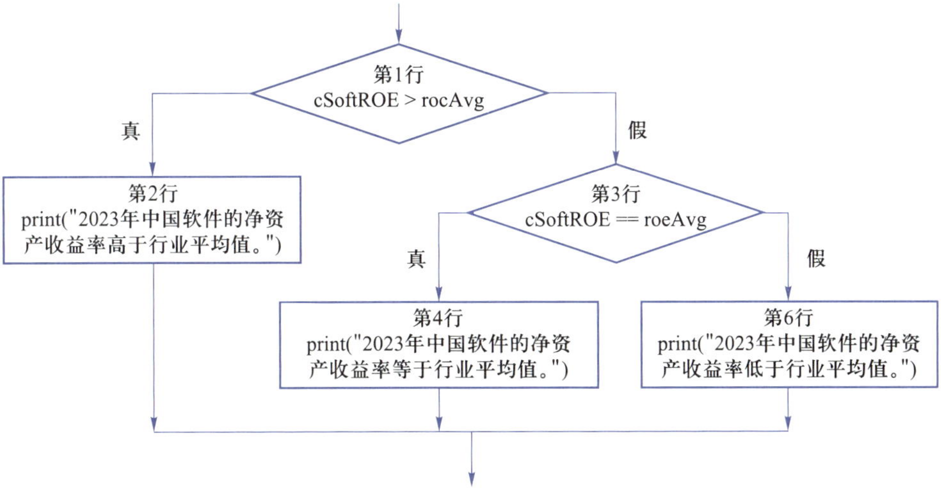

图 4-13　比较中国软件净资产收益率与行业平均值的多分支程序流程图

任务四　比较中国软件、用友网络和行业平均净资产收益率

任务说明

本任务将围绕中国软件和用友网络 2023 年的相关财务数据，使用 Python 分支语句来对比这两家上市公司的净资产收益率，并将之与行业平均值进行比较，判断哪家公司运用自有资本获得净收益的能力更高。通过本任务的学习，进一步巩固学习者分支结构的知识，掌握分支程序的编写技巧，提高其综合运用分支语句解决问题的能力。

任务实施

步骤 1：为本任务加一标题。将当前代码单元切换为 Markdown 模式，输入下列内容并运行：

```
# 任务四 比较中国软件、用友网络和行业平均净资产收益率
```

步骤 2：处理用友网络 2023 年的数据，包括使用字典变量存储净利润、期初净资产和期末净资产的值以及计算净资产收益率。代码如下：

```
# 定义字典变量 UFSoftDict, 存储用友网络 2023 年的净利润、期初净资产和期末净资产的值
UFSoftDict={"profit":-933238693.00, "beginAsset":12518019618.00, "endAsset":11803363222.00}
print(UFSoftDict)

# 根据净资产收益率的计算公式计算用友网络 2023 年的净资产收益率
ufSoftROE= UFSoftDict["profit"]/((UFSoftDict["beginAsset"]+UFSoftDict["endAsset"])/2)
print(" 用友网络 2023 年度的净资产收益率为 :{0:.4f} 或：{0:.2%}".format(ufSoftROE))
```

运行代码，结果如图 4-14 所示。

```
# 定义字典变量UFSoftDict,存储用友网络2023年的净利润、期初净资产和期末净资产的值
UFSoftDict={"profit":-933238693.00,"beginAsset":12518019618.00,"endAsset":11803363222.00}
print(UFSoftDict)

# 根据净资产收益率的计算公式计算用友网络2023年的净资产收益率
ufSoftROE= UFSoftDict["profit"] / ((UFSoftDict["beginAsset"] + UFSoftDict["endAsset"]) / 2)
print("用友网络2023年度的净资产收益率为:{0:.4f} 或：{0:.2%}".format(ufSoftROE))
```

```
{'profit': -933238693.0, 'beginAsset': 12518019618.0, 'endAsset': 11803363222.0}
用友网络2023年度的净资产收益率为:-0.0767 或：-7.67%
```

图 4-14　计算用友网络 2023 年的净资产收益率

本段代码计算了用友网络 2023 年的净资产收益率，代码含义与本项目任务一中任务实施里步骤 3 相同。

步骤 3：计算出中国软件和用友网络的净资产收益率后，接下来对比这两家上市公司的净资产收益率。代码如下：

```
# 比较中国软件和用友网络的净资产收益率的高低
if(cSoftROE>ufSoftROE):
print("2023 年中国软件的净资产收益率高于用友网络，2023 年中国软件的总体盈利情况高于用友网络。")
elif(cSoftROE==ufSoftROE):
print("2023 年中国软件的净资产收益率等于用友网络，2023 年中国软件的总体盈利情况与用友网络持平。")
```

```
else:
print("2023 年中国软件的净资产收益率低于用友网络，2023 年中国软件的总体盈利情况低于用友网络。")
```

运行代码，结果如图 4-15 所示。

```
1 # 比较中国软件和用友网络的净资产收益率的高低
2 if(cSoftROE>ufSoftROE):
3     print("2023年中国软件的净资产收益率高于用友网络，2023年中国软件的总体盈利情况高于用友网络。")
4 elif(cSoftROE==ufSoftROE):
5     print("2023年中国软件的净资产收益率等于用友网络，2023年中国软件的总体盈利情况与用友网络持平。")
6 else:
7     print("2023年中国软件的净资产收益率低于用友网络，2023年中国软件的总体盈利情况低于用友网络。")

2023年中国软件的净资产收益率高于用友网络，2023年中国软件的总体盈利情况高于用友网络。
```

图 4-15 比较中国软件和用友网络的净资产收益率

代码功能释义如下：

第 1 行代码为注释行。

第 2 行代码判断 cSoftROE 是否大于 ufSoftROE，若大于，则执行第 3 行代码；若不大于，则执行第 4 行代码。

第 4 行代码判断 cSoftROE 是否等于 ufSoftROE，若等于，则执行第 5 行代码；若不等于，则执行第 6 行代码和第 7 行代码。

提 示

执行第 7 行代码时，意味着 cSoftROE 小于 ufSoftROE。

思 考

试着画出本段代码的程序流程图。

步骤 4：继续将两家企业的净资产收益率和同行业平均值进行比较，代码如下：

```
# 将用友网络的净资产收益率、中国软件的净资产收益率、行业平均净资产收益率三者作对比
if(ufSoftROE > roeAvg and ufSoftROE > cSoftROE):
    print("2023 年用友网络的净资产收益率既高于行业平均值，也高于中国软件。")
```

```
if(cSoftROE < roeAvg and cSoftROE < ufSoftROE):
    print("2023 年中国软件的净资产收益率既低于行业平均值，也低于用友网络。")

if(ufSoftROE >= roeAvg):
    if(cSoftROE >= roeAvg):
        print("2023 年用友网络和中国软件的净资产收益率均高于行业平均值。")
    else:
        print("2023 年中国软件的净资产收益率低于行业平均值，用友网络的净资产收益率高于行业平均值。")
else:
    if(cSoftROE >= roeAvg):
        print("2023 年中国软件的净资产收益率高于行业平均值，用友网络的净资产收益率低于行业平均值。")
    else:
        print("2023 年用友网络和中国软件的净资产收益率均低于行业平均值。")
```

运行代码，结果如图 4-16 所示。

```
1  # 将用友网络的净资产收益率、中国软件的净资产收益率、行业平均净资产收益率三者进行对比
2  if(ufSoftROE > roeAvg and ufSoftROE > cSoftROE):
3      print("2023年用友网络的净资产收益率既高于行业平均值，也高于中国软件。")
4  
5  if(cSoftROE < roeAvg and cSoftROE < ufSoftROE):
6      print("2023年中国软件的净资产收益率既低于行业平均值，也低于用友网络。")
7  
8  if(ufSoftROE >= roeAvg):
9      if(cSoftROE >= roeAvg):
10         print("2023年用友网络和中国软件的净资产收益率均高于行业平均值。")
11     else:
12         print("2023年中国软件的净资产收益率低于行业平均值，用友网络的净资产收益率高于行业平均值。")
13 else:
14     if(cSoftROE >= roeAvg):
15         print("2023年中国软件的净资产收益率高于行业平均值，用友网络的净资产收益率低于行业平均值。")
16     else:
17         print("2023年用友网络和中国软件的净资产收益率均低于行业平均值。")
```

```
2023年用友网络和中国软件的净资产收益率均高于行业平均值。
```

图 4-16 比较用友网络净资产收益率、中国软件净资产收益率和行业平均净资产收益率

代码功能释义如下：

第 2 行代码和第 3 行代码构成一个单分支语句。此处 if 的条件为 ufSoftROE > roeAvg and ufSoftROE > cSoftROE，这是由逻辑运算符 and 连接两个关系表达式

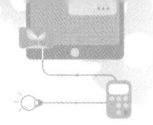

ufSoftROE > roeAvg 和 ufSoftROE > cSoftROE 组成的。当一个表达式中同时出现关系运算符和逻辑运算符时，关系运算符的优先级高于逻辑运算符。此处 if 条件的优先级为先计算两个关系表达式 ufSoftROE > roeAvg 和 ufSoftROE > cSoftROE 的结果，再将两个计算结果进行 and 运算。

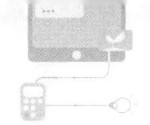

第 5 行代码和第 6 行代码含义同上。

第 8 至 17 行代码总体上是一个 if-else 的双分支语句，但是在 if 分支和 else 分支中均嵌套了另一个 if-else 分支。当满足第 8 行的条件时，执行第 9 行至第 12 行的代码；否则，执行第 14 行至第 17 行的代码。

本段代码的程序流程图如图 4-17 所示。

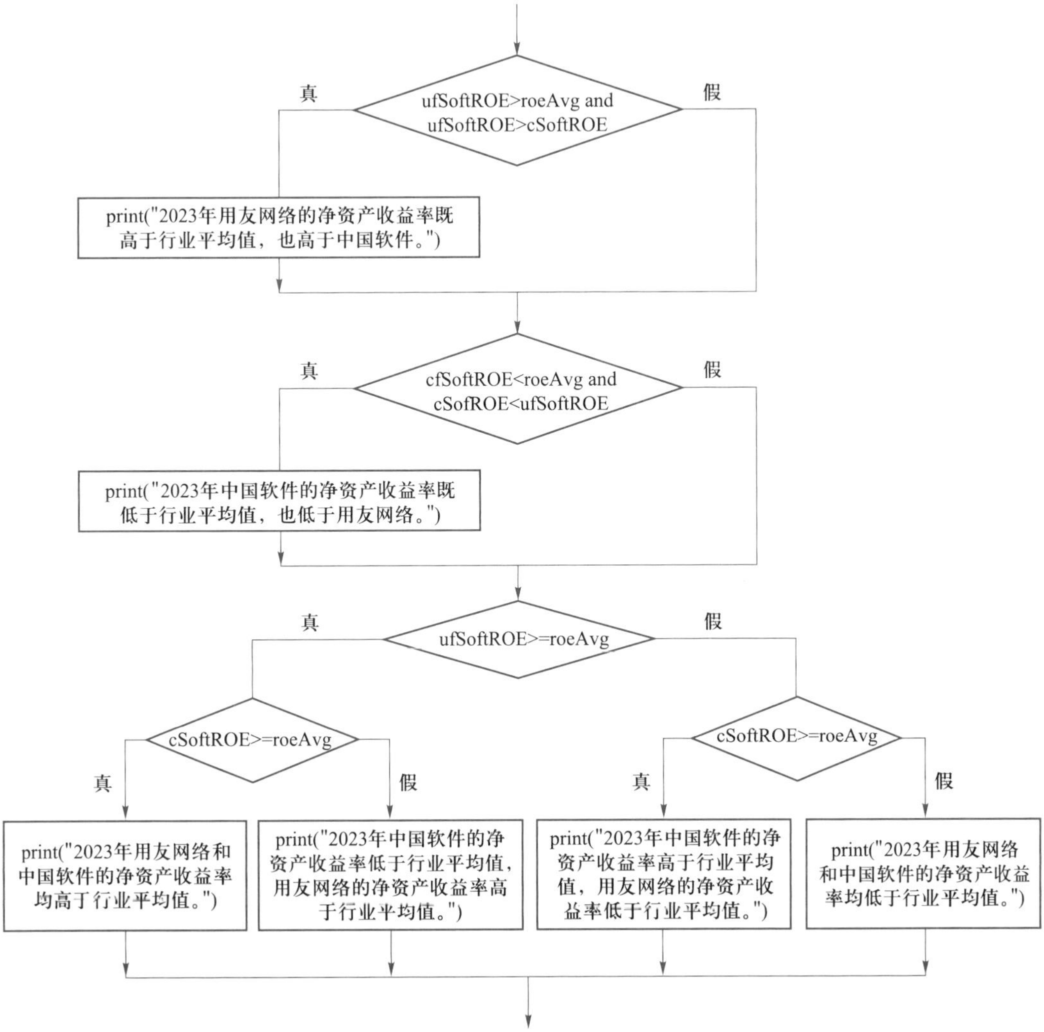

图 4-17　比较用友网络净资产收益率、中国软件净资产收益率和行业平均净资产收益率的程序流程图

知识扩展

当 if 条件表达式包含多个子条件时，用逻辑运算符连接它们。若使用 or（或）连接两个子条件，表示两个子条件中只要有一个成立，整个 if 条件表达式就为真；若使用 and（与）连接两个子条件，则表示只有两个子条件同时成立，整个 if 条件表达式才为真。可连续使用 and 和 or 联立多个条件表达式。

技能训练 >>>

一、单选题

1. 下列程序结构中，可以实现二选一的程序执行逻辑的是（　　）。

A. 顺序结构　　　　B. 单分支程序

C. 双分支程序　　　　D. Pyhon 程序

2. 下面属于不正确的分支结构语法的是（　　）。

A.

```
if 条件表达式 1:
    语句块 1
elif 条件表达式 2:
    语句块 2
else:
    语句块 n
```

B.

```
if 条件表达式 :
    语句块 1
else:
    语句块 2
```

C.

```
if 条件表达式：
    语句块
```

D.

```
if 条件表达式 1:
    语句块 1
    else:
    语句块 2
```

3. if 的条件表达式是假值的选项是（　　）。

A. if(12+9)　　B. if(12−12)　　C. if('true')　　D. if(3>=2)

4. if 的条件表达式是假值的选项是（　　）。

A. if(3>2 and 12<13)　　B. if(3>2 or 12<13)　　C. if(not 'true')　　D. if(not 3<2)

5. 下面分支程序的语法和程序逻辑不正确的是（　　）。

A.

```
if x<y:
    print("x 小于 y")
```

B.

```
if x<y:
    print('x 小于 y')
else:
    print('x 大于 y')
```

C.

```
if x<y:
    print('x 小于 y')
```

D.

```
if x<y:
    print("x 小于 y")
else:
    print("x 不小于 y")
```

6. 根据表 4–2 给出的 2022 年和 2023 年中国软件的资产负债率，完成下面的程序填空，if 后填（　　），elif 后填（　　）。

表 4–2　中国软件的资产负债率

项目	2022 年	2023 年
资产负债率	65.35%	62.95%

程序段：

```
ROA22=float(input('请输入中国软件 2022 年的资产负债率：'))
ROA23=float(input('请输入中国软件 2023 年的资产负债率：'))
if(     ):
    print("2022 年的资产负债率低于 2023 年的资产负债率。")
elif(     ):
    print("2022 年的资产负债率等于 2023 年的资产负债率。")
else:
    print("2022 年的资产负债率高于 2023 年的资产负债率。")
```

A. ROA22 < ROA23　　B. ROA22 > ROA23

C. ROA22 == ROA23　　D. ROA22 = ROA23

二、实操题

1. 根据表 4–3 给出的 2022 年和 2023 年中国软件的净资产收益率，判断这两年的净资产收益率是增加了还是下降了？增加或下降了多少？

表 4–3　中国软件的净资产收益率

项目	2022 年	2023 年
净资产收益率	1.87%	−9.76%

2. 根据表 4–4 中的数据，编写程序计算 2023 年中国软件和用友网络的总资产周转率，并判断哪家的总资产周转率更高。其中，总资产周转率 = 销售收入 /((年末资产总额 + 年初资产总额)/2)。

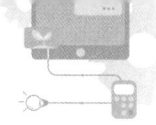

表 4-4　2023 年中国软件和用友网络相关财报数据

单位：元

项目	中国软件	用友网络
营业收入	6 723 270 237	9 796 071 603
年末资产总额	9 256 071 550	25 521 040 771
年初资产总额	10 275 350 852	23 555 097 956

3. 根据表 4-5 中的数据，编写程序计算中国软件各年度的总资产周转率，并判断哪一年的总资产周转率最高，哪一年的总资产周转率最低。其中，总资产周转率 = 销售收入 /((年末资产总额 + 年初资产总额)/2)。

表 4-5　中国软件相关财报数据

单位：元

项目	2021 年	2022 年	2023 年
营业收入	10 351 588 213	9 640 185 366	6 723 270 237
年末资产总额	10 919 128 452	10 275 350 852	9 256 071 550
年初资产总额	8 694 798 718	10 919 128 452	10 275 350 852

项目评价表 >>>

<table>
<tr><th colspan="5">学习效果评价表</th></tr>
<tr><th>任务序号</th><th>任务内容</th><th>任务清单</th><th colspan="2">权重</th></tr>
<tr><td rowspan="2">任务一</td><td rowspan="2">使用单分支语句比较中国软件净资产收益率和行业平均值</td><td>读懂单分支语句执行流程</td><td>10%</td><td rowspan="2">25%</td></tr>
<tr><td>使用单分支语句编写程序</td><td>15%</td></tr>
<tr><td rowspan="2">任务二</td><td rowspan="2">使用双分支语句比较中国软件净资产收益率和行业平均值</td><td>读懂双分支语句执行流程</td><td>15%</td><td rowspan="2">25%</td></tr>
<tr><td>使用双分支语句编写程序</td><td>10%</td></tr>
<tr><td rowspan="2">任务三</td><td rowspan="2">使用多分支语句比较中国软件净资产收益率和行业平均值</td><td>读懂多分支语句执行流程</td><td>15%</td><td rowspan="2">25%</td></tr>
<tr><td>使用多分支语句编写程序</td><td>10%</td></tr>
<tr><td>任务四</td><td>比较中国软件、用友网络和行业平均净资产收益率</td><td>综合应用分支语句编写程序</td><td colspan="2">25%</td></tr>
</table>

续表

<table>
<tr><th colspan="5">实践能力评价表</th></tr>
<tr><th>任务序号</th><th>任务内容</th><th>任务清单</th><th colspan="2">权重</th></tr>
<tr><td rowspan="5">技能训练一</td><td rowspan="5">分辨分支程序的基本语法及运行逻辑</td><td>分辨不同分支程序的特点</td><td>5%</td><td rowspan="5">30%</td></tr>
<tr><td>分辨不同分支结构的语法</td><td>5%</td></tr>
<tr><td>判断分支条件表达式的真假</td><td>5%</td></tr>
<tr><td>判断分支结构的语法及程序逻辑</td><td>5%</td></tr>
<tr><td>用多分支语句判断资产负债率的高低</td><td>10%</td></tr>
<tr><td rowspan="3">技能训练二</td><td rowspan="3">用分支程序解决实际问题</td><td>用双分支语句判断净资产收益率的变化</td><td>20%</td><td rowspan="3">70%</td></tr>
<tr><td>用双分支语句判断总资产周转率的高低</td><td>20%</td></tr>
<tr><td>用多分支语句判断总资产周转率最高或最低的年份</td><td>30%</td></tr>
</table>

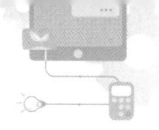

项目五
Python 循环结构程序设计

5

学习目标 >>>

知识目标

1. 理解循环结构
2. 掌握 for 循环和 while 循环的用法
3. 了解 continue 和 break 语句

能力目标

1. 能够读懂循环结构的程序
2. 能够编写循环结构的程序

素养目标

1. 培养财经专业学生的循环逻辑思维，使学生具备发现数据操作规律、理清数据处理逻辑的基本数据素养
2. 通过动手编写循环程序解决实际计算问题，使财经专业学生提高对于复杂数据逻辑、复杂操作逻辑的理解和应用能力

学思践行 >>>

科技提高生产效率

数字化浪潮正席卷全球，数字技术日新月异，它们正改变、创建着新的秩序和格局。工业机器人的广泛应用可以帮助人们完成重复、烦琐，甚至危险的工作，为人们解放了大量的体力劳动和时间。自动化办公软件和工具可以减少人们在重复性工作上的时间和精力投入，从而更多地专注于创造性的工作和决策。无人驾驶技术可以使人们在交通出行中不再需要亲自驾驶车辆，还可以在一定程度上减

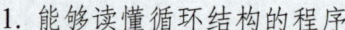

少交通事故的发生，提高交通安全性。人工智能相关技术的普及应用，可以帮助人们进行语音交互式的信息检索和处理，减少了人们在输入和处理信息上的时间和精力消耗。

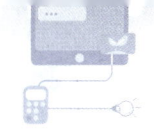

【思考与践行】科学技术的每一次进步，都极大地提高了人们的工作效率。苏琳想尽快掌握编程语言中的循环结构的用法，高效地完成自己的本职工作。

项目说明 >>>

财务分析时一般要计算、对比和分析连续若干年的数据才能得出有效结论。在项目四中只计算了中国软件 2023 年的净资产收益率，如果现在要计算中国软件 2020 年至 2023 年连续 4 年的净资产收益率，按照项目四中学过的方法，需要编写 4 段同样的计算代码来实现。那么，如果要计算连续十年或者更多年的净资产收益率呢？实际上，Python 有一种程序逻辑专门解决重复执行的问题，这个程序逻辑就是循环。在中国软件净资产收益率分析任务的启发下，苏琳决定继续学习 Python 程序逻辑中的循环结构，以把自己从重复计算中解放出来。

本项目将计算中国软件 2020 年到 2023 年连续 4 个年度的净资产收益率，并分析相邻年度的净资产收益率的变化情况。通过本项目的学习，读者应掌握循环语句的使用方法，使财务计算和分析更加自动化。

项目分解 >>>

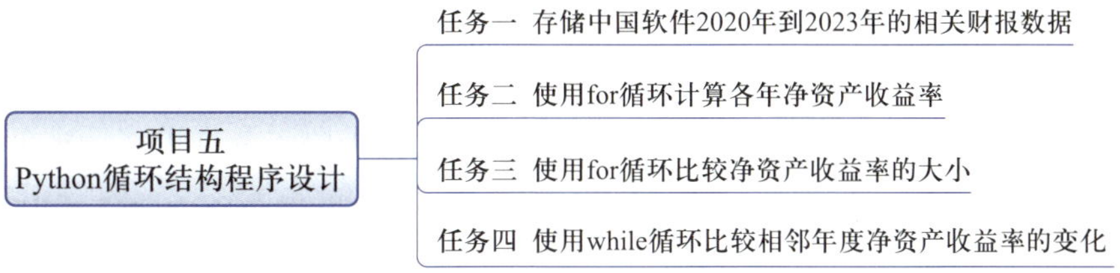

任务一　存储中国软件 2020 年到 2023 年的相关财报数据

任务说明

使用计算机进行财务分析时，理解分析要用到的数据是很重要的一项准备工作。本任务将依据计算要求，对中国软件 2020 年到 2023 年的相关财报数据进行特征解析，并为其设计合理的数据存储方式。通过本任务的学习，可以帮助苏琳这样的初学者更深一步地理解数据之间的逻辑，掌握 Python 容器型数据类型存储复杂数据的方法。

相关知识

一、各年度数据的存储

中国软件 2020 年至 2023 年的相关财报数据如表 5-1 所示。

表 5-1　中国软件 2020 年至 2023 年相关财报数据

单位：元

年度	2020 年	2021 年	2022 年	2023 年
净利润	165 010 221.56	202 662 270.20	244 060 018.62	−7 834 747.02
期初净资产	2 761 772 535.39	2 885 521 135.42	3 312 422 711.80	3 560 111 655.87
期末净资产	2 885 521 135.42	3 312 422 711.80	3 560 111 655.87	3 429 031 128.43

由表 5-1 可知，中国软件 2020 年至 2023 年的相关财报数据由多行多列组成，因为项目五要根据中国软件每年的净利润、期初净资产和期末净资产计算当年的净资产收益率，所以要将数据按年存放，以方便后续程序的计算和处理。

每年的数据包含“年度”“净利润”“期初净资产”“期末净资产”信息，为更好地区分这些数据，应选用字典来保存每年的数据。字典的键可用来描述数据含义，对应的值则保存相应的财报数据。例如，保存 2020 年相关数据的字典为：

```
cSoftDict1={"period": "2020", "profit":165010221.56, "beginAsset":2761772535.39, "endAsset": 2885521135.42}
```

图 5-1 给出了连续 4 年的数据存储定义，即定义 4 个字典，每个字典分别存储对应年度的相关财报数据。

```
# 定义字典变量，存储中国软件每年的净利润、期初净资产和期末净资产的值
cSoftDict1={"period":"2020","profit":165010221.56,"beginAsset":2761772535.39,"endAsset":2885521135.42}
cSoftDict2={"period":"2021","profit":202662270.20,"beginAsset":2885521135.42,"endAsset":3312422711.80}
cSoftDict3={"period":"2022","profit":244060018.62,"beginAsset":3312422711.80,"endAsset":3560111655.87}
cSoftDict4={"period":"2023","profit":-7834747.02,"beginAsset":3560111655.87,"endAsset":3429031128.43}
print("{}\n{}\n{}\n{}".format(cSoftDict1,cSoftDict2,cSoftDict3,cSoftDict4))
```

```
{'period': '2020', 'profit': 165010221.56, 'beginAsset': 2761772535.39, 'endAsset': 2885521135.42}
{'period': '2021', 'profit': 202662270.2, 'beginAsset': 2885521135.42, 'endAsset': 3312422711.8}
{'period': '2022', 'profit': 244060018.62, 'beginAsset': 3312422711.8, 'endAsset': 3560111655.87}
{'period': '2023', 'profit': -7834747.02, 'beginAsset': 3560111655.87, 'endAsset': 3429031128.43}
```

图 5-1　定义 4 个字典分别存储 4 年的数据

二、全部数据的存储

上面使用四个字典分别存储了 4 年的相关财报数据，这是 4 个独立的字典，各有其字典名。由于本项目要计算这 4 年的净资产收益率并进行比对，而每年的数据项都是相同的，基于每年数据计算净资产收益率的方法也是相同的，这意味着这 4 个字典中的数据在逻辑上是有一定联系的。为方便后续程序处理，下面将这 4 个独立的字典归置到一起。

定义列表 cSoftList，将上述 4 个字典作为列表元素存放在这个列表中，如图 5-2 所示。

```
# 定义列表变量cSoftList，将上面的4个字典作为列表的4个元素
cSoftList=[]      # 定义空列表
cSoftList.append(cSoftDict1)      # 往列表中追加元素
cSoftList.append(cSoftDict2)      # 往列表中追加元素
cSoftList.append(cSoftDict3)      # 往列表中追加元素
cSoftList.append(cSoftDict4)      # 往列表中追加元素
cSoftList    # 显示列表
```

```
[{'period': '2020',
  'profit': 165010221.56,
  'beginAsset': 2761772535.39,
  'endAsset': 2885521135.42},
 {'period': '2021',
  'profit': 202662270.2,
  'beginAsset': 2885521135.42,
  'endAsset': 3312422711.8},
 {'period': '2022',
  'profit': 244060018.62,
  'beginAsset': 3312422711.8,
  'endAsset': 3560111655.87},
 {'period': '2023',
  'profit': -7834747.02,
  'beginAsset': 3560111655.87,
  'endAsset': 3429031128.43}]
```

图 5-2　定义包含 4 个字典的列表

至此，中国软件 2020 年至 2023 年连续 4 年的相关财报数据都存储到了列表 cSoftList 中，每年数据都是此列表中的一个列表元素，每个列表元素均是包含年度、净利润、期初净资产及期末净资产共 4 个键值对的字典。列表与所存储数据之间的对应关系如图 5-3 所示。

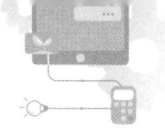

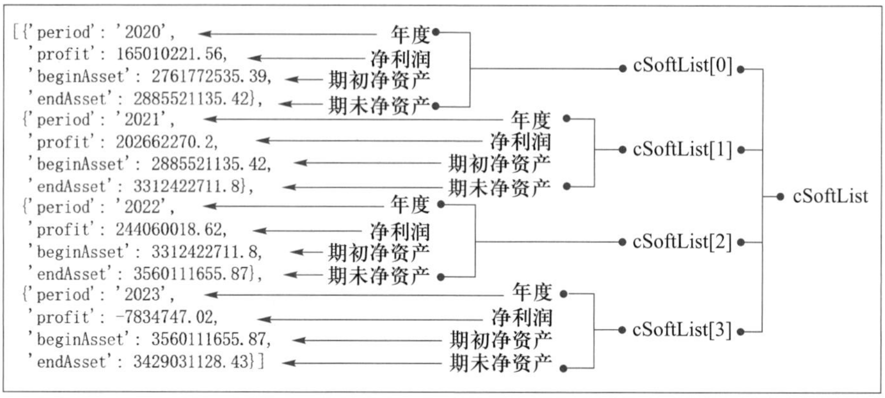

图 5-3　存储中国软件连续 4 年相关财报数据的列表 cSoftList

任务实施

步骤 1：在 Jupyter Notebook 中新建一个 Python 程序，将其命名为项目五。

步骤 2：将第一个代码单元转换为 Markdown 模式，输入下列内容并运行。

```
# 使用字典表示从 2020 年到 2023 年的财报数据
```

步骤 3：定义四个字典变量，分别存放中国软件 2020 年到 2023 年各年的净利润、期初净资产和期末净资产的值。代码如下：

```
# 定义字典变量，存储中国软件每年的净利润、期初净资产和期末净资产的值
cSoftDict1={"period":"2020", "profit":165010221.56, "beginAsset":2761772535.39, "endAsset":2885521135.42}
cSoftDict2={"period":"2021", "profit":202662270.20, "beginAsset":2885521135.42, "endAsset":3312422711.80}
cSoftDict3={"period":"2022", "profit":244060018.62, "beginAsset":3312422711.80, "endAsset":3560111655.87}
```

```
cSoftDict4={"period":"2023", "profit":-7834747.02, "beginAsset":3560111655.87,
"endAsset":3429031128.43}
print("{}\n{}\n{}\n{}". format(cSoftDict1,cSoftDict2,cSoftDict3,cSoftDict4))
```

运行代码，结果如图 5-4 所示。

```
1 # 定义字典变量,存储中国软件每年的净利润、期初净资产和期末净资产的值
2 cSoftDict1={"period":"2020","profit":165010221.56,"beginAsset":2761772535.39,"endAsset":2885521135.42}
3 cSoftDict2={"period":"2021","profit":202662270.20,"beginAsset":2885521135.42,"endAsset":3312422711.80}
4 cSoftDict3={"period":"2022","profit":244060018.62,"beginAsset":3312422711.80,"endAsset":3560111655.87}
5 cSoftDict4={"period":"2023","profit":-7834747.02,"beginAsset":3560111655.87,"endAsset":3429031128.43}
6 print("{}\n{}\n{}\n{}".format(cSoftDict1,cSoftDict2,cSoftDict3,cSoftDict4))

{'period': '2020', 'profit': 165010221.56, 'beginAsset': 2761772535.39, 'endAsset': 2885521135.42}
{'period': '2021', 'profit': 202662270.2, 'beginAsset': 2885521135.42, 'endAsset': 3312422711.8}
{'period': '2022', 'profit': 244060018.62, 'beginAsset': 3312422711.8, 'endAsset': 3560111655.87}
{'period': '2023', 'profit': -7834747.02, 'beginAsset': 3560111655.87, 'endAsset': 3429031128.43}
```

图 5-4　定义字典变量 cSoftDict

代码功能释义如下：

第 2 至 5 行代码定义了 4 个字典变量：cSoftDict1、cSoftDict2、cSoftDict3 和 cSoftDict4，分别存储中国软件各年的“年度”“净利润”“期初净资产”“期末净资产”信息。

第 6 行代码使用格式串“{}\n{}\n{}\n{}”对 4 个字典进行输出，其中“\n”代表换行输出。

步骤 4：将 4 个字典放入列表，以列表作为全部数据的集合。代码如下：

```
# 定义列表变量 cSoftList，将上面的 4 个字典作为列表的 4 个元素
cSoftList=[]     # 定义空列表
cSoftList.append(cSoftDict1)     # 往列表中追加元素
cSoftList.append(cSoftDict2)     # 往列表中追加元素
cSoftList.append(cSoftDict3)     # 往列表中追加元素
cSoftList.append(cSoftDict4)     # 往列表中追加元素
cSoftList     # 显示列表
```

运行代码，结果如图 5-5 所示。

代码功能释义如下：

第 2 行代码定义了空列表 cSoftList。

```
1 # 定义列表变量cSoftList，将上面的4个字典作为列表的4个元素
2 cSoftList=[]     # 定义空列表
3 cSoftList.append(cSoftDict1)     # 往列表中追加元素
4 cSoftList.append(cSoftDict2)     # 往列表中追加元素
5 cSoftList.append(cSoftDict3)     # 往列表中追加元素
6 cSoftList.append(cSoftDict4)     # 往列表中追加元素
7 cSoftList    # 显示列表
```

```
[{'period': '2020',
  'profit': 165010221.56,
  'beginAsset': 2761772535.39,
  'endAsset': 2885521135.42},
 {'period': '2021',
  'profit': 202662270.2,
  'beginAsset': 2885521135.42,
  'endAsset': 3312422711.8},
 {'period': '2022',
  'profit': 244060018.62,
  'beginAsset': 3312422711.8,
  'endAsset': 3560111655.87},
 {'period': '2023',
  'profit': -7834747.02,
  'beginAsset': 3560111655.87,
  'endAsset': 3429031128.43}]
```

图 5-5　定义列表变量 cSoftList

第 3 至 6 行代码使用列表的 append() 方法往列表中依次追加 4 个元素。Python 列表中的元素既可以是简单的数值或字符串，也可以是列表、字典或其他类型。

第 7 行显示列表 cSoftList。从输出结果中的一对方括号（[ ]）可知，输出的是列表对象。

任务二 使用 for 循环计算各年净资产收益率

任务说明

本任务在任务一的基础上，继续完成对各年数据的操作，并计算各年度的净资产收益率。由于每年的数据项都是相同的，对每年数据进行操作以及计算每年净资产收益率的方法也是相同的，对于这种具有相同数据逻辑、相同操作方法的数据处理要求，非常适合采用 Python 的循环结构来完成。

本任务将使用 for 循环从存储全部数据的列表 cSoftList 中查询各年相关数据，并完成各年净资产收益率的计算。通过讲解 Python 循环结构的基本知识，帮助苏琳

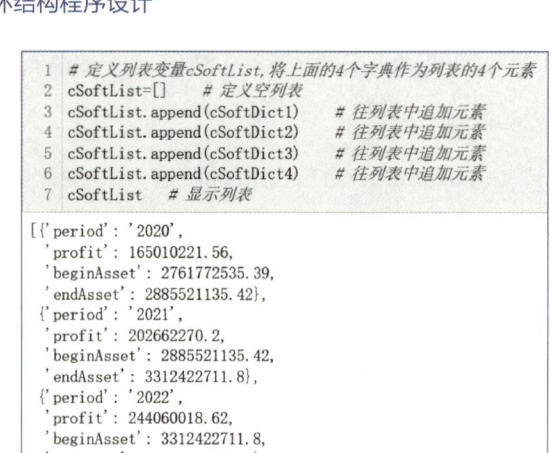

这样的初学者掌握使用 Python 循环语句编写循环程序的能力。

相关知识

一、for 循环

for 语句可用来控制语句块的重复执行，for 语法格式如下所示：

```
for 循环变量 in 迭代器 :
    语句块
```

语法说明：

（1）for 和 in 都是关键字。关键字 for 开始的行是循环的控制结构，它控制 for 中语句块的执行次数，for 中的语句块称为循环体。要注意的是，for 中的语句块需要缩进，以表示其是 for 中包含的内容，缩进量通常为 4 个字符。

（2）迭代器是 Python 语言中的重要机制之一，一个迭代器是一个值序列或值集合。在循环过程中，循环变量依次从迭代器中取值，并对取得的每个值执行 for 循环体的代码。迭代器中的值的个数就是 for 循环的次数。当循环变量取完迭代器中的所有值后，循环将结束。

如图 5-6 所示的代码是 for 循环程序示例。

```
for i in [0,1,2,3]:
    print('i的值为{}'.format(i))
```

```
i的值为0
i的值为1
i的值为2
i的值为3
```

(a)

```
for i in [10,13,16,17]:
    print('i={}'.format(i))
```

```
i=10
i=13
i=16
i=17
```

(b)

```
list2=['a','b','abc',100]
for item in list2:
    print('item={}'.format(item))
```

```
item=a
item=b
item=abc
item=100
```

(c)

图 5-6　for 循环程序示例

(a) 图中，循环变量 i 依次从 in 后的迭代器 [0,1,2,3] 中取值，迭代器中有四个值，循环体将执行四次，而 i 的值在四次循环中分别为：0、1、2 和 3。

(b) 图中，循环变量 i 依次从 in 后的迭代器 [10,13,16,17] 中取值，迭代器中有四个值，循环体将执行四次，而 i 的值在四次循环中分别为：10、13、16 和 17。

(c) 图中，循环变量 item 依次从 in 后的迭代器 list2 中取值，list2 是包含四个元素的列表，因此循环体将执行四次，而 item 的值在四次循环中分别为：a、

for 循环程序简介

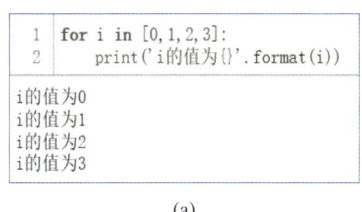

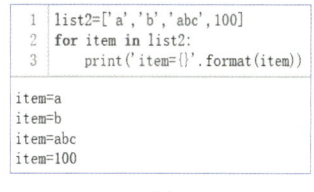

b、abc 和 100。

二、range 函数

range 函数

由于 range 函数可以产生指定范围的一系列值，因此，range 函数经常作为 for 循环的迭代器，这样循环变量便可依次从这一系列值中取数，从而控制循环体按照预设的程序逻辑运行。

range 函数的常见使用方式有：

（一）range(n)

range(n) 得到的序列值为：0, 1, 2, 3, ⋯, n−1，即从 0 至 n（不包括 n）的一个序列。例如，range(10) 表示序列 0, 1, 2, 3, ⋯, 9。当 n≤0 时，序列为空。

（二）range(m,n)

range(m,n) 得到的序列值为：m, m+1, m+2, ⋯, n−1，即从 m 至 n（不包括 n）的一个序列。例如，range(1, 6) 表示序列 1, 2, 3, 4, 5。当 m ≥ n 时，序列为空。

（三）range(m,n,d)

range(m,n,d) 得到的序列值为：m, m+d, m+2d, ⋯，即从 m 开始，依次按步长值 d 递增（若 d 为负数则递减），直到那个最接近但不包括 n 的等差值结束。例如，range(1, 6, 2) 表示序列 1, 3, 5；range(10, 2, −2) 表示序列 10, 8, 6, 4。

三、for( ) 循环示例

（一）示例一

如图 5-7 所示的代码是 range( ) 函数用作 for 循环迭代器的示例。第 1 行代码定义了一个包含四个元素的列表 cSoftList1；第 2 行和第 3 行代码定义了一个循环，执行循环时，循环变量 i 依次从 range(4) 产生的序列中取值，即依次取 0、1、2 和 3，而循环体在四次循环执行的过程中依次输出 cSoftList1[0]、cSoftList1[1]、cSoftList1[2] 和 cSoftList1[3] 的值。

同理，第 6 行和第 7 行代码定义了一个循环，执行循环时，循环变量 i 依次从 range(2,4) 产生的序列中取值，即依次取 2 和 3，而循环体在两次循环执行的过程中依次输出 cSoftList1[2] 和 cSoftList1[3] 的值。第 10 行和第 11 行代码定义了一个循环，执行循环时，循环变量 i 依次从 range(1,4,2) 产生的序列中取值，即依次取 1 和 3，而循环体在两次循环执行的过程中依次输出 cSoftList1[1] 和 cSoftList1[3] 的值。

```
cSoftList1=["2020",165010221.56,2761772535.39,2885521135.42]
for i in range(4):
    print(cSoftList1[i])
print('-'*20)

for i in range(2,4):
    print(cSoftList1[i])
print('-'*20)

for i in range(1,4,2):
    print(cSoftList1[i])
```

```
2020
165010221.56
2761772535.39
2885521135.42
--------------------
2761772535.39
2885521135.42
--------------------
165010221.56
2885521135.42
```

图 5-7　for 循环示例一

（二）示例二

如图 5-8 所示的代码中，第 1 行和第 2 行代码定义了一个列表 cSoftList2，其中包含两个元素，这两个元素均是字典对象。第 3 行和第 4 行代码定义了一个 for 循环，执行循环时，循环变量 i 在迭代器 range(2) 产生的序列中依次取值，即依次取 0 和 1，而循环体在两次循环执行的过程中依次输出 cSoftList2[0] 和 cSoftList2[1] 的值。

```
1 cSoftList2=[{"period":"2020","profit":165010221.56,"beginAsset":2761772535.39,"endAsset":2885521135.42},
2             {"period":"2021","profit":202662270.20,"beginAsset":2885521135.42,"endAsset":3312422711.80}]
3 for i in range(2):
4     print(cSoftList2[i])
```

```
{'period': '2020', 'profit': 165010221.56, 'beginAsset': 2761772535.39, 'endAsset': 2885521135.42}
{'period': '2021', 'profit': 202662270.2, 'beginAsset': 2885521135.42, 'endAsset': 3312422711.8}
```

图 5-8　for 循环示例二

思考

想一想，运行下面的代码会输出什么？

```
for i in range(3):
    print('!')
```

```
for i in range(3,6):
    print('+')

for i in range(3, 9, 2):
    print('*')
```

提 示

如果 for 循环的迭代器 range() 产生的序列为空，则循环体一次也不执行。

任务实施

步骤 1：继续在项目五文件中输入本任务的代码。任务一已经在列表 cSoftList 中存储了 2020 年到 2023 年的所有数据，下面使用 for 循环从列表 cSoftList 中提取出各年数据，代码如下：

```
# 循环输出 cSoftList 列表中的各年数据，注意每年都是一个字典
for i in range(4):
    print(cSoftList[i])
```

运行代码，结果如图 5-9 所示。

```
1 # 循环输出cSoftList列表中的各年数据，注意每年都是一个字典
2 for i in range(4):
3     print(cSoftList[i])

{'period': '2020', 'profit': 165010221.56, 'beginAsset': 2761772535.39, 'endAsset': 2885521135.42}
{'period': '2021', 'profit': 202662270.2, 'beginAsset': 2885521135.42, 'endAsset': 3312422711.8}
{'period': '2022', 'profit': 244060018.62, 'beginAsset': 3312422711.8, 'endAsset': 3560111655.87}
{'period': '2023', 'profit': -7834747.02, 'beginAsset': 3560111655.87, 'endAsset': 3429031128.43}
```

图 5-9 循环输出 cSoftList 中所有年度数据

代码功能释义如下：

第 2 行和第 3 行代码定义了一个 for 循环，i 是循环变量，其循环范围是 [0, 1, 2, 3]。循环体只包含一条 print 语句，其功能是输出 cSoftList 列表中指定位置的元素，这个位置由 i 指定。具体来说，i 取 0 时，执行第一次循环，输出 cSoftList[0]；i 取 1 时，执行第二次循环，输出 cSoftList[1]；i 取 2 时，执行第三次

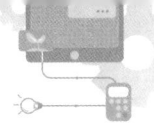

循环，输出 cSoftList[2]；i 取 3 时，执行第四次循环，输出 cSoftList[3]。

本段代码的程序流程图如图 5-10 所示。

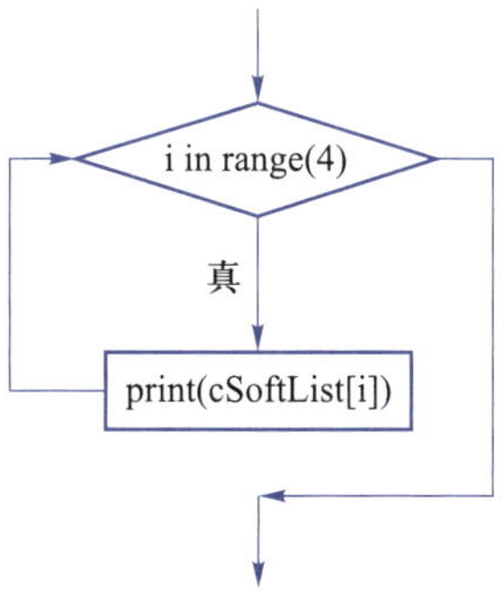

图 5-10　循环输出 cSoftList 中所有数据的程序流程图

提 示

一定要注意 for 循环的书写格式要求，for 条件后要有英文冒号（:），for 中的语句块要保持缩进，一般缩进 4 个字符。

步骤 2：使用循环从 cSoftList 中获取指定年度的数据，代码如下：

```
# 从 cSoftList 中获取指定年度的数据
for i in range(2, 4):
    print(cSoftList[i])
print('--------------------------')
for i in range(0, 4, 2):
    print(cSoftList[i])
```

运行代码，结果如图 5-11 所示。

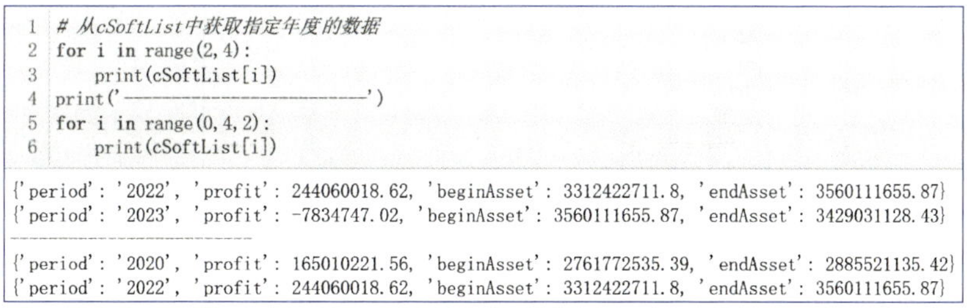

```
# 从cSoftList中获取指定年度的数据
for i in range(2,4):
    print(cSoftList[i])
print('--------------------------')
for i in range(0,4,2):
    print(cSoftList[i])
```

```
{'period': '2022', 'profit': 244060018.62, 'beginAsset': 3312422711.8, 'endAsset': 3560111655.87}
{'period': '2023', 'profit': -7834747.02, 'beginAsset': 3560111655.87, 'endAsset': 3429031128.43}
--------------------------
{'period': '2020', 'profit': 165010221.56, 'beginAsset': 2761772535.39, 'endAsset': 2885521135.42}
{'period': '2022', 'profit': 244060018.62, 'beginAsset': 3312422711.8, 'endAsset': 3560111655.87}
```

图 5-11　输出 cSoftList 中指定年的数据

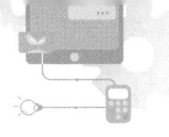

代码功能释义如下：

第 2 行和第 3 行代码定义了一个 for 循环，i 是循环变量，其循环范围是 [2,3]。循环将执行两次，分别输出 cSoftList[2] 和 cSoftList[3] 的值。

第 5 行和第 6 行代码定义了一个 for 循环，i 是循环变量，其循环范围是 [0,2]。循环将执行两次，分别输出 cSoftList[0] 和 cSoftList[2]。

步骤 3：在任务一的图 5-3 中分析了列表 cSoftList 的数据结构，此列表的 4 个元素本身又是字典结构。每个字典都对应了一年的相关数据，如果要访问各年数据，就可以按照字典的访问方法进一步从字典中提取各年对应的数据。例如，提取数据所属年度的代码如下所示：

```
# 用 range() 来指定要访问元素在列表中的索引位置
for i in range(4):
    print(cSoftList[i]['period'])

print('=========')

# 直接在 cSoftList 列表中循环各个列表元素
for item in cSoftList:
    print(item['period'])
```

运行代码，结果如图 5-12 所示。

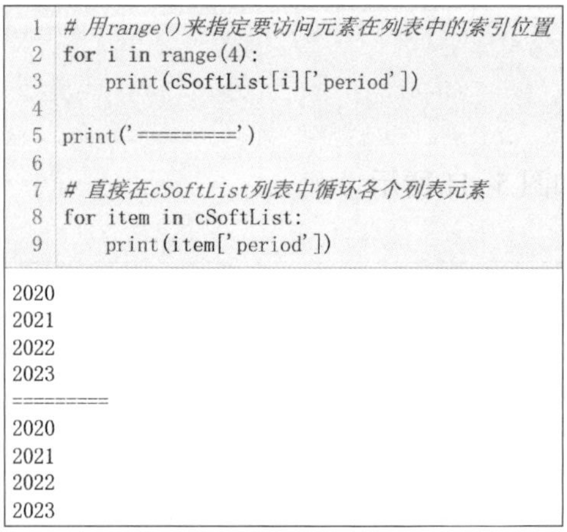

```
# 用range()来指定要访问元素在列表中的索引位置
for i in range(4):
    print(cSoftList[i]['period'])

print('=========')

# 直接在cSoftList列表中循环各个列表元素
for item in cSoftList:
    print(item['period'])
```

```
2020
2021
2022
2023
=========
2020
2021
2022
2023
```

图 5-12　输出 cSoftList 中的年份

代码功能释义如下：

第 2 行和第 3 行代码定义了一个 for 循环，此循环使用 print 语句输出 cSoftList[i]['period']，cSoftList[i] 指的是 cSoftList 中第 i 个元素，cSoftList[i]['period'] 指的是第 i 个元素的 key（'period'）对应的 value。

第 5 行代码利用 print 输出一行分隔符，以区别上下行代码的输出内容。

第 8 行和第 9 行代码定义了另一个 for 循环。item 是循环变量，其循环范围是 cSoftList 列表中的所有元素，即循环过程中，item 将逐个取 cSoftList 列表中的每个元素值。例如，第一次循环时，item 的值如下：

```
{'period': '2020', 'profit':165010221.56, 'beginAsset': 2761772535.39, 'endAsset':
2885521135.42}
```

那么 print(item['period']) 即表示输出当前 item 的 key('period') 对应的 value。

从输出结果可以看出，本步骤的两个 for 循环功能相同。

提 示

注意，两个 for 循环的循环变量是不同的，第一个 for 循环的循环变量 i 是数值，第二个 for 循环的循环变量 item 是字典。

思 考

试着分别使用这两个 for 循环的代码写法，输出各年份的净利润。

步骤 4：若要从列表 cSoftList 中提取指定年度的财报数据，则需要逐个判断列表中各个字典的'period' 值是否等于 2023，若等于，则输出该年的财报数据。代码如下：

```
# for 嵌套 if，输出 2023 年的净利润、期初净资产和期末净资产
for item in cSoftList:
    # 判断是否是 2023 年的数据
    if item['period']=='2023':
        # 输出净利润、期初净资产和期末净资产，以制表符 Tab 分隔多个值
        print('{}\t{}\t{}'.format(item['profit'],item["beginAsset"],item["endAsset"]))
```

运行代码，结果如图 5-13 所示。

```
1 # for嵌套if，输出2023年的净利润、期初净资产和期末净资产
2 for item in cSoftList:
3     # 判断是否是2023年的数据
4     if item['period']=='2023':
5         # 输出净利润、期初净资产和期末净资产，以制表符Tab分隔多个值
6         print('{}\t{}\t{}'.format(item['profit'],item["beginAsset"],item["endAsset"]))
```

```
-7834747.02	3560111655.87	3429031128.43
```

图 5-13　以 for 嵌套 if 形式输出 2023 年的数据

代码功能释义如下：

第 2 至 6 行代码构成一个 for 循环结构，内嵌套一个 if 分支。for 循环对 cSoftList 中的所有元素逐一执行循环体代码。

第 4 至 6 行代码构成一个 if 分支结构，用来判断当前 item 的 'period' 的值是否等于 2023。若等于，则执行第 5 行和第 6 行的分支体代码；若不等于，则跳过分支体代码继续下一次循环。

第 6 行代码使用 \t 符号将输出的多个值用制表符分开。

本段代码的程序流程图如图 5-14 所示。

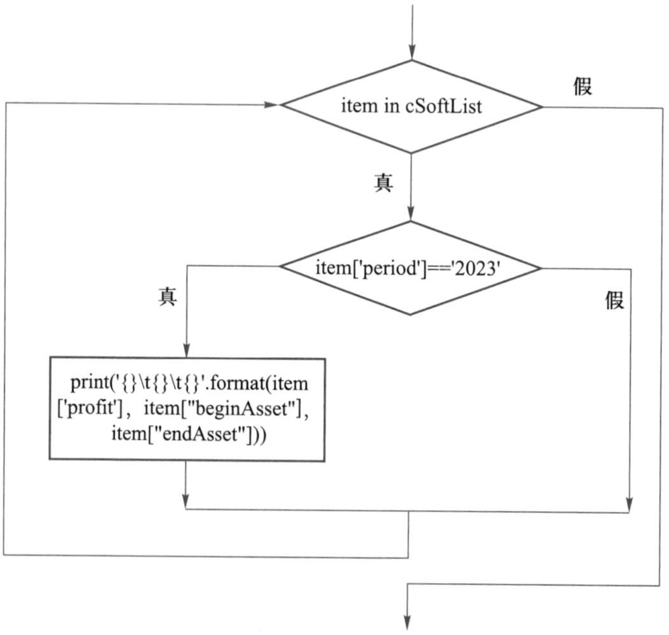

图 5-14　提取指定年度财报数据的程序流程图

步骤 5：在步骤 4 的基础上，进一步计算指定年度的净资产收益率。代码如下：

```
# for 嵌套 if，计算 2023 年的净资产收益率
```

```
for item in cSoftList:
    # 判断是不是 2023 年的数据
    if item['period']=='2023':
        # 计算净资产收益率
        cSoftROE= item["profit"] / ((item["beginAsset"] + item["endAsset"]) / 2)
        # 输出净资产收益率
        print('{} 年的净资产收益率 :{:.2%}'.format(item['period'],cSoftROE))
```

运行代码，结果如图 5-15 所示。

```
1 # for嵌套if，计算2023年的净资产收益率
2 for item in cSoftList:
3     # 判断是不是2023年的数据
4     if item['period']=='2023':
5         # 计算净资产收益率
6         cSoftROE= item["profit"] / ((item["beginAsset"] + item["endAsset"]) / 2)
7         # 输出净资产收益率
8         print('{}年的净资产收益率:{:.2%}'.format(item['period'],cSoftROE))
```

```
2023年的净资产收益率:-0.22%
```

图 5-15　计算 2023 年的净资产收益率

代码功能释义如下：

此段代码与步骤 4 代码类似，但需要注意的是，此处 if 分支的条件为真时，执行第 5 至 8 行的分支体代码；若 if 分支的条件为假，则跳过第 5 至 8 行的分支体代码，直接进入下一次循环。

步骤 6：计算所有年度的净资产收益率，并把结果保存到各年度对应的字典中。代码如下：

```
# 遍历所有列表元素，计算各年净资产收益率，把结果保存到对应年度的字典中
for item in cSoftList:
    # 计算净资产收益率
    cSoftROE= item["profit"]/((item["beginAsset"]+item["endAsset"])/2)
    # 将净资产收益率存储到 item 中，key 为 ROE，value 为净资产收益率
    item["ROE"]=cSoftROE
    print(item)
```

运行代码，结果如图 5-16 所示。

```
# 遍历所有列表元素，计算各年净资产收益率，把结果保存到对应年度的字典中
for item in cSoftList:
    # 计算净资产收益率
    cSoftROE= item["profit"]/((item["beginAsset"]+item["endAsset"])/2)
    # 将净资产收益率存储到item中，key为ROE，value为净资产收益率
    item["ROE"]=cSoftROE
    print(item)
```

```
{'period': '2020', 'profit': 165010221.56, 'beginAsset': 2761772535.39, 'endAsset': 2885521135.42, 'ROE': 0.05843868981452574}
{'period': '2021', 'profit': 202662270.2, 'beginAsset': 2885521135.42, 'endAsset': 3312422711.8, 'ROE': 0.06539661384344464}
{'period': '2022', 'profit': 244060018.62, 'beginAsset': 3312422711.8, 'endAsset': 3560111655.87, 'ROE': 0.07102475027789314}
{'period': '2023', 'profit': -7834747.02, 'beginAsset': 3560111655.87, 'endAsset': 3429031128.43, 'ROE': -0.002241976523243885}
```

图 5-16　计算每年的净资产收益率

代码功能释义如下：

本段代码利用 for 循环计算出每个年度的净资产收益率 cSoftROE，并将对应值添加到列表 cSoftList 包含的每个字典中。

任务三　使用 for 循环比较净资产收益率的大小

任务说明

本任务在任务二的基础上，继续完成对各年数据的操作，利用 for 循环判断中国软件哪些年的净资产收益率超过 5%。通过本任务的学习，可以使苏琳这样的初学者进一步深刻理解 for 循环的运行逻辑，提高使用循环解决实际问题的能力。

相关知识

从前面的学习中可知，只要 for 循环的循环条件被满足，循环体就可以不断重复运行。但有时候却需要在某种特殊情况下提前结束循环，或者不执行完全部循环体的代码就开始下一次循环，要实现这样的要求，就需要学习下面的内容。

一、continue 语句

无论是 for 循环还是本项目任务四要学习的 while 循环，都可以使用 continue

continue 语句

语句在未执行完当前循环的情况下，提前结束本次循环，转去进行下一次新的循环。

如图 5-17 所示的代码是 continue 语句示例。第 1 行代码定义了列表 cSoftList1，第 2 行代码定义整型变量 length，它的值是列表 cSoftList1 的元素个数。第 3 至 6 行代码定义了一个 for 循环，循环变量 i 的取值范围为 range(4)，即 [0,1,2,3]。第 4 至 6 行代码是循环体，其中第 4 行和第 5 行代码定义了一个 if 分支，每次进行循环后，先执行第 4 行的 if 判断，若 (i==1 or i==3) 条件满足，则执行第 5 行的 continue，continue 将控制程序转至下一次循环，即 continue 使程序跳过循环体的第 6 行代码，转到第 3 行代码处继续执行下一次循环；若 (i==1 or i==3) 条件不满足，就跳过第 5 行的 continue，继续执行分支后的第 6 行代码。

```
1  cSoftList1=["2020", 165010221.56, 2761772535.39, 2885521135.42]
2  length = 4     # cSoftList1列表的元素个数
3  for i in range(length):
4      if (i==1 or i==3):
5          continue
6      print(cSoftList1[i])
```

```
2020
2761772535.39
```

图 5-17　continue 语句示例

这段程序与前面所学的循环不同，因为循环体中的第 6 行代码不会运行四次。这条代码是否运行受到它前面的分支影响，若分支满足，就会执行 continue 跳过第 6 行代码，继续执行下一次循环。

由于循环变量 i 从 [0, 1, 2, 3] 中依次取值，当 i 取 1 或者 3 时，if 条件满足，就会跳过第 6 行代码，因此，最终程序只输出了列表中的第 0 个元素和第 2 个元素。

思考

想一想，运行下面的代码将输出什么？

```
for i in range(3):
    if(i==1):
            continue
    print('!')
```

二、break 语句

若要提前结束循环的运行，转去执行循环后的其他代码，就需要使用 break 语句。注意，break 语句的作用是结束当前循环然后跳转到循环后的下一条语句继续执行，而 continue 语句仅仅是提前结束当前的循环，继续运行下一次循环。

如图 5-18 所示的代码是 break 语句示例。第 1 行代码定义了列表 cSoftList1，第 2 行代码定义整型变量 length，它的值是列表 cSoftList1 的元素个数。第 3 至 6 行代码定义了一个 for 循环，循环变量 i 的取值范围为 range(4)，即 [0,1,2,3]。第 4 至 6 行代码是循环体，其中第 4 行和第 5 行代码定义了一个 if 分支。每次进入循环后，先执行第 4 行的 if 判断，若 (i==1 or i==3) 条件满足，则执行第 5 行的 break，break 将结束循环，即 break 使程序跳过当前循环中未执行的循环体以及剩余未执行的循环，转到循环后的下一条语句继续执行，由于此示例的循环后再无其他代码，因此 break 执行后将结束程序运行；若 (i==1 or i==3) 条件不满足，则跳过第 5 行的 break，继续执行分支后的第 6 行代码。

break 语句

```
1 cSoftList1=["2020", 165010221.56, 2761772535.39, 2885521135.42]
2 length = 4     # cSoftList1列表的元素个数
3 for i in range(length):
4     if (i==1 or i==3):
5         break
6     print(cSoftList1[i])
```

```
2020
```

图 5-18　break 语句示例

由于循环变量 i 从 [0, 1, 2, 3] 中依次取值，当 i 取 1 时，if 条件满足，就会执行 break 语句，结束循环，因此，最终程序只输出了列表中的第 0 个元素。

思 考

想一想，运行下面的代码将输出什么？

```
for i in range(3):
    if(i==1):
        break
    print('!')
```

任务实施

步骤 1：继续在项目五文件中输入本任务的代码。任务二已经将所有年度的净资产收益率存储在列表 cSoftList 的各个字典中，下面使用循环结构把 cSoftList 中净资产收益率超过 5% 的年度提取出来。代码如下：

```
# 输出哪些年的净资产收益率超过 5%
for item in cSoftList:
    # 判断净资产收益率是否大于等于 5%
    if item['ROE']>=0.05:
        # 输出净资产收益率
        print('{} 年 :{:.2%}'.format(item['period'],item['ROE']))
```

运行代码，结果如图 5-19 所示。

```
1 # 输出哪些年的净资产收益率超过5%
2 for item in cSoftList:
3     # 判断净资产收益率是否大于等于5%
4     if item['ROE']>=0.05:
5         # 输出净资产收益率
6         print('{}年:{:.2%}'.format(item['period'],item['ROE']))

2020年:5.84%
2021年:6.54%
2022年:7.10%
```

图 5-19　使用 for 循环判断净资产收益率超过 5% 的年度

代码功能释义如下：

在 for 循环体中，用 if 判断 item['ROE'] 的值是否大于或等于 5%，若是，则执行第 6 行代码；若不是，则跳过分支体的代码继续执行下一次循环。

步骤 2：使用 continue 控制 for 循环，输出净资产收益率超过 5% 的年度信息。代码如下：

```
# 输出哪些年的净资产收益率超过 5%
for item in cSoftList:
    # 判断净资产收益率是否小于 5%
    if item['ROE']<0.05:
        continue     # continue 将直接转去执行下一次循环
```

```
#输出净资产收益率
print('{} 年 :{:.2%}'.format(item['period'],item['ROE']))
```

运行代码，结果如图 5-20 所示。

```
1  # 输出哪些年的净资产收益率超过5%
2  for item in cSoftList:
3      # 判断净资产收益率是否小于5%
4      if item['ROE']<0.05:
5          continue    # continue将直接转去执行下一次循环
6      # 输出净资产收益率
7      print('{}年:{:.2%}'.format(item['period'],item['ROE']))
```

```
2020年:5.84%
2021年:6.54%
2022年:7.10%
```

图 5-20　使用 continue 控制 for 循环判断净资产收益率超过 5% 的年度

代码功能释义如下：

对 cSoftList 中的每个元素执行 for 循环。进入循环后，判断 if 条件的真假，若 item['ROE']<0.05 为真，则执行第 5 行的 continue，continue 命令将使程序跳过循环体中未执行的剩余语句，直接进入下一次循环；若 item['ROE']<0.05 为假，则跳过分支体，先继续执行循环体的第 7 行代码，再转去执行下一次循环。

本段代码的程序流程图如图 5-21 所示。

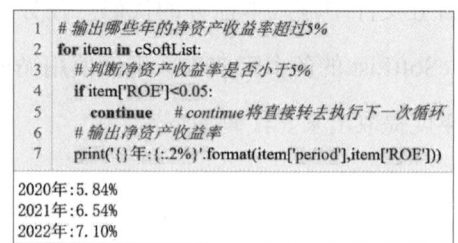

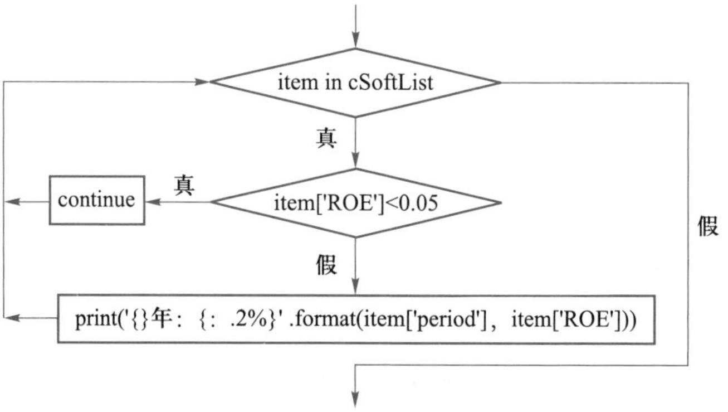

图 5-21　判断净资产收益率超过 5% 的程序流程图

思 考

若要输出的是净资产收益率不超过 5% 的年度，该如何修改程序呢？

步骤 3：输出 2020 年到 2023 年中第一个净资产收益率超过 5% 的年度及净资产收益率，也就是说，找到第一个净资产收益率超过 5% 的年度后，就不必再继续检验其他年度的数据了。要完成这样的要求，就需要利用 break 语句在符合要求的情况下提前结束循环的运行。代码如下：

```
# 输出 2020 年到 2023 年中第一个净资产收益率超过 5% 的年度
for item in cSoftList:
    # 判断 cSoftROE 是否超过 5%
    if item['ROE']>=0.05:
        break      # break 将直接跳出循环
# 输出净资产收益率
print('{} 年 :{:.2%}'.format(item['period'],item['ROE']))
```

运行代码，结果如图 5-22 所示。

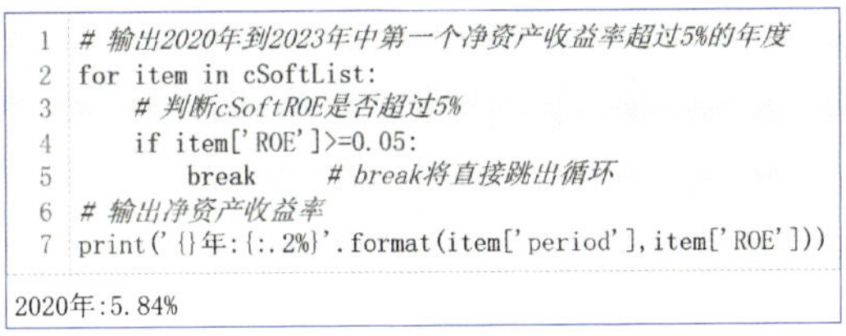

```
1 # 输出2020年到2023年中第一个净资产收益率超过5%的年度
2 for item in cSoftList:
3     # 判断cSoftROE是否超过5%
4     if item['ROE']>=0.05:
5         break      # break将直接跳出循环
6 # 输出净资产收益率
7 print('{}年:{:.2%}'.format(item['period'],item['ROE']))

2020年:5.84%
```

图 5-22　输出第一个净资产收益率超过 5% 的年度及净资产收益率

代码功能释义如下：

这里重点解释第 5 行的 break 语句。当 if 条件为真时，执行第 5 行的 break 语句，结束 for 循环的运行，继续执行 for 后面的其他程序代码，即执行第 7 行代码。

本段代码的程序流程图如图 5-23 所示。

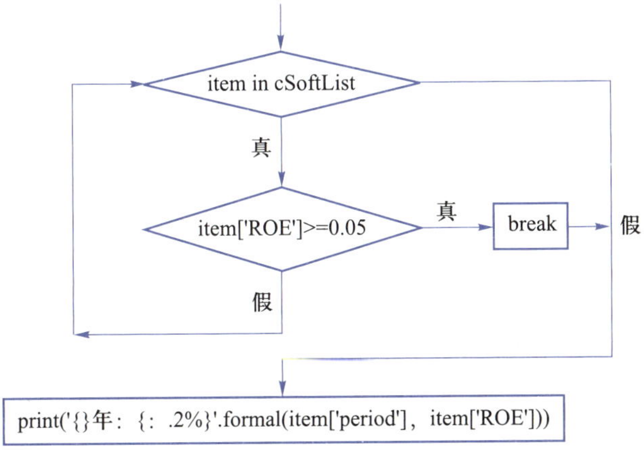

图 5-23　输出 2020 年到 2023 年中第一个净资产收益率
超过 5% 的年度及净资产收益率的程序流程图

提 示

注意，此处 for 循环的循环体是第 3 至 5 行的代码，if 分支体是第 5 行代码。第 6 行和第 7 行代码不属于 for 循环体，它们是循环结束后才能执行的代码。

Pyhton 程序中的缩进是个非常重要的概念，它体现了程序代码间的层次关系。在编写程序时要格外注意每行代码前的缩进是否正确。

任务四　使用 while 循环比较相邻年度净资产收益率的变化

任务说明

除 for 循环外，还可以使用 while 循环来实现执行重复代码的任务。本任务在任务三的基础上，继续利用 while 循环完成对各年数据的操作，实现比较相邻年度净资产收益率的变化。通过本任务的学习，使苏琳这样的初学者掌握 while 循环的使用方法，进一步深刻理解循环的运行逻辑，提高使用循环解决实际问题的能力。

相关知识

一、while 循环

while 循环的语法格式如下所示：

```
while 条件表达式 :
    语句块
```

while 循环中的条件表达式用于控制循环是否运行。执行 while 循环的时候，先计算条件表达式的值，当值为真时，执行语句块，语句块执行结束后再去判断 while 条件，直到条件表达式值为假时结束循环。注意，条件表达式后面的英文冒号（:）不可省略，语句块要注意缩进，一般缩进量为 4 字符。

while 循环

二、while 循环示例

如图 5-24 所示的代码是 while 循环示例。第 1 行代码定义了列表 cSoftList1，第 2 行代码定义整型变量 length，它的值是列表 cSoftList1 的元素个数，第 3 行代码定义整型变量 i，此变量是 while 循环的循环控制变量。

```
1 cSoftList1=["2020", 165010221.56, 2761772535.39, 2885521135.42]
2 length = 4      # cSoftList1列表的元素个数
3 i=0             # i用于指示列表中元素的索引位置
4
5 while(i<length):
6     print(cSoftList1[i])
7     i = i+1
```

```
2020
165010221.56
2761772535.39
2885521135.42
```

图 5-24　while 循环示例

第 5 至 7 行代码定义了一个 while 循环，循环条件为当变量 i 小于 length 的值时就进入循环。第 6 行和第 7 行代码是循环体。第 7 行有一个重要代码，它将变量 i 加 1 后再重新赋值给变量 i，即执行完第 7 行代码，变量 i 的值将增加 1。变量 i 的值的变化对于 while 循环来说是至关重要的，只有变量 i 不断变化，才会使它的值逐渐逼近 length 的值，直到变量 i 不再小于 length 的值时才结束循环。循环执行过程各参数变化如表 5-2 所示。

表 5-2　循环执行过程各参数变化表

循环条件判断次数	i 值	循环条件	是否运行循环	print(cSoftList1[i])	i=i+1
1	0	0<4 为真	是	cSoftList1[0]	i=1
2	1	1<4 为真	是	cSoftList1[1]	i=2
3	2	2<4 为真	是	cSoftList1[2]	i=3
4	3	3<4 为真	是	cSoftList1[3]	i=4
5	4	4<4 为假	否	—	—

提 示

若 while 中的条件表达式一开始就为假，则 while 的循环体一次也不会执行，程序控制会跳过循环直接运行循环后面的其他代码。

思 考

想一想，for 循环和 while 循环有哪些异同？

想一想，运行下面的代码将输出什么？

```
i=0
while(i<3):
    print('!')
    i=i+1
```

任务实施

步骤 1：继续在项目五文件中输入本任务的代码。比较相邻年度净资产收益率变化的方法是先将 2020 年的数据作为前一年度的值，再读取 2021 年的数据作为当前值进行比较；比较完后将 2021 年的数据作为前一年度的值，接着再读取 2022 年的数据作为当前值进行比较，依此类推，一直到比较完所有年度的数据为止。代码如下：

```
# 遍历列表中的每个数据，比较相邻年度净资产收益率的变化
preROE=0          # preROE 用于存储上个年度净资产收益率的值
prePeriod=""      # prePeriod 用于存储上个年度的年份
roe=0             # roe 用于存储当前年度净资产收益率的值
length = len(cSoftList) # len() 函数用于获取列表的长度，即列表元素个数

# 进入循环前，先给 prePeriod 和 preROE 赋列表中索引为 0 的元素的年份和净资产收益率的值
prePeriod = cSoftList[0]["period"]
preROE = cSoftList[0]["ROE"]

i=1    # 为循环变量赋初值，i 用于指示列表中元素的索引位置，首次进入循环参与比较的是列表中索引为 1 的元素
```

```
while(i<length):
    period=cSoftList[i]["period"]
    roe=cSoftList[i]["ROE"]

    # 计算变化量
    growth = roe-preROE
    # 百分比显示变化量
    growth='{:.2%}'.format(growth)
    # 输出相邻两个年度的净资产收益率的变化
    print("{} 年的净资产收益率比 {} 年的净资产收益率增加了 {}"\
          .format(period,prePeriod,growth))

    # 为下一次循环做准备
    prePeriod = period
    preROE = roe
    i = i+1      # 循环变量 i 增 1
```

运行代码，结果如图 5-25 所示。

```
# 遍历列表中的每个数据，比较相邻年度净资产收益率的变化
preROE=0          # preROE用于存储上个年度净资产收益率的值
prePeriod=""      # prePeriod用于存储上个年度的年份
roe=0             # roe用于存储当前年度净资产收益率的值
length = len(cSoftList) # len()函数用于获取列表的长度，即列表元素个数

# 进入循环前，先给prePeriod和preROE赋列表中索引为0的元素的年份和净资产收益率的值
prePeriod = cSoftList[0]["period"]
preROE = cSoftList[0]["ROE"]

i=1    # 为循环变量赋初值，i用于指示列表中元素的索引位置，首次进入循环参与比较的是列表中索引为1的元素
while(i<length):
    period=cSoftList[i]["period"]
    roe=cSoftList[i]["ROE"]

    # 计算变化量
    growth = roe-preROE
    # 百分比显示变化量
    growth='{:.2%}'.format(growth)
    # 输出相邻两个年度的净资产收益率的变化
    print("{}年的净资产收益率比{}年的净资产收益率增加了{}"\
          .format(period,prePeriod,growth))

    # 为下一次循环做准备
    prePeriod = period
    preROE = roe
    i = i+1    # 循环变量i增1
```

```
2021年的净资产收益率比2020年的净资产收益率增加了0.70%
2022年的净资产收益率比2021年的净资产收益率增加了0.56%
2023年的净资产收益率比2022年的净资产收益率增加了-7.33%
```

图 5-25　比较相邻年度净资产收益率的变化

代码功能释义如下：

第 2 至 5 行的代码定义了 4 个变量，并分别赋初值。

第 8 至 9 行的代码定义了 2 个变量，用于存储列表中索引位置为 0 的元素的年份和净资产收益率的值，即 prePeriod 存储的是 2020，preROE 存储的是 2020 年的净资产收益率。

第 11 行为循环变量 i 赋初值，i 用于指示列表中元素的索引位置，首次进入循环参与比较的是列表中索引为 1 的元素，即比较 2021 年的数据。

第 12 至 27 行的代码定义 while 循环，循环条件是 i 小于 cSoftList 的元素个数，即当 i 小于 4 时进行循环。

循环体由第 13 至 27 行的代码组成。首次进入循环时，i 的值为 1，将 cSoftList[1]["period"] 赋值给 period 变量、cSoftList[1]["ROE"] 赋值给 roe 变量，并计算 roe 与前一年 preROE 的差，再用 print 语句输出比较结果。

第 25 行和第 26 行代码将当前 period 和 roe 分别赋值给保存前一年数据的 prePeriod 变量和 preROE 变量，即此时 2021 年成为前一年，这样就为下一次循环做好了准备。

第 27 行代码将循环变量 i 增加 1 后，转去第 12 行执行下一次循环。

步骤 2：保存文件。至此，项目五所有代码都已编写完成。

思 考

试着写出每次循环运行过程中各个变量的值。

知识扩展

for 循环变量是在一个迭代器中取数，迭代器指明了循环变量的初值和终值。但 while 循环只有一个控制循环的条件表达式，因此在使用 while 循环时，一般需要先对循环变量赋初值，并且要在循环中对循环变量的变化进行控制，从而使循环变量在某个时刻不满足条件表达式时结束循环的运行。

在循环次数或迭代对象已知的情况下，建议使用 for 循环。

技能训练 >>>

一、单选题

1. 若有字典 fruits = {'apple':[10, 26], 'pear':[12,68], 'orange':[23,32]}，在执行 print(fruits['pear'][1]) 语句后，正确的结果是（　　）。

A. 12　　B. 68　　C. 26　　D. 32

2. 下列不属于循环语句的关键字的选项是（　　）。

A. for...in　　B. continue　　C. while　　D. exit

3. 下面的代码用于计算各个资产的年折旧额，则程序的正确输出是（　　）。

```
# asserts 中各值含义：资产名称、资产原值、报废时净残值、预计使用年限
asserts =[['房屋', 10000000, 1000000, 50],
          ['服务器', 900000, 90000, 20],
          ['大型空调机', 100000, 10000, 10]]
depreciation= []  # 折旧额列表
for i in range(0,len(asserts)):
    depreciation.append((asserts[i][1]-asserts[i][2])/asserts[i][3])
print('各个资产的年折旧额为：')
for i in range(0,len(asserts)):
    print(asserts[i][0] + ':', end = '')
    print(depreciation[i], '元')
```

A.

```
各个资产的年折旧额为：
房屋 :180000.0 元
服务器 :40500.0 元
大型空调机 :9000.0 元
```

B.

```
各个资产的年折旧额为：房屋 :180000.0 元  服务器 :40500.0 元  大型空调机 :9000.0
```

C.

```
各个资产的年折旧额为：
```

```
房屋：
180000.0 元
服务器：
40500.0 元
大型空调机：
9000.0 元
```

D.

```
各个资产的年折旧额为：
房屋 :180000.0 元 end　服务器 :40500.0 元 end　大型空调机 :9000.0 end
```

4. 下列代码为求 1 至 100（包括 100）中所有偶数的和，while 后下划线位置的条件表达式应该为（　　）。

```
sum=0
i=1
while____:
    if i%2==0:
        sum=sum+i
    i=i+1
print("sum=", sum)
```

A. i <= 100　　B. i < 100　　C. i >= 100　　D. i > 100

5. 下列代码将 1 到 10（包括 10）范围内、所有不能被 3 整除的数输出，那么，if 语句后下划线的位置应填入（　　）。

```
for i in range(1,10+1):
    if i % 3 ==0:
        _______
    print(i,end=' ')
```

A. continue　　B. break　　C. exit　　D. end

二、实操题

1. 请尝试比较下面两段代码的运行结果，说明 continue 与 break 的区别。

代码段 1：

```
cSoftList1=["2020", 165010221.56, 2761772535.39, 2885521135.42]
length=len(cSoftList1)

for i in range(length):
    if (i==1):
        break
    print(cSoftList1[i])
```

代码段 2：

```
cSoftList1=["2020", 165010221.56, 2761772535.39, 2885521135.42]
length=len(cSoftList1)

for i in range(length):
    if (i==1):
      continue
    print(cSoftList1[i])
```

2. 请尝试将下面的 while 循环改成 for 循环的写法。

```
cSoftList1=["2020", 165010221.56, 2761772535.39, 2885521135.42]
length=len(cSoftList1)
i=0
while i<length:
    print(cSoftList1[i])
    i=i+1
```

3. 根据表 5-3 给出的 2020 年至 2023 年中国软件的销售毛利率，判断相邻年份间销售毛利率是增加还是下降了？增加或下降了多少？

表 5-3　中国软件的销售毛利率

年份	2020 年	2021 年	2022 年	2023 年
销售毛利率	30.93%	29.76%	31.42%	36.89%

4. 根据表 5-4 给出的 2014 年至 2023 年中国软件的净资产收益率，判断相邻年份的净资产收益率是增加还是下降了？增加或下降了多少？

表 5-4 中国软件的净资产收益率

年份	2014 年	2015 年	2016 年	2017 年	2018 年	2019 年	2020 年	2021 年	2022 年	2023 年
净资产收益率	2.08%	4.00%	4.140%	2.26%	5.02%	5.28%	5.84%	6.54%	7.10%	−0.22%

项目评价表 >>>

学习效果评价表				
任务序号	任务内容	任务清单	权重	
任务一	存储中国软件 2020 年到 2023 年的相关财报数据	使用字典存储每年数据	7%	15%
		使用列表存储全部数据	8%	
任务二	使用 for 循环计算各年净资产收益率	访问指定年度的数据	10%	30%
		计算指定年度的净资产收益率	10%	
		将各年净资产收益率添加到列表中	10%	
任务三	使用 for 循环比较净资产收益率的大小	提取净资产收益率超过 5% 的年度	10%	30%
		在 for 循环中使用 continue 语句	10%	
		在 for 循环中使用 break 语句	10%	
任务四	使用 while 循环比较相邻年度净资产收益率的变化	比较相邻年度的净资产收益率	25%	25%
实践能力评价表				
任务序号	任务内容	任务清单	权重	
技能训练一	分辨循环程序的基本语法及运行逻辑	复杂字典操作	5%	30%
		辨识循环结构的语法	5%	
		读程序写结果	5%	
		while 循环条件的处理	5%	
		读程序并填空	10%	
技能训练二	用循环语句解决实际问题	区分 continue 和 break 语句	10%	70%
		区别 for 循环和 while 循环	20%	
		比较相邻年份的销售毛利率	20%	
		比较相邻年份的净资产收益率	20%	

项目六

数据分析工具 Pandas 入门

6

学习目标 >>>

知识目标

1. 掌握 Pandas 的两种数据结构
2. 掌握 Pandas 索引的相关操作
3. 掌握 Pandas 其他的常见操作
4. 掌握读写数据的方法

能力目标

1. 能够创建 Pandas 的 Series 和 DataFrame 数据结构
2. 能够查询 Pandas 数据
3. 能够将外部数据读入 DataFrame 或将 DataFrame 数据保存到外部文件

素养目标

1. 培养学生的数据理念，增强对不同数据结构的理解，提高对不同数据结构特点的认知水平
2. 提高学生对数据集合索引和切片的理解能力，形成支持数据分析和处理的基础知识框架
3. 提升学生对数据的理解能力，增强学生的适应能力和抗压能力，培养学生不畏困难的精神

学思践行 >>>

需要是发明之母

进入21世纪，大数据伴随着云计算、移动互联网的发展，正在对全球经济社会发展产生巨大的影响。数据已经渗入各行各业，逐渐成为企业的重要生产要素。科学技术对会计发展的影响已超越经济等其他影响因素，成为“第一会计环境因素”。大数据使会计从事后财务报告向实时财务报告发展、从反映过去向预测未来发展、从财务管理理念向综合管理理念发展。

【思考与践行】会计作为经济管理的重要组成部分，是适应社会生产的发展和经济管理的需要而不断发展和完善的。会计与数据有着天然密不可分的关系，站在会计转型发展的风口，谁能利用好大数据、挖掘出数据背后隐藏的价值，谁就能把握发展先机。大数据时代，从事财务工作的年轻人会面对更多的风险和挑战，也会有更多的机遇和责任。作为财务人员，苏琳需要学好本项目的内容，将相关会计数据转换成有用的信息和知识。

项目说明 >>>

项目五在存储中国软件2020年到2023年与净资产收益率有关的财报数据时，使用了列表嵌套字典的方法，这种方法在数据量较小时使用起来还比较方便，但如果数据量变大，这种方法就会变得复杂且容易出错。对于数据分析时存在的大量数据存储和处理的问题，Python提供了Pandas库作为解决方案。

本项目通过对中国软件季报数据的读取和查询等操作，帮助苏琳这样的初学者掌握Pandas数据结构创建、文件读取和索引等操作。通过本项目的学习，读者应熟练掌握Pandas数据分析的基础操作技能。

项目分解 >>>

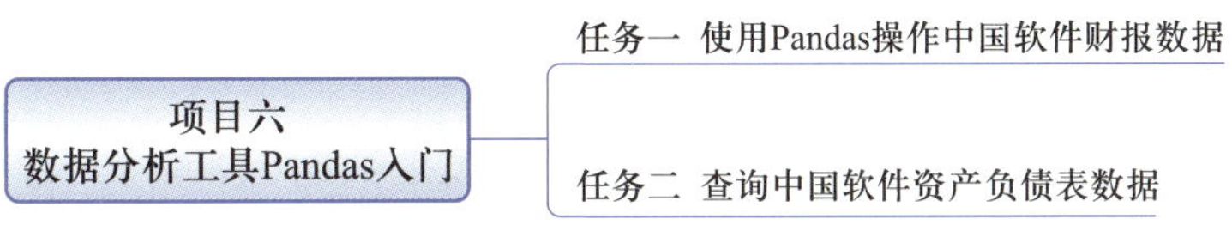

任务一　使用 Pandas 操作中国软件财报数据

任务说明

本任务把用于分析的中国软件财报数据表示成 Pandas 的 DataFrame 形式，DataFrame 会为数据集添加索引，从而使数值明确含义，在此基础上进行数据分析会更加方便、更容易理解，也更有意义。通过讲解 Pandas 基本知识，帮助初学者认识数据分析工具 Pandas，理解 Pandas 中存放数据的 Series 和 DataFrame 两种数据结构，掌握从外部文件中读取数据以及将数据保存到外部文件中的方法。

相关知识

一、导入 Pandas 包

Python 之所以功能强大，是因为它配有非常丰富的第三方包，将这些包引入到程序中，就可以很方便地使用包中提供的功能。使用 Pandas 前需要先导入 Pandas 包。导入 Pandas 包的代码如下：

Pandas 包简介

```
import pandas as pd
```

此代码用于在当前程序中导入 Pandas 包，并为该包起别名为 pd。后续在程序中若要使用 Pandas，可直接用别名 pd 代替。例如，调用 Pandas 包的某个函数，可以写成 pd. 函数名 ()。

二、Pandas 数据结构

要使用 Pandas 存放数据，就必须了解它的两个主要数据结构：Series 和 DataFrame。

（一）Series

Series 是一维数据结构，它能够保存任何类型的数据，如整数、字符串、浮点数。Series 对象主要由一组数据和与之相关的标签构成。标签，也称为索引，位于数据的左边，常用于对数据含义作说明；数据位于标签的右边。

1. 使用默认索引创建 Series 对象

如图 6-1 所示的代码创建了一个 Series 对象。第 2 行代码导入 Pandas 包，并为其取别名为 pd。第 5 行代码调用 pd.Series( ) 函数，以列表［9，2，'a'，4，5］为参数，创建 Series 对象 ser_obj。第 6 行输出 ser_obj 对象的值。输出结果中，ser_obj 对象的左列是位置索引（索引从 0 开始递增），ser_obj 对象的右列是数据。这相当于给列表的每个数据元素增加了一个索引名，形成一种 Series 结构的数据。

```
1  # 导入Pandas包
2  import pandas as pd
3
4  # 创建Series对象，参数中没有给出索引，系统自动默认索引为0到4
5  ser_obj = pd.Series([9, 2, 'a', 4, 5])      # 以一个列表为参数创建series类对象
6  print(ser_obj)
```

图 6-1　Series 示例

这种创建 Series 对象的方式并没有明确给出位置索引的值，但 pd.Series( ) 函数自动为每个数据元素添加了一个从 0 到 n 的整数索引。

2. 使用自定义索引创建 Series 对象

创建 Series 对象时，也可以为数据元素自定义索引，使用具有一定含义的索引可以对 Series 对象的各个数据进行明确标记。如图 6-2 所示，在第 2 行代码中，Series( ) 函数包括两个参数，两个参数之间用逗号分隔，第 1 个参数是数据，第 2 个参数使用 index 为数据指定索引标签。从输出结果可以看出，索引与数据一一对应，例如，1 月是 200 的索引标记，2 月是 300 的索引标记，其余类推。

```
1  # 使用index为数据指定索引
2  ser_obj1=pd.Series([200,300,500,700,100],index=['1月', '2月', '3月', '4月', '5月'])
3  print(ser_obj1)
```

```
1月    200
2月    300
3月    500
4月    700
5月    100
dtype: int64
```

图 6-2　创建 Series 对象时指定索引

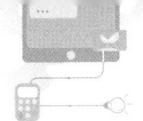

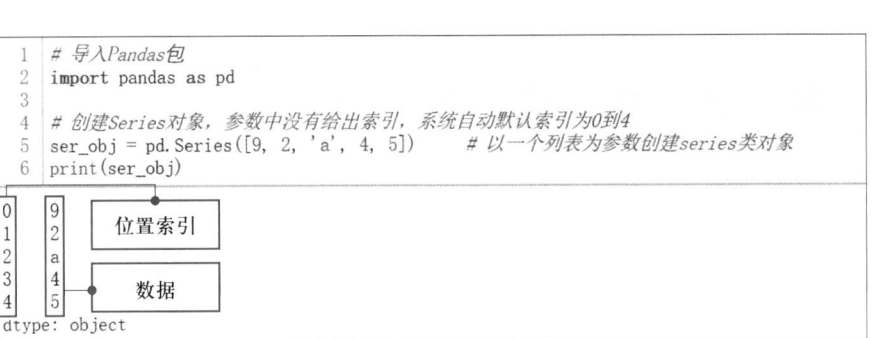

3. 使用字典创建 Series 对象

在前面的项目三里我们学过字典，字典是由若干键值对组成的数据。创建 Series 对象时，若使用字典作为 Series() 函数的参数，则字典的键直接成为数据的索引。如图 6-3 所示，data 是字典，在用它作为 Series() 函数的参数创建 ser_obj2 对象时，data 的各个键都自动成为对应数据的索引标签。

```
# 根据字典数据类型创建Series，字典的键作为索引
data={'李伟':10000,'张妍':12000,'赵丽':13000,'杨朋':9000}
ser_obj2=pd.Series(data)
print(ser_obj2)
```

```
李伟    10000
张妍    12000
赵丽    13000
杨朋     9000
dtype: int64
```

图 6-3　使用字典作为参数构建 Series 对象

4. 输出 Series 对象的索引和数据

Series 对象提供了两个属性：index 和 values，利用这两个属性可以很方便地获取 Series 对象的索引和数据。如图 6-4 所示，第 2 行代码输出 ser_obj2 对象的索引，第 4 行代码输出 ser_obj2 对象的数据。

了解 Series 数据结构

```
1 # 获取ser_obj2的索引
2 print(ser_obj2.index)
3 # 获取ser_obj2的数据
4 print(ser_obj2.values)
```

```
Index(['李伟', '张妍', '赵丽', '杨朋'], dtype='object')
[10000 12000 13000  9000]
```

图 6-4　Series 对象的两个属性：index 和 values

（二）DataFrame

DataFrame 是一个类似于 Excel 表格的对象，它可以包含多行多列数据，各列数据的类型也可以不同，就像 Excel 表格不同的列可以分别是文本、整数、日期或小数一样。在 Pandas 中，做数据分析时使用的大量数据常需要表示成 DataFrame 对象。

1. 使用默认索引创建 DataFrame 对象

如图 6-5 所示的代码创建了一个 DataFrame 对象，创建对象的原始数据由列表 data 提供，显示在最左侧的加粗数字是 DataFrame 自动添加的行索引，也称行标签；显示在最上面的加粗数字是 DataFrame 自动添加的列索引，也称列标签。自动添加

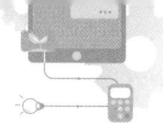

的行、列索引均是从 0 至 n 的整数索引。

```
1 # 用中国软件三年的应收票据和应收账款数据创建DataFrame对象
2 # 用列表作为参数创建DataFrame对象
3 data = [[69089350.97,2117119160.23],[24645655.45,2521534932.55],[43308885.95,2094388230.78]]
4 df1= pd.DataFrame(data)
5 df1
```

行索引

列索引

	0	1
0	69089350.97	2.117119e+09
1	24645655.45	2.521535e+09
2	43308885.95	2.094388e+09

图 6-5　DataFrame 对象示例

提 示

在 Pandas 中，当显示的某列数据中有超过 10 位的浮点数（数据长度等于整数位数和小数位数之和）时，系统自动以保留 6 位小数的科学计数法表示该列数据。

第 3 行代码定义了列表 data，data 是用于计算的初始数据。第 4 行代码根据 data 提供的数据创建了 DataFrame 对象 df1。第 5 行代码显示 DataFrame 对象 df1。

由于创建 df1 对象时，没有在 pd.DataFrame( ) 中明确给出行索引和列索引，因而系统自动给数据集添加了以数字标号的行索引和列索引。

2. 使用自定义索引创建 DataFrame 对象

创建 DataFrame 对象时，也可以使用 columns 参数为列添加列索引，使用 index 参数为行添加行索引。如图 6-6 所示的代码中，第 2 行代码使用 pd.DataFrame( ) 函数基于数据 data、列索引 columns 和行索引 index 三个参数创建 DataFrame 对象 df2，第 3 行代码显示 DataFrame 对象 df2。从显示结果中可以清楚地看出，三行数据分别是 2023 年、2022 年和 2021 年的数据，两列数据分别是应收票据和应收账款的数据。

```
1 # 使用columns参数添加列索引，index参数添加行索引
2 df2= pd.DataFrame(data,columns=['应收票据','应收账款'],index=['2023','2022','2021'])
3 df2
```

	应收票据	应收账款
2023	69089350.97	2.117119e+09
2022	24645655.45	2.521535e+09
2021	43308885.95	2.094388e+09

图 6-6　自定义行索引和列索引的 DataFrame 对象

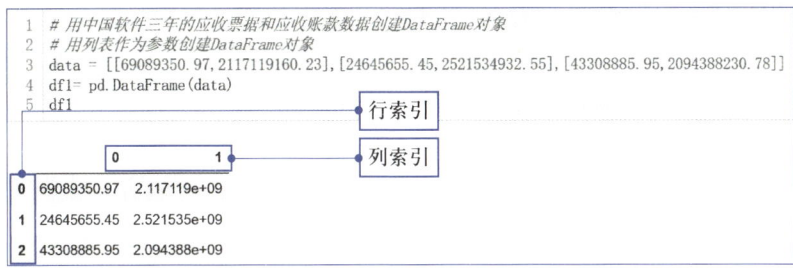

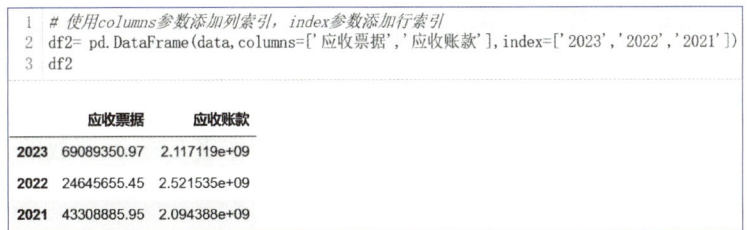

创建 DataFrame 对象就是要为数据添加行索引和列索引，从图 6-6 的输出结果中可以看出，基于列表 data 构造 DataFrame 对象后，原有数据就有了行索引和列索引。从数据分析的角度看，行索引和列索引使数据集的数据含义更明确、更形象。

3. 为行列索引添加名称

了解 DataFrame 数据结构

创建 DataFrame 对象后，可以使用 index.name 为行索引添加名称，使用 columns.name 为列索引添加名称。在如图 6-7 所示的代码中，分别为行索引添加了“年份”名称，为列索引添加了“项目”名称。

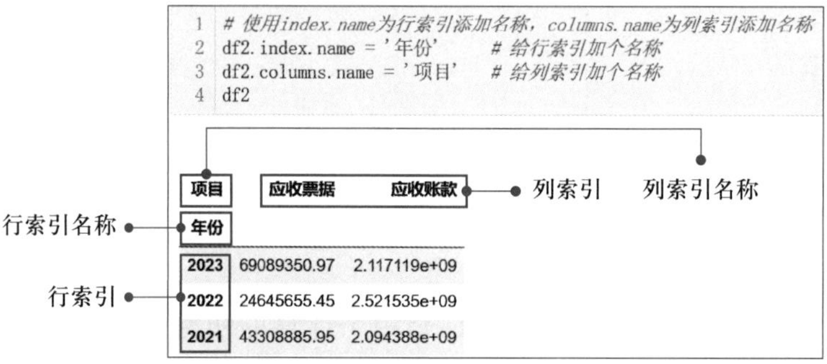

图 6-7　DataFrame 对象的 index.name 和 columns.name 示例

三、Pandas 读写数据

系统采集到的大量数据一般会存储在外部文件中，在数据分析时，经常需要将文件中的数据读入程序，并存储为 DataFrame 对象，在处理完数据后需要将数据再保存到外部文件。Pandas 提供了能完成数据文件读取和保存的方法，利用这些方法可以方便地访问文本文件、Excel 文件、网页文件和数据库文件等各种外部数据文件。

下面以财务数据处理中常用的 Excel 文件为例介绍文件的读取和保存。

（一）读取 Excel 文件

Pandas 提供了 read_excel() 函数来读取 Excel 文件，读取到的数据自动转换成 DataFrame 类型的数据。

现有一个名为“data.xlsx”文件，其中第一张工作表 UFSoft 存放的是用友网络 10 年的应收票据和应收账款数据，如图 6-8 所示。

	A	B	C	D
1	年份	应收票据	应收账款	
2	2023	144620284.00	2515167097.00	
3	2022	126356705.00	2125608454.00	
4	2021	160235162.00	1279716583.00	
5	2020	109916186.00	1041705688.00	
6	2019	133306487.00	1234210969.00	
7	2018	115302348.00	1389930749.00	
8	2017	123939211.00	1495152101.00	
9	2016	71493083.00	1608862312.00	
10	2015	53649381.00	1519699082.00	
11	2014	37513638.00	1476189106.00	
12				

UFSoft　CSoft

图 6-8　用友网络 10 年的应收票据和应收账款数据

在如图 6-9 所示的代码中，第 3 行代码使用 pd.read_excel() 函数读取当前文件夹下的“data.xlsx”文件，默认情况下将直接读取第一张工作表的数据，并且自动用读取的数据构造一个 DataFrame 对象，将此 DataFrame 对象赋值给 UFSoftDF 变量。第 4 行代码为查看 UFSoftDF 的内容。

```
1  # 读取Excel文件
2  import pandas as pd
3  UFSoftDF=pd.read_excel('data.xlsx')
4  UFSoftDF
```

	年份	应收票据	应收账款
0	2023	144620284	2515167097
1	2022	126356705	2125608454
2	2021	160235162	1279716583
3	2020	109916186	1041705688
4	2019	133306487	1234210969
5	2018	115302348	1389930749
6	2017	123939211	1495152101
7	2016	71493083	1608862312
8	2015	53649381	1519699082
9	2014	37513638	1476189106

图 6-9　读取 Excel 文件

比较图 6-8 与图 6-9 可以看出，DataFrame 对象自动将 Excel 表的列标题（年份、应收票据和应收账款）作为 UFSoftDF 的列索引，同时自动为 UFSoftDF 添加了从 0 到 9 的整数行索引。

（二）保存 Excel 文件

使用 to_excel() 函数可以将 DataFrame 对象中的数据保存到 Excel 文件中。如

使用 Pandas 读写 Excel 文件

图 6-10 所示的代码是将 UFSoftDF 中的数据保存到当前文件夹下的“aa.xlsx”文件中。

```
UFSoftDF.to_excel('aa.xlsx')    # 将数据存入Excel文件
```

图 6-10　将数据存入 Excel 文件

如果“aa.xlsx”文件已经存在，to_excel() 函数会先删除原来的“aa.xlsx”文件，再重新生成一个，保存的文件默认会包含 DataFrame 对象自动添加的行索引。在当前文件夹下打开“aa.xlsx”文件，如果可以看到如图 6-11 所示的数据，说明数据保存成功。

	A	B	C	D
1		年份	应收票据	应收账款
2	0	2023	144620284	2515167097
3	1	2022	126356705	2125608454
4	2	2021	160235162	1279716583
5	3	2020	109916186	1041705688
6	4	2019	133306487	1234210969
7	5	2018	115302348	1389930749
8	6	2017	123939211	1495152101
9	7	2016	71493083	1608862312
10	8	2015	53649381	1519699082
11	9	2014	37513638	1476189106
12				

图 6-11　“aa.xlsx”文件中的数据

任务实施

本任务主要完成两项操作，一是从 Excel 文件中读取中国软件财报数据，并将数据存储到 DataFrame 对象中；二是将 DataFrame 对象的数据保存到 Excel 文件中。

步骤 1：在 Jupyter Notebook 中新建一个 Python 程序，命名为项目六。

步骤 2：中国软件的相关数据存储在“data.xlsx”文件中的 CSoft 工作表中，使用 pd.read_excel() 函数从该文件中读取 CSoft 工作表的数据，并用此数据构造 DataFrame 对象 CSoftDF，为后续数据分析做好准备。代码如下：

```
import pandas as pd
# 读取 CSoft 工作表数据
```

```
CSoftDF=pd.read_excel('data.xlsx',sheet_name='CSoft')# 读取 Excel 文件 CSoft 工作表
CSoftDF    # 显示对象
```

运行代码，结果如图 6-12 所示。

```
1 import pandas as pd
2 # 读取CSoft工作表数据
3 CSoftDF=pd.read_excel('data.xlsx',sheet_name='CSoft')  # 读取Excel文件CSoft工作表
4 CSoftDF    # 显示对象
```

	年份	应收票据	应收账款
0	2023	6.908935e+07	2.117119e+09
1	2022	2.464566e+07	2.521535e+09
2	2021	4.330889e+07	2.094388e+09
3	2020	6.323676e+07	2.093658e+09
4	2019	6.523072e+07	1.343253e+09
5	2018	8.148441e+07	1.470281e+09
6	2017	6.460131e+07	1.122009e+09
7	2016	1.214020e+08	1.188219e+09
8	2015	8.646811e+07	1.112957e+09
9	2014	2.275242e+07	9.987548e+08

图 6-12　读取中国软件的相关数据

代码功能释义如下：

第 1 行代码导入 pandas 包。

第 3 行代码使用 pandas 的 read_excel( ) 函数读取名为“data.xlsx”的文件数据，并将这些数据保存到 DataFrame 对象 CSoftDF 中。Excel 文件可能会包含多张工作表，使用参数 sheet_name='CSoft' 可指明要读取名为 Csoft 的工作表数据。

知识扩展

读取 Excel 文件时，还可以使用工作表编号来指定要读取的工作表，工作表编号从 0 开始，顺序编号。例如，本步骤读取 CSoft 工作表的数据，也可以使用下面的代码：

```
CSoftDF=pd.read_excel('data.xlsx',sheet_name=1)
```

sheet_name=1 说明 Csoft 工作表是“data.xlsx”文件中的第 1 张工作表，它前面还有一张编号为 0 的工作表。

步骤 3：若数据分析时不需要工作表中的所有数据，而是只需要部分数据，则可使用 usecols 参数指定需要读取的列。下面的代码导入 Excel 工作表中指定列的数据。

```
# 通过 usecols 参数导入指定的列
# 读取 Excel 文件 CSoft 工作表的数据 , 导入中国软件的应收票据
CSoftDF=pd.read_excel('data.xlsx',sheet_name='CSoft',usecols='A,B')
CSoftDF
```

运行代码，结果如图 6-13 所示。

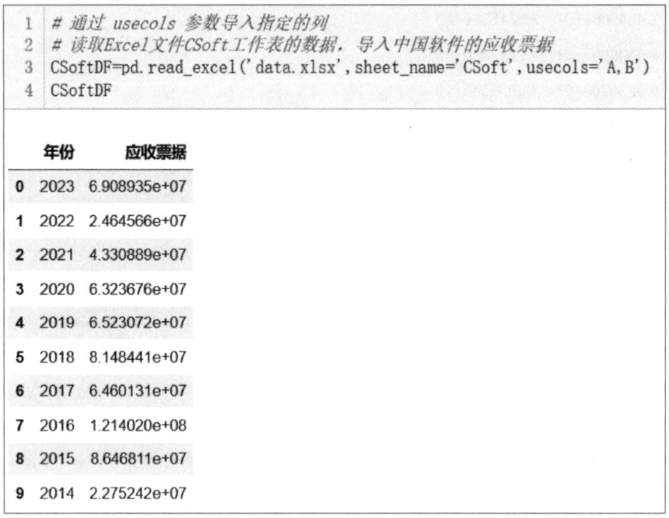

```
1 # 通过 usecols 参数导入指定的列
2 # 读取Excel文件CSoft工作表的数据，导入中国软件的应收票据
3 CSoftDF=pd.read_excel('data.xlsx',sheet_name='CSoft',usecols='A,B')
4 CSoftDF
```

	年份	应收票据
0	2023	6.908935e+07
1	2022	2.464566e+07
2	2021	4.330889e+07
3	2020	6.323676e+07
4	2019	6.523072e+07
5	2018	8.148441e+07
6	2017	6.460131e+07
7	2016	1.214020e+08
8	2015	8.646811e+07
9	2014	2.275242e+07

图 6-13　导入中国软件的应收票据列数据

代码功能释义如下：

第 3 行代码使用 usecols='A,B' 参数指明要读取“data.xlsx”文件的 CSoft 工作表的 A 列和 B 列，这样就将中国软件的年份和应收票据的数据读到 CSoftDF 中。

思 考

试着读取中国软件的应收账款数据，应该如何操作？

步骤 4：读取 Excel 文件 CSoft 工作表，导入表中前两行的数据，代码如下：

```
# 通过 nrows 参数导入指定的行
# 读取 Excel 文件 CSoft 工作表 , 导入表中前两行的数据
import pandas as pd
```

```
CSoftDF=pd.read_excel('data.xlsx',sheet_name='CSoft',nrows=2)
CSoftDF
```

运行代码，结果如图 6-14 所示。

```
1 # 通过 nrows参数导入指定的行
2 # 读取Excel文件CSoft工作表，导入中国软件前两行的数据
3 import pandas as pd
4 CSoftDF=pd.read_excel('data.xlsx',sheet_name='CSoft',nrows=2)
5 CSoftDF
```

	年份	应收票据	应收账款
0	2023	69089350.97	2.117119e+09
1	2022	24645655.45	2.521535e+09

图 6-14　导入中国软件前两行的数据

代码功能释义如下：

第 4 行代码使用 nrows=2 参数指明要读取“data.xlsx”文件 CSoft 工作表的前两行数据，这样就会将 CSoft 工作表的前两行数据读取到 CSoftDF 中了。

思考

试着读入 Excel 文件 CSoft 工作表前三行的应收账款数据，应该如何操作？

前面四个步骤将 Excel 文件中的数据读到 DataFrame 对象 CSoftDF 中，之后就可以根据数据处理的需要在 CSoftDF 上进行操作，操作完成后再将 CSoftDF 中的数据保存到 Excel 文件中。本任务不涉及对数据进行的具体操作，只介绍如何读取和保存 Excel 文件。下面将讲解如何把 DataFrame 对象中的数据保存到 Excel 文件中。

步骤 5：根据 data 字典中的数据创建 DataFrame 对象 CSoftDF。代码如下：

```
# 用中国软件三年的应收票据和应收账款数据创建 DataFrame 对象
# 用字典作为参数创建 DataFrame 对象
data={'应收票据':[69089350.97,24645655.45,43308885.95],
      '应收账款':[2117119160.23,2521534932.55,2094388230.78]}

CSoftDF=pd.DataFrame(data,index=['2023','2022','2021'])
CSoftDF.index.name='年份'          # 给行索引加个名称
CSoftDF
```

运行代码，结果如图 6-15 所示。

```
1 # 用中国软件三年的应收票据和应收账款数据创建DataFrame对象
2 # 用字典作为参数创建DataFrame对象
3 data = {'应收票据':[69089350.97,24645655.45,43308885.95],
4         '应收账款':[2117119160.23,2521534932.55,2094388230.78]}
5
6 CSoftDF= pd.DataFrame(data, index=['2023','2022','2021'])
7 CSoftDF.index.name = '年份'      # 给行索引加个名称
8 CSoftDF
```

	应收票据	应收账款
年份		
2023	69089350.97	2.117119e+09
2022	24645655.45	2.521535e+09
2021	43308885.95	2.094388e+09

图 6-15　用字典创建 DataFrame 对象

代码功能释义如下：

第 3 行和第 4 行代码定义了一个字典 data，在第 6 行代码中，以此字典为参数创建 DataFrame 对象 CSoftDF。使用字典作为参数创建 DataFrame 对象时，字典的键自动作为 DataFrame 对象的列索引，因此，第 6 行代码仅给出了行索引 index。

第 7 行代码为 DataFrame 对象 CSoftDF 设置了行索引名称。

步骤 6：调用 Pandas 的 to_excel( ) 函数，将 CsoftDF 中的数据存入 Excel 文件中，代码如下：

```
# 将中国软件 2021 年到 2023 年三年的相关数据写入 Excel 文件
CSoftDF.to_excel('data_1.xlsx')      # 将数据存入 Excel 文件
```

运行代码后，在 Jupyter Notebook 当前文件夹下创建一个新文件“data_1.xlsx”，若此文件已存在，该函数会先删除再重建该文件。在文件资源管理器中找到该文件，打开并查看其中的数据，如图 6-16 所示。

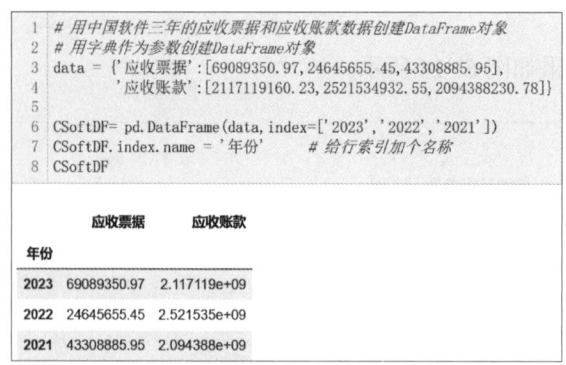

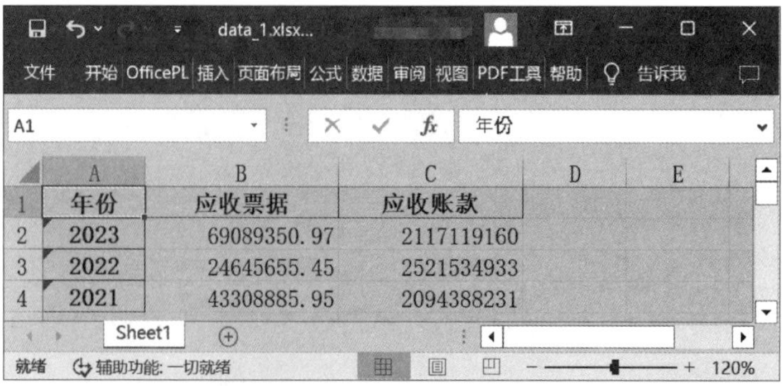

图 6-16　查看文件“data_1.xlsx”中的数据

任务二　查询中国软件资产负债表数据

任务说明

数据分析用的数据量通常都是比较大的，学会如何从大量数据中查询自己需要的数据是一个很重要的技能。本任务将完成查询资产负债表中指定行的数据、指定日期的数据或者指定项目的数据等操作。通过讲解 Pandas 在数据集上的索引和切片操作，帮助苏琳这样的初学者掌握从数据集中查询指定数据的方法。

相关知识

一、查询 Series 数据

查询 Series 数据时，既可以通过标签索引来定位元素，也可以通过位置索引来定位元素。

（一）查询单个元素

在如图 6-17 所示的代码中，第 3 行代码定义了一个 Series 对象 ser_obj，第 10 行代码使用位置索引访问单个数据，第 12 行代码使用标签索引访问单个数据。

（二）查询切片数据

在如图 6-18 所示的代码中，第 3 行代码通过位置索引对 ser_obj 数据进行切片，第 5 行代码通过标签索引对 ser_obj 数据进行切片。

（三）查询不连续的数据

在如图 6-19 所示的代码中，第 3 行代码通过标签索引访问 ser_obj 中不连续的数据。

查询 Series 数据

```
import pandas as pd
# 定义series对象
ser_obj = pd.Series([1, 2, 3, 4, 5], index=['a', 'b', 'c', 'd', 'e'])
print("ser_obj:")
print(ser_obj)
print("------------------------")

# 访问ser_obj的单个元素
print("ser_obj[3]:")          # 通过位置索引访问
print(ser_obj[3])
print("ser_obj['d']:")        # 通过标签索引访问
print(ser_obj['d'])
```

```
ser_obj:
a    1
b    2
c    3
d    4
e    5
dtype: int64
------------------------
ser_obj[3]:
4
ser_obj['d']:
4
```

图 6-17 访问 ser_obj 的单个元素

```
# 对ser_obj数据进行切片
print("ser_obj[0:4]:")          # 通过位置索引切片
print(ser_obj[0:4])
print("ser_obj['a':'d']:")      # 通过标签索引切片
print(ser_obj['a':'d'])
```

```
ser_obj[0:4]:
a    1
b    2
c    3
d    4
dtype: int64
ser_obj['a':'d']:
a    1
b    2
c    3
d    4
dtype: int64
```

图 6-18 查询切片

```
# 访问ser_obj中不连续的元素
print("ser_obj[['a','d','e']]:")    # 不连续的标签索引，多个索引值要用列表表示
print(ser_obj[['a','d','e']])
```

```
ser_obj[['a','d','e']]:
a    1
d    4
e    5
dtype: int64
```

图 6-19 查询不连续数据

二、查询 DataFrame 数据

（一）创建 DataFrame 对象

在查询数据前，先创建一个 DataFrame 对象，其代码及运行结果如图 6-20 所示。

```
1 import pandas as pd
2 import numpy as np
3 df = pd.DataFrame(np.random.rand(8,4),index=list('abcdefgh'),columns=['A','B','C','D'])
4 df
```

	A	B	C	D
a	0.597458	0.318613	0.368541	0.867274
b	0.464254	0.123374	0.340012	0.662142
c	0.882738	0.543568	0.002735	0.733686
d	0.741163	0.352756	0.059996	0.245708
e	0.336461	0.766250	0.751343	0.030826
f	0.338574	0.954280	0.188215	0.857962
g	0.869113	0.093828	0.746106	0.081094
h	0.823259	0.397093	0.158371	0.031854

图 6-20　创建 DataFrame 对象

第 3 行代码使用 np.random.rand( ) 函数创建一个 8 行 4 列的 DataFrame 对象。由于 random.rand( ) 函数是 Numpy 库提供的方法，所以要先在第 2 行代码中导入 Numpy 库。NumPy 库是一个功能强大的数学库，random.rand( ) 函数的功能是在 [0,1) 的范围内生成一个随机数。

注意 DataFrame 对象的 index 和 columns 的写法，index 的值是 list('abcdefgh')，其含义是将字符串 'abcdefgh' 使用 list( ) 函数转换成列表，即 list('abcdefgh') 的结果是 ['a','b','c','d','e','f','g','h']，因此 index=list('abcdefgh') 等价于 index=['a','b','c','d','e','f','g','h']。而 columns 直接被赋值一个列表 ['A','B','C','D']。

提 示

由于使用随机函数生成 DataFrame 对象，因此，读者运行代码生成的 DataFrame 对象可能会与这里的有所不同。

（二）获取数据

（1）可以使用“对象名 [列索引]”的方式来获取 DataFrame 对象的一列数据，使用“对象名 [[列索引 1，列索引 2，…]]”的方式来获取多列数据，示例代码如图 6-21 所示。

```
# 通过列索引取值
df['B']
```

```
a    0.251673
b    0.361654
c    0.005000
d    0.530788
e    0.180536
f    0.452742
g    0.855680
h    0.715134
Name: B, dtype: float64
```

图 6-21　获取 DataFrame 的列数据

（2）使用“对象名 [行索引 1：行索引 2]”的方式来获取 DataFrame 对象的一行或多行数据，示例代码如图 6-22 所示。

```
# 获取第0行数据，注意不包括第1行
df[0:1]
```

	A	B	C	D
a	0.597458	0.318613	0.368541	0.867274

```
# 获取第2行到第5行数据，注意不包括第5行
df[2:5]
```

	A	B	C	D
c	0.882738	0.543568	0.002735	0.733686
d	0.741163	0.352756	0.059996	0.245708
e	0.336461	0.766250	0.751343	0.030826

```
# 省略:左边的数值表示从首行开始
df[:2]
```

	A	B	C	D
a	0.597458	0.318613	0.368541	0.867274
b	0.464254	0.123374	0.340012	0.662142

```
# 省略:右边的数值表示至末行结束
df[6:]
```

	A	B	C	D
g	0.869113	0.093828	0.746106	0.081094
h	0.823259	0.397093	0.158371	0.031854

图 6-22　获取 DataFrame 的行数据

（3）可以使用“对象名 [列索引][行索引]”的形式来获取 DataFrame 对象中的某个值或某个矩形区域的值（即行列交叉处的数据），示例代码如图 6-23 所示。

```
# 取B行f列交叉处的值
df['B']['f']
```

```
0.9542800242720881
```

```
# 取B列、D列和a行至d行交叉处的值
df[['B','D']]['a':'d']
```

	B	D
a	0.318613	0.867274
b	0.123374	0.662142
c	0.543568	0.733686
d	0.352756	0.245708

图 6-23　获取 DataFrame 中行列交叉处的数据

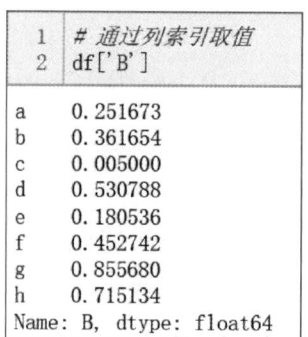

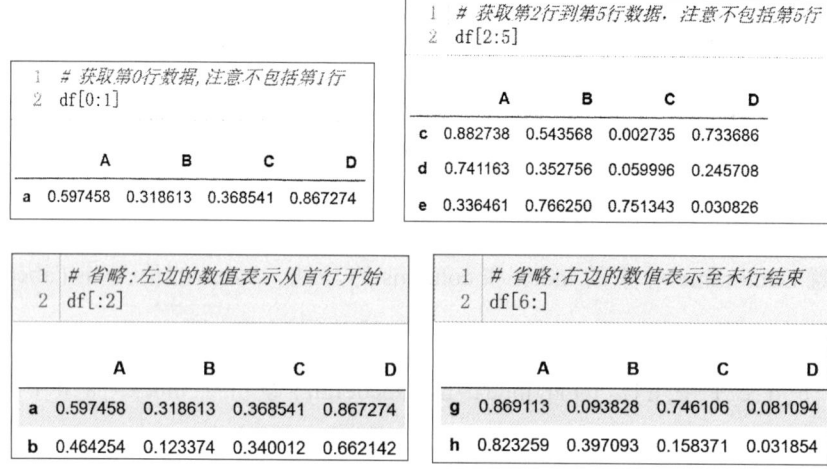

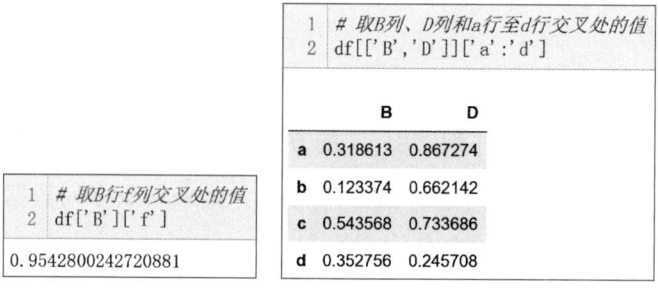

查询 DataFrame 数据

（三）获取数据集整体信息

可以用 Pandas 的 head() 函数显示数据集的前几行、tail() 函数显示数据集的后几行、info() 函数显示数据集相关信息，示例代码如图 6–24 至图 6–26 所示。

```
df.head()    # head(n)显示前n行数据（默认前5行）
```

	A	B	C	D
a	0.597458	0.318613	0.368541	0.867274
b	0.464254	0.123374	0.340012	0.662142
c	0.882738	0.543568	0.002735	0.733686
d	0.741163	0.352756	0.059996	0.245708
e	0.336461	0.766250	0.751343	0.030826

图 6–24　获取前几行数据

```
df.tail(3)    # 显示后3行
```

	A	B	C	D
f	0.338574	0.954280	0.188215	0.857962
g	0.869113	0.093828	0.746106	0.081094
h	0.823259	0.397093	0.158371	0.031854

图 6–25　获取后几行数据

```
df.info()    # 数据集相关信息概览：索引情况、列数据类型、非空值情况、内存使用情况

<class 'pandas.core.frame.DataFrame'>
Index: 8 entries, a to h
Data columns (total 4 columns):
 #   Column  Non-Null Count  Dtype
---  ------  --------------  -----
 0   A       8 non-null      float64
 1   B       8 non-null      float64
 2   C       8 non-null      float64
 3   D       8 non-null      float64
dtypes: float64(4)
memory usage: 640.0+ bytes
```

图 6–26　查看数据集相关信息

（四）使用 loc 方法和 iloc 方法获取 DataFrame 数据

前面讲述的方法虽然可以操作 DataFrame 数据，但这些操作并不能满足其他的一些数据获取需求，为此，Pandas 包提供了灵活的 loc 方法和 iloc 方法来访问 DataFrame 数据。

1. loc 方法

loc 方法是一种基于索引的数据访问方法，它可以基于 DataFrame 数据的行索引（index）和列索引（columns）来获取数据。

可以使用形如 df.loc[index_name,col_name] 的形式获取指定位置的数据，其中，index_name 和 col_name 的取值既可以是单个值，也可以是多个值。

（1）使用单个行索引获取某行数据。如果 loc[ ] 中只有单个行索引，则获取索引对应的一行数据。如图 6–27 所示的代码中，df.loc['a'] 选择的是行索引名为 'a' 的那行数据。

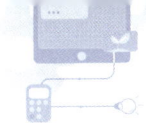

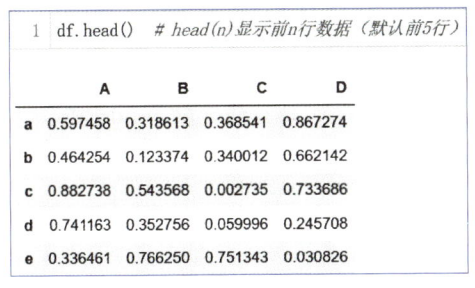

（2）使用多个行索引获取多行数据。选择多个行时，要将多个行索引放在一个列表中，示例代码如图 6-28 所示。

```
# 使用单个行标签访问单行数据
df.loc['a']
```

```
A      0.597458
B      0.318613
C      0.368541
D      0.867274
Name: a, dtype: float64
```

图 6-27　使用单个行标签获取某行数据

```
# 使用多个行标签获取多行数据
df.loc[['a','b','e']]
```

	A	B	C	D
a	0.597458	0.318613	0.368541	0.867274
b	0.464254	0.123374	0.340012	0.662142
e	0.336461	0.766250	0.751343	0.030826

图 6-28　使用多个行标签获取多行数据

无论使用 loc 方法是选择单个行索引还是多个行索引，loc['a'] 和 loc[['a','b','e']] 的本质还是 a[x,y] 的表示形式，只不过省略了列索引 y，而 x 分别是 'a' 和 ['a','b','e']。

（3）使用索引切片来获取对象。如图 6-29 所示的代码中，loc['a':'c','A'] 表示获取行索引是 ['a':'c']（从 a 行到 c 行）、列索引是 'A' 的数据。行索引和列索引间用英文逗号分隔，这也是形如 a[x,y] 的访问形式，x 的取值是列表 ['a':'c']，y 的取值是 'A'。

```
# 标签切片形式
df.loc['a':'c','A']   # 选择a,b,c三行的A列数据
```

```
a      0.597458
b      0.464254
c      0.882738
Name: A, dtype: float64
```

图 6-29　使用标签切片获取对象

2. iloc 方法

iloc 方法是基于位置的索引（即不使用行标签和列标签名，而是使用整数位置索引编号，位置索引编号均从 0 开始按顺序编制），利用数据元素在各个轴上的位置索引编号中进行数据的选择。当执行切片操作时，要注意切片的位置值只包含起始位置，不包含结束位置。

（1）仅使用行位置索引。与 loc 方法相同，若只使用一个维度，则表示对行进行选择，注意行下标从 0 开始，示例代码如图 6-30 所示。

（2）使用列表实现对多行数据的选择，从如图 6-31 所示的示例中可以看出，第 5、1 和 7 行对应的行索引是 f、b 和 h。

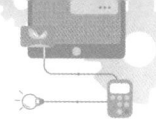

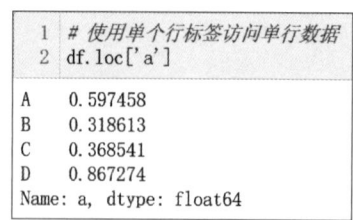

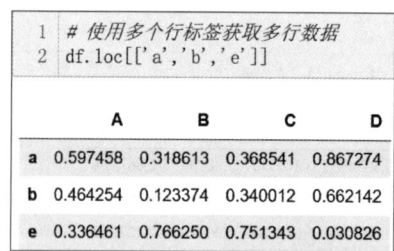

loc 和 iloc
的使用方法

```
# 使用位置索引
df.iloc[5]   # 获取第5行的所有列
```

```
A     0.338574
B     0.954280
C     0.188215
D     0.857962
Name: f, dtype: float64
```

图 6-30　仅使用行位置索引

```
# 使用列表来选择多行
df.iloc[[5,1,7]]   # [5,1,7]表示选择第5、1和7行
```

	A	B	C	D
f	0.338574	0.954280	0.188215	0.857962
b	0.464254	0.123374	0.340012	0.662142
h	0.823259	0.397093	0.158371	0.031854

图 6-31　使用列表选择多行数据

（3）使用位置切片来选择 DataFrame 数据，“只对行切片”和“对行和列切片”的示例代码分别如图 6-32 和图 6-33 所示。

```
# 省略列，只使用行位置切片
df.iloc[0:3]         # 选择第0、1、2行，不包括第3行
```

	A	B	C	D
a	0.597458	0.318613	0.368541	0.867274
b	0.464254	0.123374	0.340012	0.662142
c	0.882738	0.543568	0.002735	0.733686

图 6-32　只对行切片

```
# 对行和列进行切片
df.iloc[0:3,1:3]   # 选择0到3行（不包括3）、1到3列（不包括3）的数据
```

	B	C
a	0.318613	0.368541
b	0.123374	0.340012
c	0.543568	0.002735

图 6-33　对行和列切片

提 示

位置索引也是类似 a[x,y] 形式，而 x 和 y 可以有多种不同的写法。

任务实施

中国软件季报数据已经保存为“中国软件 -600536- 季报数据．xlsx”文件。该文件中的“资产负债表”是 Excel 中的一个工作表，里面包括中国软件从 2016 年 9 月到 2024 年 3 月的全部资产负债表季报数据。本任务将 Excel 文件数据读入计算机，并使用 Pandas 提供的各种查询方法获取所需要的数据。

步骤 1：输入下列代码，读取“中国软件 -600536- 季报数据．xlsx”文件中“资产负债表”工作表的数据，以供后续代码访问。

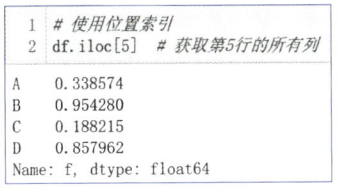

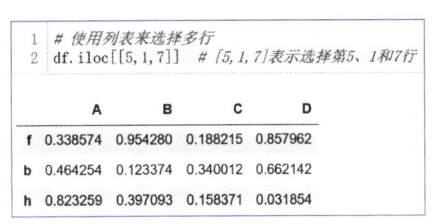

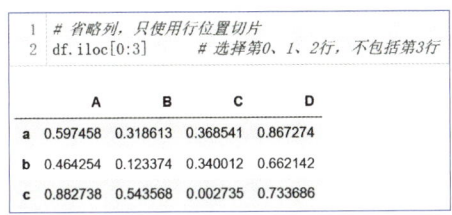

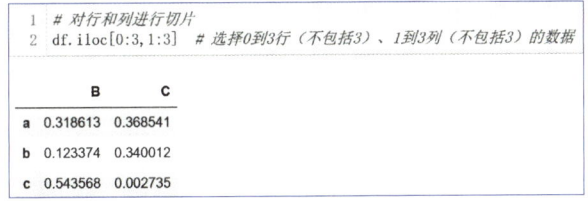

```
# 读取资产负债表
import pandas as pd       # 导入 Pandas 包
# 读取中国软件季报数据
df=pd.read_excel("中国软件-600536-季报数据.xlsx",sheet_name='资产负债表')
df
```

运行代码，结果如图 6-34 所示。

```
# 读取资产负债表
import pandas as pd      # 导入pandas包
# 读取中国软件季报数据
df=pd.read_excel("中国软件-600536-季报数据.xlsx",sheet_name='资产负债表')
df
```

	资产负债表	REPORTDATE	2024/3/31 0:00:00	2023/12/31 0:00:00	2023/9/30 0:00:00	2023/6/30 0:00:00	2023/3/31 0:00:00	2022/12/31 0:00:00	2022/9/30 0:00:00	2022/6/30 0:00:00	...	
0	流动资产:	NaN	NaN	NaN	NaN	NaN	NaN	NaN	NaN	NaN	...	
1	现金及存放中央银行款项	CASHANDDEPOSITCBANK	NaN	NaN	NaN	NaN	NaN	NaN	NaN	NaN	...	
2	存放同业款项	DEPOSITINFI	NaN	NaN	NaN	NaN	NaN	NaN	NaN	NaN	...	
3	贵金属	PRECIOUSMETAL	NaN	NaN	NaN	NaN	NaN	NaN	NaN	NaN	...	
4	货币资金	MONETARYFUND	1.357456e+09	1.945489e+09	1.253128e+09	1.589717e+09	1.411167e+09	2.364632e+09	1.581854e+09	1.896886e+09	...	1.5
...	...	...	...	...	...	...	隐藏了中间若干行数据		...	...	...	
134	其他综合收益	NaN	2.818179e+07	2.829483e+07	2.809390e+07	2.802451e+07	2.850702e+07	2.841447e+07	2.907940e+07	2.895429e+07	...	3.5

图 6-34　读取文件

提 示

由于读取的数据量较大，Pandas 将部分数据隐藏起来，并未显示，从上图中第 4 行下面的一行省略号可以注意到这一现象。同理，图 6-34 也仅截取了显示结果的一部分，完整数据共有 139 行 33 列（“139 rows × 33 columns”）。

步骤 2：执行步骤 1 之后，中国软件资产负债表数据已经存放到 df 对象中，从 df 对象中获取第 0 行到第 5 行的数据，代码如下：

```
# 采用列表选取方式获取某几行数据
df[:5]
```

运行代码，结果如图 6-35 所示。

```
1 # 采用列表选取方式获取某几行数据
2 df[:5]
```

	资产负债表	REPORTDATE	2024/3/31 0:00:00	2023/12/31 0:00:00	2023/9/30 0:00:00	2023/6/30 0:00:00	2023/3/31 0:00:00	2022/12/31 0:00:00	2022/9/30 0:00:00	2022/6/30 0:00:00	...
0	流动资产:	NaN	NaN	NaN	NaN	NaN	NaN	NaN	NaN	NaN	...
1	现金及存放中央银行款项	CASHANDDEPOSITCBANK	NaN	NaN	NaN	NaN	NaN	NaN	NaN	NaN	...
2	存放同业款项	DEPOSITINFI	NaN	NaN	NaN	NaN	NaN	NaN	NaN	NaN	...
3	贵金属	PRECIOUSMETAL	NaN	NaN	NaN	NaN	NaN	NaN	NaN	NaN	...
4	货币资金	MONETARYFUND	1.357456e+09	1.945489e+09	1.253128e+09	1.589717e+09	1.411167e+09	2.364632e+09	1.581854e+09	1.896886e+09	...

5 rows × 33 columns

图 6-35　获取某些行数据

代码功能释义：

第 2 行代码的 df[:5] 表示从 df 对象中取第 0 行到第 5 行（不包括第 5 行）的数据，[:5] 的写法是省略了冒号前的数，该数默认为 0，即 [0:5]。

步骤 3：使用 df.head( ) 函数查看资产负债表的前 3 行数据，代码如下：

```
# 采用 head( ) 函数访问前几行，默认显示前 5 行
#df.head( )      # 默认返回前 5 行数据
# 在 head( ) 中填入访问行数，可指定要查看的行数
df.head(3)      # 返回前 3 行数据
```

运行代码，结果如图 6-36 所示。

```
1 # 采用head()函数访问前几行，默认显示前5行
2 # df.head() # 默认返回前5行数据
3 # 在head()中填入访问行数，可指定要查看的行数
4 df.head(3) # 返回前3行数据
```

	资产负债表	REPORTDATE	2024/3/31 0:00:00	2023/12/31 0:00:00	2023/9/30 0:00:00	2023/6/30 0:00:00	2023/3/31 0:00:00	2022/12/31 0:00:00	2022/9/30 0:00:00	2022/6/30 0:00:00	...	2018/12/31 0:00:00	2018/9/30 0:00:00	2018/6/30 0:00:00
0	流动资产:	NaN	NaN	NaN	NaN	NaN	NaN	NaN	NaN	NaN	...	NaN	NaN	NaN
1	现金及存放中央银行款项	CASHANDDEPOSITCBANK	NaN	NaN	NaN	NaN	NaN	NaN	NaN	NaN	...	NaN	NaN	NaN
2	存放同业款项	DEPOSITINFI	NaN	NaN	NaN	NaN	NaN	NaN	NaN	NaN	...	NaN	NaN	NaN

3 rows × 33 columns

图 6-36　查看前 3 行数据

步骤 4：使用 df.tail( ) 函数查看资产负债表的后 2 行数据，代码如下：

```
# 采用 tail( ) 方式获取后几行数据，默认显示后 5 行
#df.tail( )      # 默认返回后 5 行数据
# 在 tail( ) 中填入访问行数，可指定要查看的行数
df.tail(2)      # 返回后 2 行数据
```

运行代码，结果如图 6-37 所示。

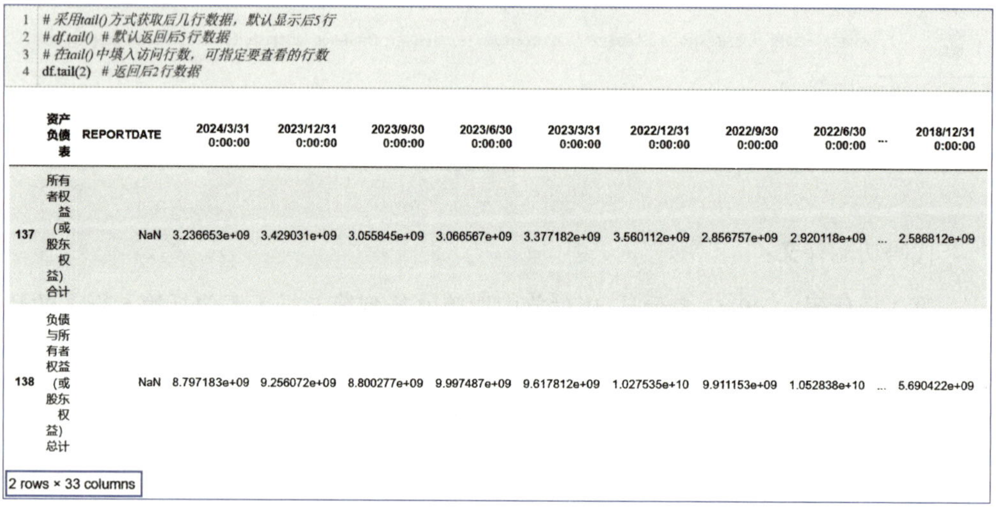

```
# 采用tail()方式获取后几行数据，默认显示后5行
# df.tail() # 默认返回后5行数据
# 在tail()中填入访问行数，可指定要查看的行数
df.tail(2) # 返回后2行数据
```

	资产负债表	REPORTDATE	2024/3/31 0:00:00	2023/12/31 0:00:00	2023/9/30 0:00:00	2023/6/30 0:00:00	2023/3/31 0:00:00	2022/12/31 0:00:00	2022/9/30 0:00:00	2022/6/30 0:00:00	...	2018/12/31 0:00:00
137	所有者权益（或股东权益）合计	NaN	3.236653e+09	3.429031e+09	3.055845e+09	3.066567e+09	3.377182e+09	3.560112e+09	2.856757e+09	2.920118e+09	...	2.586812e+09
138	负债与所有者权益（或股东权益）总计	NaN	8.797183e+09	9.256072e+09	8.800277e+09	9.997487e+09	9.617812e+09	1.027535e+10	9.911153e+09	1.052838e+10	...	5.690422e+09

2 rows × 33 columns

图 6-37　查看后 2 行数据

步骤 5：使用 df.loc 方法获取资产负债表中 2023 年 6 月的季报数据，代码如下：

```
# 获取资产负债表中的 2023 年 6 月的季报数据
assertDetReport1=df.loc[:,['资产负债表','2023/6/30 0:00:00']]
assertDetReport1
```

运行代码，结果如图 6-38 所示。

代码功能释义：

第 2 行代码中，df.loc[:,['资产负债表','2023/6/30 0:00:00']] 使用 loc 方法以 a[x,y] 形式来获取数据，其中省略了行索引（即省略 x），这表示取所有行数据；y 以列表形式表示获取列索引为“资产负债表”和“2023/6/30 0:00:00”的数据。

```
# 获取资产负债表中的2023年6月的季报数据
assertDetReport1 = df.loc[:,['资产负债表','2023/6/30 0:00:00']]
assertDetReport1
```

	资产负债表	2023/6/30 0:00:00
0	流动资产:	NaN
1	现金及存放中央银行款项	NaN
2	存放同业款项	NaN
3	贵金属	NaN
4	货币资金	1.589717e+09
...	...	...
134	其他综合收益	2.802451e+07
135	归属于母公司所有者权益合计	2.001207e+09
136	少数股东权益	1.065361e+09
137	所有者权益（或股东权益）合计	3.066567e+09
138	负债与所有者权益（或股东权益）总计	9.997487e+09

139 rows × 2 columns

图 6-38　获取季报数据

步骤 6：使用 df.iloc 方法获取资产负债表中的应收票据、应收账款、存货、流动资产合计、资产合计、流动负债合计、负债合计项目的所有数据，代码如下：

```
'''获取资产负债表中的应收票据、应收账款、存货、流动资产合计、
资产合计、流动负债合计、负债合计项目的所有数据'''
assertDetReport2=df.iloc[[12,13,28,33,65,102,118]]
assertDetReport2
```

运行代码，结果如图 6-39 所示[①]。

```
''' 获取资产负债表中的应收票据、应收账款、存货、流动资产合计、
资产合计、流动负债合计、负债合计项目的所有数据'''
assertDetReport2 = df.iloc[[12,13,28,33,65,102,118]]
assertDetReport2
```

	资产负债表	REPORTDATE	2024/3/31 0:00:00	2023/12/31 0:00:00	2023/9/30 0:00:00	2023/6/30 0:00:00	2023/3/31 0:00:00	2022/12/31 0:00:00	2022/9/30 0:00:00	2022/6/30 0:00:00	...	2018/12/31 0:00:00
12	应收票据	BILLREC	1.213270e+08	6.908935e+07	6.929185e+07	1.018519e+08	2.621424e+07	2.464566e+07	4.473868e+07	4.413087e+07	...	8.147441e+07
13	应收账款	ACCOUNTREC	1.978437e+09	2.117119e+09	2.124386e+09	2.439191e+09	2.354005e+09	2.521535e+09	2.357604e+09	2.554931e+09	...	1.470281e+09
28	存货	NaN	1.230533e+09	9.765566e+08	1.315813e+09	1.708711e+09	1.730741e+09	1.553656e+09	2.194284e+09	2.204942e+09	...	1.010235e+09
33	流动资产合计	NaN	6.119281e+09	6.313166e+09	6.063863e+09	7.217763e+09	6.774987e+09	7.397523e+09	7.283727e+09	7.956654e+09	...	4.459617e+09

图 6-39　获取资产负债表的多行数据

① 同前，图 6-39 仅截取了显示结果的一部分。

代码功能释义：

第 1 行和第 2 行代码使用 Python 中的三引号标注了一个多行注释。

第 3 行代码使用 iloc[[12,13,28,33,65,102,118]] 的方法，根据给定的行位置索引获取相应行的数据，并将返回的数据集存放在 DataFrame 对象 assertDetReport2 中。资产负债表中应收票据、应收账款、存货、流动资产合计、资产合计、流动负债合计、负债合计这些项目对应的行位置索引分别为 12，13，28，33，65，102，118。

技能训练 >>>

一、单选题

1. 下列选项中，描述不正确的是（　　）。

A. Pandas 只有 Series 和 DataFrame 这两种数据结构

B. Series 是一维的数据结构

C. DataFrame 是二维的数据结构

D. Series 和 DataFrame 都可以重置索引

2. 下列选项中，描述正确的是（　　）。

A. Series 是一维的数据结构，其索引在右，数据在左

B. DataFrame 是二维的数据结构，并且该结构具有行索引和列索引

C. Series 结构中的数据不可以进行算术运算

D. Series 对象只提供了 index 属性

3. 下列选项中，描述不正确的是（　　）。

A. Pandas 只提供了读取文本文件、Excel 文件的函数

B. 从 Excel 文件中读入的数据，系统会自动转换成 DataFrame 对象

C. read_excel( ) 函数用来读取 Excel 文件

D. Pandas 提供了将数据写入到外部文件中的方法

4. 下列程序执行后的输出结果为（　　）。

```
import pandas as pd
data=[[68,56,88],[86,52,71],[88,79,89]]
df=pd.DataFrame(data,columns=['语文','数学','英语'])
```

```
df['语文'][1]
```

A. 68　　B. 86

C. 88　　D. 报错

5. 使用上一题的数据集 df，语句 df.loc[1:2,' 语文 '] 执行后的结果是（　　）。

A. 1　　86

2　　88

Name：语文，dtype：int64

B. 0　　68

1　　86

Name：语文，dtype：int64

C. 1　　52

2　　79

Name：语文，dtype：int64

D. 0　　56

1　　52

Name：语文，dtype：int64

二、实操题

1. 创建如图 6-40 所示的 DataFrame 对象，并针对此对象，完成下面的操作：

（1）输出 x 列的数据。

（2）输出前两行数据。

（3）输出 x 列和 z 列的数据。

（4）输出前两列数据。

（5）输出后两行数据。

（6）输出第 1 行和第 3 行数据。

	x	y	z
0	1.0	1	a
1	2.0	2	b
2	3.0	3	c

图 6-40　DataFrame 对象

2. 根据素材文件“data_sheet.xlsx”，完成下面的操作：

（1）读取此 Excel 文件中名为 CSoft 的工作表数据，这是取自中国软件从 2016 年 9 月至 2024 年 3 月的资产负债表的相关数据。

（2）通过 usecols 参数导入中国软件的资产合计列数据。

（3）通过 nrows 参数导入中国软件 2023 年的所有数据。

（4）将（3）的查询结果存入一个新的 Excel 文件中，将该文件命名为“data_sheet1.xlsx”。

3. “中国软件 -600536- 季报数据. xlsx”文件的“利润表”保存了中国软件从 2016 年 9 月到 2024 年 3 月的全部利润表季报数据。请根据此数据完成下面的操作。

（1）读入此文件中名为“利润表”的工作表数据。

（2）查询利润表的营业总收入项及明细项数据。

（3）采用 head() 函数获取利润表的前 9 行数据。

（4）查询利润表的“一、营业总收入”“二、营业总成本”数据。

项目评价表 >>>

学习效果评价表				
任务序号	任务内容	任务清单	权重	
任务一	使用 Pandas 操作中国软件财报数据	导入 Pandas 包	10%	50%
		创建 Series 对象	10%	
		创建 DataFrame 对象	10%	
		读取 Excel 文件数据	10%	
		向 Excel 文件写数据	10%	
任务二	查询中国软件资产负债表数据	查询 DataFrame 中的一列数据	10%	50%
		查询 DataFrame 中多列数据	10%	
		查询 DataFrame 的某一个值	10%	
		查询 DataFrame 中不连续的值	10%	
		使用 loc 方法查询数据	5%	
		使用 iloc 方法查询数据	5%	
实践能力评价表				
任务序号	任务内容	任务清单	权重	
技能训练一	Pandas 基础操作训练	辨识 Pandas 数据结构	5%	40%
		分析 Pandas 数据结构	5%	
		辨识 Pandas 文件操作	10%	

续表

实践能力评价表				
任务序号	任务内容	任务清单	权重	
技能训练一	Pandas 基础操作训练	使用“对象名［列索引］［行索引］”方法获取数据	10%	
		使用 loc 方法获取数据	10%	
技能训练二	操作 Pandas 数据	创建 DataFrame	10%	60%
		查询 DataFrame 的行列数据	10%	
	读入和保存 DataFrame 数据	读取 Excel 文件数据	5%	
		使用 usecols 参数读取指定列数据	5%	
		将数据写入 Excel 文件	10%	
	操作中国软件季报数据	读取中国软件季报数据	10%	
		查询中国软件季报数据	10%	

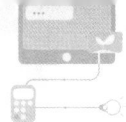

项目七

统计计算与分组运算

7

学习目标 >>>

知识目标

1. 掌握 Pandas 的统计运算、排序操作
2. 掌握 Pandas 的分组统计方法

能力目标

1. 能够使用 Pandas 统计函数进行统计运算
2. 能够使用 groupby() 方法，按照不同的规则进行分组

素养目标

1. 培养学生的科学统计思维和统计做决策能力
2. 培养学生的数据思维和素养，引导其积极运用数理统计方法分析和解决问题

学思践行 >>>

思维决定高度

现实工作中，人们常常被要求用数据说话。可是，数据自己是不能说话的，只有对它进行科学分析和深入挖掘才能找到有价值的信息。概率统计是数据分析的通用语言，是大数据时代预测未来的根基。陈希孺先生在其《数理统计学简史》的序中说道："统计学不止是一种方法或技术，还含有世界观的成分——它是看待世界上万事万物的一种方法。我们常讲某事从统计观点看如何如何，指的就是这个意思。但统计思想也有一个发展过程。因此统计思想（或观点）的养成，不单需要学习一些具体的知识，还要能够从发展的眼光，把这些知识连缀成一个有机的、清晰的图景，获得一种历史的厚重感。"思维决定高度，只有养成科学严谨的统计思维，

才能打好财务大数据分析的基础。

【思考与践行】作为大数据时代的年轻人，苏琳深知统计思维是数据分析的重要基础技能，她要努力训练自己具有统计思维，努力使自己成为建设祖国的有用之才、栋梁之材。

项目说明

通过前面项目的学习，苏琳已经掌握了将外部文件中的数据读入 Python 程序中的方法，接下来要对这些数据做一些简单的统计运算，从大量的数据中得到统计信息，为领导的下一步决策提供依据。Pandas 数据处理与分析的本质是数理统计方法，它为用户提供了非常多的描述性统计分析的指标和方法。

本项目通过对 MG 公司 2023 年销售数据的统计与计算等操作，掌握 Pandas 包中常用的统计方法，为后续的数据处理打牢基础。

项目分解

任务一　MG 公司 2023 年销售数据的统计计算

任务说明

MG 公司 2023 的年销售数据已经保存为“MG 公司 2023 年销售数据. xlsx”文件，现要对其中的“基础数据”工作表进行处理。本任务首先将 Excel 文件中的数据读入计算机后以合适的数据结构保存，然后统计 2023 年全年销售金额、每种商品的销售频次、销售的商品总数，最后计算平均值、最大值、最小值、标准差等多个统计指标。本任务通过讲解 Pandas 的基本统计操作，帮助苏琳这样的初学者掌握分析各种类型数据的方法，更深入地认识数据分析工具 Pandas。

相关知识

常见的统计函数有求最大值函数 max( )、最小值函数 min( )、求和函数 sum( )、求均值函数 mean( )、求分位数函数 quantile( ) 等。下面以文件“profits.xlsx”中的数据为例进行一些常见的统计计算。

导入存放中国软件相关季度数据的 Excel 文件，代码如图 7–1 所示。

```
import pandas as pd # 导入pandas包
# 导入profits.xlsx文件中的数据，其中包含了中国软件自2023年3月至2024年3月的季度数据
profitDF=pd.read_excel("profits.xlsx")
profitDF.index = ['2024/03','2023/12','2023/09','2023/06','2023/03']
profitDF
```

	营业总收入	营业总成本
2024/03	7.027060e+08	9.236727e+08
2023/12	6.723270e+09	7.206075e+09
2023/09	4.158623e+09	5.080905e+09
2023/06	2.534704e+09	3.281644e+09
2023/03	1.218349e+09	1.568481e+09

图 7–1　导入中国软件相关季度数据

一、求最大值和最小值

中国软件相关季度数据已经存放在 profitDF 数据集中，接下来要计算 2023 年 3 月到 2024 年 3 月间各季度的营业总收入和营业总成本的最大值、最小值以及各季度的营业总收入和营业总成本的总和，代码如图 7–2 所示。

第 2 行代码使用 print(profitDF.max( )) 命令输出 profitDF.max( ) 的值，即输出 profitDF 数据集中各列的最大值。max( ) 函数可以按列求各列的最大值，也可以按行求各行的最大值。由 max( ) 函数的 axis 参数来指定具体是行还是列计算：当 axis=0 时表示按列求各列最大值，当 axis=1 时表示按行求各行最大值。省略 axis 参数时表示按列求各列最大值。此行代码中，profitDF.max( ) 省略了 max( ) 函数的 axis

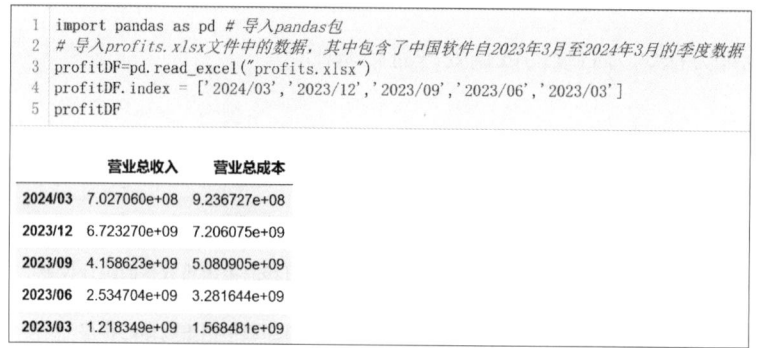

参数，其功能等价于 profitDF.max(axis=0)，两者都表示按列求各列最大值。

```
1  # 对每列统计
2  print(profitDF.max())      # 等价于print(profitDF.max(axis=0))
3  print("---------------")
4  print(profitDF.min())      # 等价于print(profitDF.min(axis=0))
5  print("---------------")
6  print(profitDF.sum())      # 等价于print(profitDF.sum(axis=0))
```

```
营业总收入    6.723270e+09
营业总成本    7.206075e+09
dtype: float64
----------------
营业总收入    7.027060e+08
营业总成本    9.236727e+08
dtype: float64
----------------
营业总收入    1.533765e+10
营业总成本    1.806078e+10
dtype: float64
```

图 7-2　对列进行统计

第 4 行代码和第 6 行代码分别对 profitDF 数据集的各列计算最小值和求和。min( ) 函数和 sum( ) 函数同样省略了 axis 参数，分别表示按列求各列最小值及对列求和。

若要按行进行最大值、最小值、求和等计算，可使用参数 axis=1。另外要注意，在计算时，这些统计函数是对数据集的所有列（或行）进行计算。

二、求均值

计算各季度的营业总收入和营业总成本的平均值，代码如图 7-3 所示。

```
print(profitDF.mean())
```

```
营业总收入    3.067530e+09
营业总成本    3.612155e+09
dtype: float64
```

图 7-3　计算均值

mean( ) 函数表示求平均值，DataFrame 的统计函数中都默认优先按列纵向计算，如果需要对行数据进行计算，在调用这些统计函数时，设置 axis=1 即可。

三、求和

使用 sum() 函数对中国软件“营业总收入”列和“营业总成本”列数据分别求和，代码如图 7-4 所示。

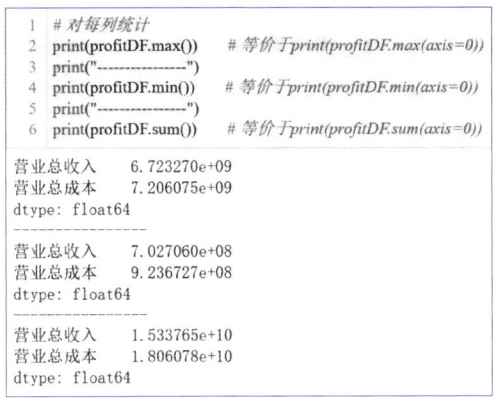

Pandas 的简单统计函数

```
# 将求和结果作为一行添加到原数据
profitDF.loc['总和'] = profitDF.sum()
profitDF
```

	营业总收入	营业总成本
2024/03	7.027060e+08	9.236727e+08
2023/12	6.723270e+09	7.206075e+09
2023/09	4.158623e+09	5.080905e+09
2023/06	2.534704e+09	3.281644e+09
2023/03	1.218349e+09	1.568481e+09
总和	1.533765e+10	1.806078e+10

图 7-4　求和

本次求和的结果作为新的一行，添加到 profitDF 数据集的末尾。当使用 loc 方法的行标签参数是数据集中不存在的标签时，将在数据集中增加对应的标签。这里 profitDF.sum() 函数是按列求和，因此将每列的和放在了最后的新增行中。

四、统计描述函数

上面介绍了常见的统计函数，但这些统计函数都只能完成各自相应的统计功能。下面介绍 Pandas 中的 describe() 函数，该方法可以一次性完成多个统计指标的计算。

如图 7-5 所示的代码使用 describe() 函数依次输出了数据集的行数（count）、平均值（mean）、标准差（std）、最小值（min）、第一四分位数（25%）、第二四分位数（50%）、第三四分位数（75%）、最大值（max）。

Pandas 的统计描述函数

```
profitDF.describe()
```

	营业总收入	营业总成本
count	6.000000e+00	6.000000e+00
mean	5.112551e+09	6.020259e+09
std	5.464685e+09	6.333343e+09
min	7.027060e+08	9.236727e+08
25%	1.547438e+09	1.996772e+09
50%	3.346664e+09	4.181275e+09
75%	6.082109e+09	6.674782e+09
max	1.533765e+10	1.806078e+10

图 7-5　describe() 输出

提　示

Pandas 的两个核心数据结构 Series 和 DataFrame，它们分别对应了一维数据序列和二维表结构。describe() 函数可用于返回这两个核心数据结构的统计结果，其目的在于观察这些数据的范围、大小、波动趋势等，为以后选择分析模型奠定基础。

任务实施

步骤 1：在 Jupyter Notebook 中创建新的 Python 程序，并命名为项目七。

步骤 2：在代码单元中输入下面的代码，读入素材文件“MG 公司 2023 年销售数据. xlsx”中名为“2023 年销售数据”工作表的数据，代码如下：

```
import pandas as pd       # 导入 Pandas 包
df=pd.read_excel("MG 公司 2023 年销售数据.xlsx",sheet_name='2023 年销售数据')
df
```

运行代码，结果如图 7-6 所示。

```
import pandas as pd   # 导入pandas包
df=pd.read_excel("MG公司2023年销售数据.xlsx",sheet_name='2023年销售数据')
df
```

	日期	序号	地域	签约单位名称（甲方）	产品名称	收入类别	销售金额	成本
0	2023-01-01	216	河北	中国运外股份有限公司	产品261	服务	6300.0	0.0000
1	2023-01-01	219	广东	迅腾控股有限公司	产品253	仪器	5200.0	3103.4500
2	2023-01-01	204	北京	建发股份有限公司	产品261	服务	2830.0	0.0000
3	2023-01-01	206	天津	唐大际国发电股份有限公司	产品145	仪器	11700.0	6034.4800
4	2023-01-01	206	天津	唐大际国发电股份有限公司	产品161	仪器	10000.0	5344.8300
...	...	...	...	...	...	...	...	...
505	2023-12-01	112	浙江	辉永超市股份有限公司	产品308	仪器	195800.0	35459.4125
506	2023-12-01	149	四川	城长汽车股份有限公司	产品176	软件	8800.0	4124.0000
507	2023-12-01	149	四川	城长汽车股份有限公司	产品176	软件	8800.0	4420.1600
508	2023-12-01	149	四川	城长汽车股份有限公司	产品176	软件	8800.0	4458.3600
509	2023-12-01	149	四川	城长汽车股份有限公司	产品44	软件	17600.0	0.0000

510 rows × 8 columns

图 7-6　读入素材文件中的数据

代码功能释义：

第 2 行代码使用 read_excel() 函数读取指定文件中的数据，并将其保存到 DataFrame 对象 df 中，df 中的数据一共有 510 行、8 列。

步骤 3：计算利润和利润率，并将计算结果作为新的两列添加到数据集 df 中，列名为“利润”和“利润率”，代码如下：

```
# 给数据集 df 增加 “ 利润 ” 列和 “ 利润率 ” 列
df['利润']=df['销售金额']-df['成本']            # 利润 = 销售金额 - 成本
```

```
df['利润率']=df['利润']/df['销售金额']*100   # 利润率 = 利润 / 销售金额 *100
df      # 显示数据集
```

运行代码，结果如图 7-7 所示。

```
# 给数据集df增加“利润”列和“利润率”列
df['利润']=df['销售金额']-df['成本']        # 利润=销售金额-成本
df['利润率']=df['利润']/df['销售金额']*100  # 利润率=利润/销售金额*100
df  # 显示数据集
```

	日期	序号	地域	签约单位名称（甲方）	产品名称	收入类别	销售金额	成本	利润	利润率
0	2023-01-01	216	河北	中国运外股份有限公司	产品261	服务	6300.0	0.0000	6300.0000	100.000000
1	2023-01-01	219	广东	迅腾控股有限公司	产品253	仪器	5200.0	3103.4500	2096.5500	40.318269
2	2023-01-01	204	北京	建发股份有限公司	产品261	服务	2830.0	0.0000	2830.0000	100.000000
3	2023-01-01	206	天津	唐大际国发电股份有限公司	产品145	仪器	11700.0	6034.4800	5665.5200	48.423248
4	2023-01-01	206	天津	唐大际国发电股份有限公司	产品161	仪器	10000.0	5344.8300	4655.1700	46.551700
...	...	...	...	...	...	...	...	...	...	...
505	2023-12-01	112	浙江	辉永超市股份有限公司	产品308	仪器	195800.0	35459.4125	160340.5875	81.889983
506	2023-12-01	149	四川	城长汽车股份有限公司	产品176	软件	8800.0	4124.0000	4676.0000	53.136364
507	2023-12-01	149	四川	城长汽车股份有限公司	产品176	软件	8800.0	4420.1600	4379.8400	49.770909
508	2023-12-01	149	四川	城长汽车股份有限公司	产品176	软件	8800.0	4458.3600	4341.6400	49.336818
509	2023-12-01	149	四川	城长汽车股份有限公司	产品44	软件	17600.0	0.0000	17600.0000	100.000000

510 rows × 10 columns

图 7-7　给数据集添加列

从图 7-7 的结果可以看出，表的最后增加了两列，现在一共是 510 行、10 列数据。

步骤 4：计算 2023 年全年销售金额合计，即在 df 数据集中统计“销售金额”这一列的总和，代码如下：

```
print("2023 年全年销售金额合计 :")
df['销售金额'].sum()      # 对 “ 销售金额 ” 列求和
```

运行代码，结果如图 7-8 所示。

```
print("2023年全年销售金额合计：")
df['销售金额'].sum()  # 对“销售金额”列求和
```

```
2023年全年销售金额合计：
75836125.8
```

图 7-8　对列求和

代码功能释义：

第 2 行代码采用“df 对象名 ['列名'].sum()”的形式，对指定数值型的列进行 sum() 求和，并将结果显示。也可以使用 print(df['销售金额'].sum()) 语句进行输出。

步骤 5：计算“销售金额”列的均值、最大值和最小值，并将结果输出，代码如下：

```
# 对“销售金额”列求均值，最大值，最小值等
print(df['销售金额'].mean(),'\t',df['销售金额'].max(),'\t',df['销售金额'].min())
```

运行代码，结果如图 7-9 所示。

```
# 对'销售金额'列求均值，最大值，最小值等
print(df['销售金额'].mean(),'\t',df['销售金额'].max(),'\t',df['销售金额'].min())

148698.28588235294          9120000.0          21.0
```

图 7-9　求均值，最大值，最小值

步骤 6：如果要一次性完成多个统计指标的计算，可以对“销售金额”列作统计性描述操作，代码如下：

```
# 对“销售金额”作统计性描述
print("销售金额的统计描述 :")
df['销售金额'].describe()
```

运行代码，结果如图 7-10 所示。

```
# 对'销售金额'作统计性描述
print("销售金额的统计描述：")
df['销售金额'].describe()

销售金额的统计描述：

count    5.100000e+02
mean     1.486983e+05
std      6.377470e+05
min      2.100000e+01
25%      2.807500e+03
50%      1.200000e+04
75%      5.095350e+04
max      9.120000e+06
Name: 销售金额, dtype: float64
```

图 7-10　统计性描述

代码运行结果释义如下：

count：统计了“销售金额”列的元素个数，每条销售记录对应一个销售金额，因此，count 统计的其实是销售记录数。

mean：计算所有商品销售金额的均值。

std：计算销售金额的标准差。

min：计算销售金额的最小值。

25%：即第一四分位数，表示销售金额从小到大排序时，此数位于第 1/4 分位点处。

50%：即第二四分位数，表示销售金额从小到大排序时，此数位于第 1/2 分位点处；观察此数与均值的大小，可发现此分位点数小于均值，说明一半以上的销售

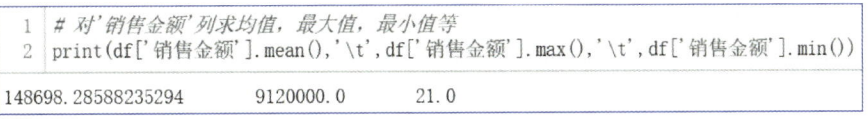

金额都低于平均销售金额。

75%：即第三四分位数，表示销售金额从小到大排序时，此数位于第 3/4 分位点处。

max：计算销售金额的最大值。

Pandas 提供的统计函数还有很多，由于篇幅有限，我们只能重点讲解部分函数，通过前面的学习，读者可以总结一下相关函数的使用方法，基本上都是通过“对象名 . 函数名 ()”这样的形式来调用的，掌握了方法之后，再碰到没有学习过的函数，结合网上查阅，就可以掌握更多的函数，实现更多的功能了。

步骤 7：举一反三，使用 value_counts( ) 函数展示每种商品的销售频次，代码如下：

```
# 统计每种商品的销售频次
# 使用 value_counts( ) 函数统计 “ 产品名称 ” 列不同值出现的频次
print("每种商品的销售频次为 :")
df['产品名称'].value_counts( )
```

运行代码，结果如图 7-11 所示。

```
# 统计每种商品的销售频次
# 使用value_counts()函数统计'产品名称'列不同值出现的频次
print("每种商品的销售频次为：")
df['产品名称'].value_counts()
```

```
每种商品的销售频次为：

产品261    41
产品68     21
产品44     20
产品123    12
产品138     9
          ..
产品104     1
产品222     1
产品53      1
产品32      1
产品162     1
Name: 产品名称, Length: 291, dtype: int64
```

图 7-11　使用 value_counts( ) 函数进行统计

步骤 8：举一反三，使用 count( ) 函数统计销售的商品总数，即按照“产品名称”统计个数，代码如下：

```
# 统计销售的商品总数
# 使用 count( ) 函数统计 “ 产品名称 ” 列中值的数量
```

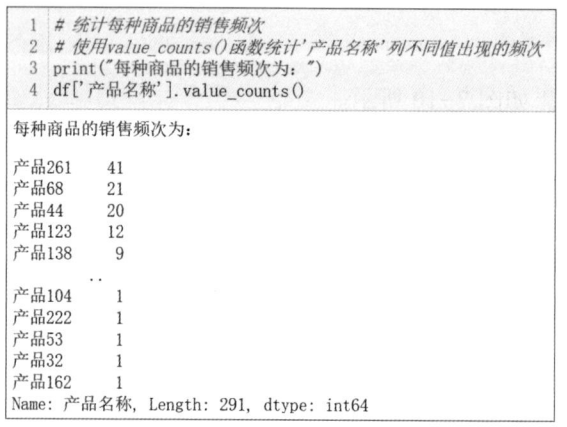

```
print("销售的商品总数为 :")
df['产品名称'].count()
```

运行代码，结果如图 7-12 所示。

```
# 统计销售的商品总数
# 使用count()函数统计'产品名称'列中值的数量
print("销售的商品总数为: ")
df['产品名称'].count()
```

```
销售的商品总数为:

510
```

图 7-12　使用 count() 函数进行统计

任务二　MG 公司 2023 年销售数据的排序

任务说明

在进行数据分析时，数据排序往往必不可少。本任务要将 MG 公司 2023 年销售数据按照“利润”列的值从大到小排，或者从小到大排序，从而判断以时间段和地区为维度的销售利润的排名情况。本任务讲解 Pandas 排序的方法以及分位数函数的使用，理解分位数的含义，为管理者决策提供依据。

相关知识

一、数据排序

Pandas 支持两种排序方式：按行或列的索引名排序和按实际值排序。下面以任务一中的中国软件相关季度数据为例学习排序操作。

（一）按索引名排序

sort_index() 方法专门用于按数据集的索引标签名进行排序，示例代码如图 7-13 和图 7-14 所示。

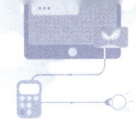

```
# 按列标签排序 默认为升序
profitDF.sort_index(axis=1) # 如果要按降序排序，设置ascending=False
```

	营业总成本	营业总收入
2024/03	9.236727e+08	7.027060e+08
2023/12	7.206075e+09	6.723270e+09
2023/09	5.080905e+09	4.158623e+09
2023/06	3.281644e+09	2.534704e+09
2023/03	1.568481e+09	1.218349e+09

图 7-13　按列标签排序

```
# 按行标签排序 默认为升序
profitDF.sort_index(axis=0,ascending=True) # ascending=True可省略，默认是升序
```

	营业总收入	营业总成本
2023/03	1.218349e+09	1.568481e+09
2023/06	2.534704e+09	3.281644e+09
2023/09	4.158623e+09	5.080905e+09
2023/12	6.723270e+09	7.206075e+09
2024/03	7.027060e+08	9.236727e+08

图 7-14　按行标签排序

Pandas 的排序方法

（二）按实际值排序

sort_values( ) 方法用于将数据集按实际值进行排序，示例代码如图 7-15 所示。

```
# 按值排序
profitDF.sort_values(by='营业总收入')  # 按"营业总收入"列的值排序
```

	营业总收入	营业总成本
2024/03	7.027060e+08	9.236727e+08
2023/03	1.218349e+09	1.568481e+09
2023/06	2.534704e+09	3.281644e+09
2023/09	4.158623e+09	5.080905e+09
2023/12	6.723270e+09	7.206075e+09

图 7-15　按实际值排序

二、分位数函数

Pandas 的分位数函数

pandas 中的 quantile( ) 函数是分位数函数，可使用参数 q 表示要计算的分位数，q 取值范围为 0 至 1 之间（包含 0 和 1），示例代码如图 7-16 所示。

从输出结果可以看出，营业总收入的二分位数是 2 534 703 976.32，这表明有一半的营业总收入大于此数，有一半的营业总收入小于此数。

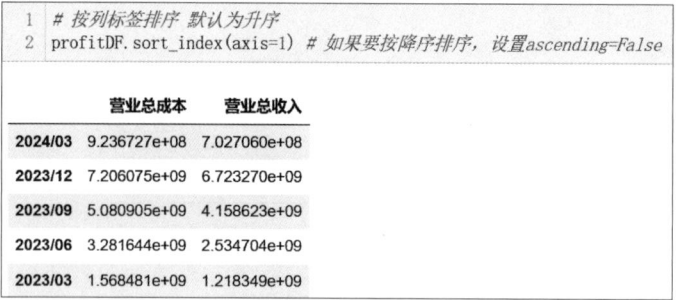

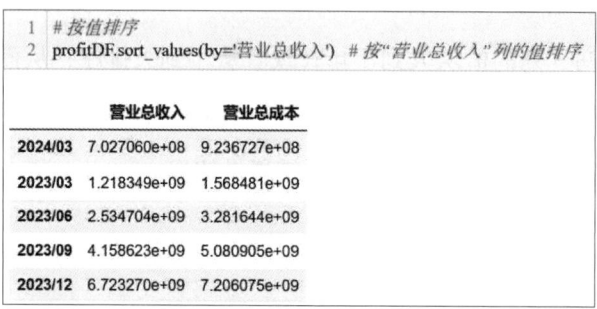

```
# 输出营业总收入的二分位数
profitDF.营业总收入.quantile() # 省略了参数q=0.5，默认为二分位数
```

```
2534703976.32
```

图 7-16　求分位数

思　考

输出营业总成本的二分位数。

知识扩展

分位数是统计学术语，可用于度量数据散布程度。假设将一组数递增排序，从这组数中挑选一些数，将整组数据分布划分成基本上大小相等的连贯集，那么这些挑选出来的数可称为分位数。位于某分位数右边的数比此分位数大，位于某分位数左边的数比此分位数小。

常见的分位数有二分位数，二分位数用排序后的数据集最中间的那个数，将数据集分成高低两半，即二分位数是最中间的那个数，也就是中位数。

四分位数也是常见的分位数，四分位数有三个数据值，这三个值用于把整个排序后的数据集分成四个相等的部分，即每部分都是整个数据集的四分之一。四分位数分别是处于数据集的 1/4 处、1/2 处、3/4 处。

另一个比较常见的分位数是百分位数，百分位数将数据集划分成 100 个大小相等的连贯集。

由于分位数是针对排序后的数据集进行划分的，所以，某个分位点就意味着其右侧数据超过该数据，而其左侧数据均未超过该数据。正是这个特点赋予了分位数对于数据分布的统计意义。

任务实施

步骤 1：任务一完成后，计算得到“利润”列，接下来使用 sort_values( ) 函数，按照“利润”列的值从大到小排序，或者从小到大排序，代码如下：

```
# 按照“利润”排序
#df['利润'].sort_values()                          # 升序排列
df['利润'].sort_values(ascending=False)      # 降序排列
```

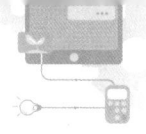

运行代码，结果如图 7-17 所示。

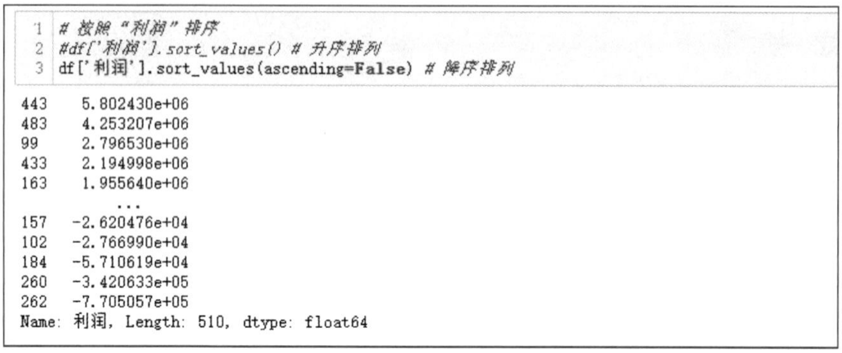

```
1  # 按照“利润”排序
2  #df['利润'].sort_values() # 升序排列
3  df['利润'].sort_values(ascending=False) # 降序排列

443     5.802430e+06
483     4.253207e+06
99      2.796530e+06
433     2.194998e+06
163     1.955640e+06
            ...
157    -2.620476e+04
102    -2.766990e+04
184    -5.710619e+04
260    -3.420633e+05
262    -7.705057e+05
Name: 利润, Length: 510, dtype: float64
```

图 7-17　使用 sort_values( ) 函数排序

从结果可以看出，第 443 行的利润值最高，第 262 行的利润值最低。

步骤 2：求排序后的二分位数，代码如下：

```
# 以下两种写法都可以求出二分位数
df['利润'].quantile( )      # 省略参数默认为求二分位数
#df. 利润.quantile( )
```

运行结果为：6175.149592646215，即 6.175149e+06。这个数据是数据集 df 中位于二分之一位置的数，在整个数据集中有 50% 的数达到了这个值，50% 的数没有达到。从这个结果可以看到中间数和排名第一的 5.802430e+06 差距还是很大的。

步骤 3：计算一下在 70% 位置的利润的值，代码如下：

```
df. 利润.quantile(q=0.7)       # 求 70% 位置的数据，默认是升序排列
```

运行结果为：19770.529533286004，即 1.9770529e + 04。这个数据是在升序排列后的基础上计算的，也就是说只有 30% 的数据超过这个值。根据分位数，管理者可以判断出有百分之多少的数据达到了目标。

任务三 MG 公司 2023 年销售数据的分组统计

任务说明

苏琳在对数据处理的过程中发现，很多工作是需要根据不同的分析需求对数据进行整合，比如需要统计某类数据的出现次数，或者需要按照不同级别来分别统计等。Pandas 完美支持了这样的功能。苏琳想继续学习分组统计的方法，掌握好 Pandas 中这些功能，提高数据处理的工作效率。

相关知识

一、分组与聚合的原理

在 Pandas 中，分组是指使用特定的条件将原数据划分为多个组；聚合是指对每个分组中的数据执行某些操作，最后将计算的结果进行整合，比如先分组再求和。

分组与聚合的过程大概分为以下三步：第一步，将数据集按照一些标准拆分为若干个组；第二步，将某个函数或方法（内置和自定义均可）应用到每个分组；第三步，将产生的新值整合到结果对象中。

二、groupby( ) 方法

在 Pandas 中，可以通过 groupby() 方法将数据集按照某些标准划分成若干个组，语法如下：

groupby(by=None,axis=0,sort=True)，其中：

by 是用于确定进行分组的依据；

axis 是表示分组轴的方向；

sort 是表示是否对分组标签进行排序，默认为 True。

groupby( ) 方法简介

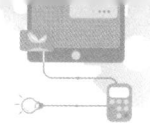

任务实施

步骤 1：将“销售金额”列按照“地域”列的值进行分组，并查看每组的情况，代码如下：

```
# 对 df 进行分组统计
# 将“销售金额”列按照“地域”列的值进行分组
df_gb1=df['销售金额'].groupby(df['地域'])
# 查看分组情况
for i in df_gb1:
    print(i)
```

运行代码，结果如图 7-18 所示。

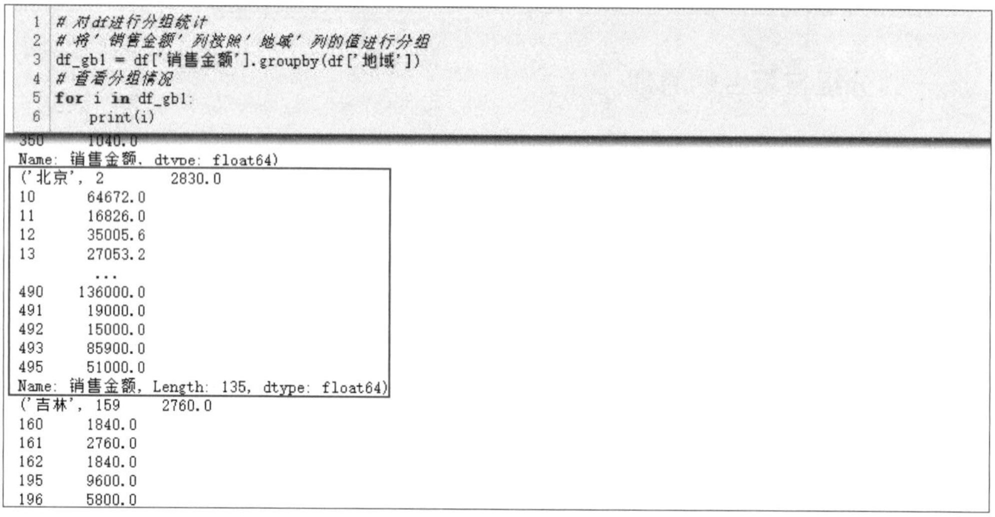

# 对df进行分组统计
# 将'销售金额'列按照'地域'列的值进行分组
df_gb1 = df['销售金额'].groupby(df['地域'])
# 查看分组情况
for i in df_gb1:
print(i)
Name: 销售金额, dtype: float64)
('北京', 2 2830.0
10 64672.0
11 16826.0
12 35005.6
13 27053.2
...
490 136000.0
491 19000.0
492 15000.0
493 85900.0
495 51000.0
Name: 销售金额, Length: 135, dtype: float64)
('吉林', 159 2760.0
160 1840.0
161 2760.0
162 1840.0
195 9600.0
196 5800.0

图 7-18　分组情况

按“地域”进行分组

由于篇幅有限，此处只截取了其中一个组，即北京地区的分组数据，每一组是用圆括号括起来的一个元组，元组中第一个元素为该组的名称，后面的内容是这组的具体数据。

步骤 2：对分组后的数据按组求和，代码如下：

```
# 对分组后的数据按组求和
df_gb1.sum()
```

运行代码，结果如图 7–19 所示。

```
# 对df进行分组统计
# 将'销售金额'列按照'地域'列的值进行分组
df_gb1 = df['销售金额'].groupby(df['地域'])
# 对分组后的数据按组求和
df_gb1.sum()
```

```
地域
上海      13814818.0
云南         16800.0
内蒙古      106432.0
北京      45776096.8
吉林        108700.0
四川         76800.0
天津        388668.0
宁夏         48800.0
安徽         62740.0
山东        275960.0
山西        313850.0
广东        462460.0
广西        144850.0
新疆          7553.0
江苏        781980.0
江西         63930.0
河北        568960.0
河南        494600.0
浙江       6441596.0
海南       3760000.0
湖北        585100.0
湖南           600.0
福建       1251832.0
贵州         49800.0
陕西        164200.0
青海         69000.0
Name: 销售金额, dtype: float64
```

图 7–19　分组统计示例一

从此结果可以看出，北京地区销售总额最高。可参照本项目任务二完成数据排序，以验证这一结果。

思　考

若要按组求均值、最大值和最小值呢？

步骤 3：也可以先将整个数据集按“地域”列分组，然后再针对分组后的各列进行统计，代码如下：

```
# 可以先将整个数据集按“地域”列分组，然后再针对分组后的各列进行统计
df_gb2=df.groupby('地域')
df_gb2['销售金额'].sum()
```

运行代码，结果如图 7–20 所示。

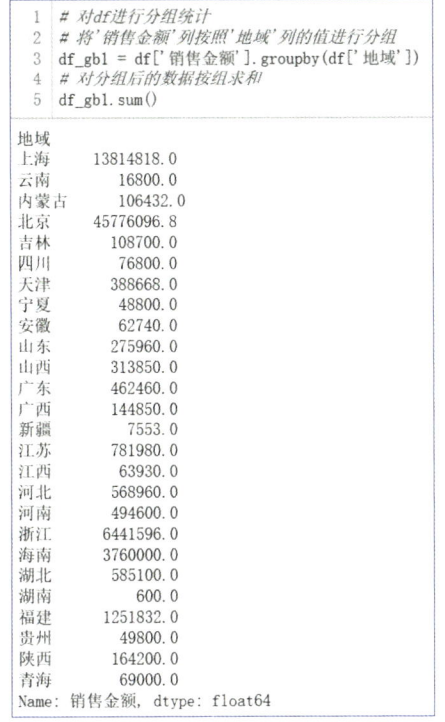

```
# 可以先将整个数据集按'地域'列分组，然后再针对分组后的各列进行统计
df_gb2 = df.groupby('地域')
df_gb2['销售金额'].sum()
```

```
地域
上海      13814818.0
云南         16800.0
内蒙古       106432.0
北京      45776096.8
吉林        108700.0
四川         76800.0
天津        388668.0
宁夏         48800.0
安徽         62740.0
山东        275960.0
山西        313850.0
广东        462460.0
广西        144850.0
新疆          7553.0
江苏        781980.0
江西         63930.0
河北        568960.0
河南        494600.0
浙江       6441596.0
海南       3760000.0
湖北        585100.0
湖南           600.0
福建       1251832.0
贵州         49800.0
陕西        164200.0
青海         69000.0
Name: 销售金额, dtype: float64
```

图 7-20　分组统计示例二

思 考

若要对利润进行求和呢？

步骤 4：将“利润”列按“签约单位名称（甲方）”列的值进行分组，或者将数据集按“签约单位名称（甲方）”列的值进行分组，然后求和，代码如下：

```
# 将“利润”列按“签约单位名称（甲方）”列的值进行分组
df_gb3=df['利润'].groupby(df['签约单位名称（甲方）'])
# 对分组后的各组数据求和
print(df_gb3.sum())


print('-----------------------')
# 将数据集按“签约单位名称（甲方）”列的值进行分组
df_gb3=df.groupby(df['签约单位名称（甲方）'])
# 对分组后的“利润”列求和
```

```
print(df_gb3['利润'].sum( ) )
```

运行代码，结果如图 7-21 所示。

```
# 将"利润"列按"签约单位名称（甲方）"列的值进行分组
df_gb3 = df['利润'].groupby(df['签约单位名称（甲方）'])
# 对分组后的各组数据求和
print(df_gb3.sum())

print('------------------------------')
# 将数据集按"签约单位名称（甲方）"列的值进行分组
df_gb3 = df.groupby(df['签约单位名称（甲方）'])
# 对分组后的'利润'列求和
print(df_gb3['利润'].sum())
```

```
签约单位名称（甲方）
LCT集团股份有限公司            25410.452855
上海东浦展发银行股份有限公司      441912.130000
上海工建集团股份有限公司          41401.380000
上海气电集团股份有限公司          21058.820000
上海联钢电子商务股份有限公司       18900.000000
                          ...
钢河股份有限公司              159254.790000
钢鞍股份有限公司              122105.990000
青岛尔海股份有限公司            26696.680000
风东汽车集团股份有限公司          74810.260000
马鞍山铁钢股份有限公司           25211.460000
Name: 利润, Length: 108, dtype: float64
------------------------------
签约单位名称（甲方）
LCT集团股份有限公司            25410.452855
上海东浦展发银行股份有限公司      441912.130000
上海工建集团股份有限公司          41401.380000
上海气电集团股份有限公司          21058.820000
上海联钢电子商务股份有限公司       18900.000000
                          ...
钢河股份有限公司              159254.790000
钢鞍股份有限公司              122105.990000
青岛尔海股份有限公司            26696.680000
风东汽车集团股份有限公司          74810.260000
马鞍山铁钢股份有限公司           25211.460000
Name: 利润, Length: 108, dtype: float64
```

图 7-21　分组统计示例三

思 考

如果要将“利润”列按照“收入类别”列的值进行分组，并对各组利润求和，应该如何操作？

步骤 5：按“地域”列对数据集分组后，再计算不同地域的利润率，代码如下：

```
# 按“地域”列对数据集分组后，再计算不同地域的利润率
df_gb5=df.groupby('地域')
df_gb5['利润'].sum( )/df_gb5['销售金额'].sum( )*100
```

运行代码，结果如图 7-22 所示。

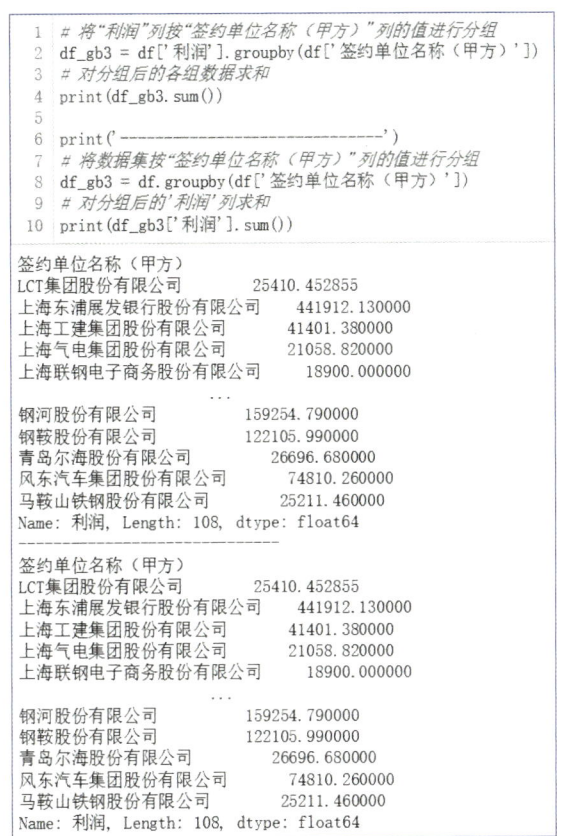

```
# 按'地域'列对数据集分组后，再计算不同地域的利润率
df_gb5 = df.groupby('地域')
df_gb5['利润'].sum()/df_gb5['销售金额'].sum()*100
```

```
地域
上海      64.405085
云南      45.761488
内蒙古     76.294451
北京      66.411996
吉林      44.890580
四川      69.213255
天津      59.218148
宁夏      75.095291
安徽      46.672139
山东      61.317669
山西      79.990699
广东      56.324328
广西      89.565040
新疆      72.934625
江苏      26.596064
江西      34.959163
河北      36.560162
河南      56.533885
浙江      59.776899
海南      74.094132
湖北      36.656983
湖南      37.880833
福建      72.481851
贵州      44.485908
陕西      53.106123
青海      66.691406
dtype: float64
```

图 7-22　分组统计示例四

思 考

如果要计算不同收入类别的利润率，应该如何操作？

步骤 6：对数据集按多列进行分组，代码如下：

```
# 同时按多个列对数据分组
# 按"地域"和"收入类别"对数据分组后，再统计相关信息
df_gb6=df.groupby(['地域','收入类别'])
print(df_gb6['利润'].sum())
print('-------------------------')
print(df_gb6['销售金额'].sum())
print('-------------------------')
print("输出不同'地域'、不同'收入类别'下的利润率:")
df_gb6['利润'].sum()/df_gb6['销售金额'].sum()*100
```

运行代码，结果如图 7-23 所示。

```
# 同时按多个列对数据分组
# 按'地域'和'收入类别'对数据分组后，再统计相关信息
df_gb6 = df.groupby(['地域','收入类别'])
print(df_gb6['利润'].sum())
print('——————————————————————————')
print(df_gb6['销售金额'].sum())
print('——————————————————————————')
print("输出不同'地域'、不同'收入类别'下的利润率：")
df_gb6['利润'].sum()/df_gb6['销售金额'].sum()*100
```

```
地域  收入类别
上海  仪器        6.623462e+05
      其他        6.698745e+05
      医废        5.460000e+04
      服务        4.071121e+05
      耗材        6.554061e+06
                  ...
陕西  仪器        8.610600e+02
      服务        2.049777e+04
      软件        6.584143e+04
青海  耗材        1.187930e+03
      软件        4.482914e+04
Name: 利润, Length: 82, dtype: float64
——————————————————————————
地域  收入类别
上海  仪器         1111528.0
      其他          864840.0
      医废          149600.0
      服务          445680.0
      耗材        10302780.0
                  ...
陕西  仪器            2100.0
      服务           24200.0
      软件          137900.0
青海  耗材            3300.0
      软件           65700.0
Name: 销售金额, Length: 82, dtype: float64
——————————————————————————
输出不同'地域'、不同'收入类别'下的利润率：

地域  收入类别
上海  仪器        59.588798
      其他        77.456464
      医废        36.497326
      服务        91.346287
      耗材        63.614488
                  ...
陕西  仪器        41.002857
      服务        84.701510
      软件        47.745779
青海  耗材        35.997879
      软件        68.233090
Length: 82, dtype: float64
```

图 7-23　按多列分组

通过以上根据不同条件分组的统计，可以从各方面得到我们想要的数据分析结果和信息。

技能训练 >>>

一、单选题

1. 下列函数中不是 Pandas 的统计计算函数的为（　　）。

A. mean() 函数　　　　B. sum() 函数

C. max() 函数　　　　D. print() 函数

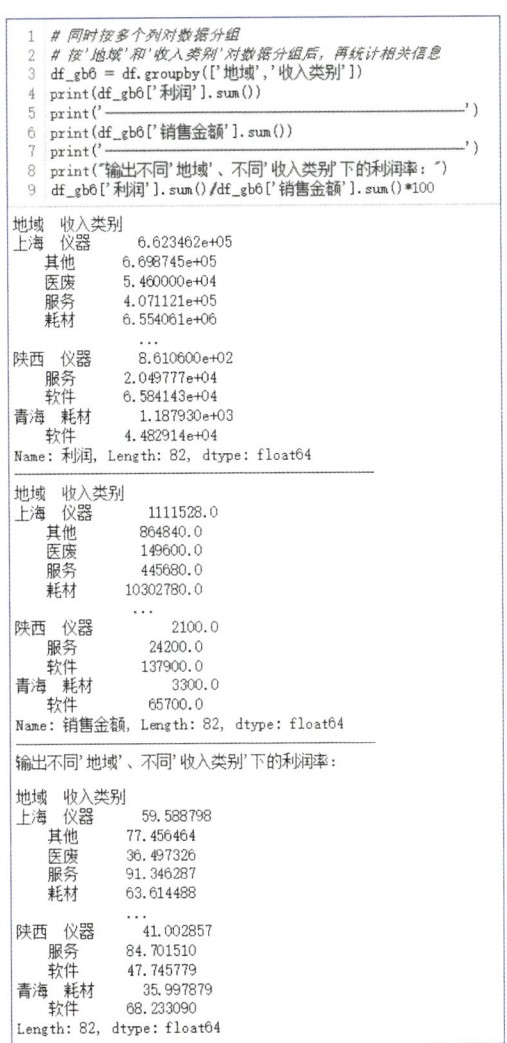

2. 下列选项中，可以一次性输出多个统计指标的方法是（　　）。

A. mean()　　B. median()

C. describe()　　D. sum()

3. 下列选项中，描述不正确的是（　　）。

A. sort_index() 函数专门用于按数据集的索引标签名进行排序

B. Pandas 支持按行或列的索引名排序和按实际值排序

C. sort 函数既可以按索引名排序又可以按实际值排序

D. sort_values() 函数用于将数据集按值进行排序

4. 下列选项中，关于 groupby() 的操作不正确的是（　　）。

A. list(df.groupby('系部'))

B. df.groupby(by='系部')

C. df.groupby('系部',sort=True)

D. df.groupby('系部','性别')

5. 对于如下数据集 df 的分组运算，下列选项对代码的解释是错误的为（　　）。

	系部	姓名	性别	比赛得分
1	会计系	李彦斌	男	89
2	信息系	赵科	男	79
3	金融系	章丽丽	女	68
4	会计系	王静	女	77
5	会计系	彭伟	男	67
6	信息系	金子轩	女	82

A. df.groupby('系部')，表示按“系部”进行分组

B. df.groupby(['系部','性别'])，表示按“系部”和“性别”进行分组

C. df.groupby('系部').sum()，表示按“系部”分组并求每个系部的比赛总分

D. df.groupby('性别').sum()，表示按“性别”分组并求男生和女生的总数

二、实操题

1. 根据表 7-1 中的数据，完成要求的操作。

表 7-1 产 品 信 息

单位：元

产品名称	品类	指导价	产品经理	年度目标
豹纹座	云座	60	陆路	730 000 000
皮纹座	云座	50	陆路	530 000 000
云纹座	云座	65	陆路	705 000 000
50W 四色	LED 彩	100	高林	1 050 000 000
50W 三色	LED 彩	85	高林	720 000 000
40W 白色	LED 大	60	赵小年	495 000 000
40W 黄色	LED 大	70	赵小年	540 000 000
50W 暖白	LED 大	80	赵小年	450 000 000

（1）创建 DataFrame 对象 products_info 存储上面的数据。

（2）输出“产品名称”列的信息。

（3）输出“产品经理”列和“年度目标”列的信息。

（4）将各产品“指导价”均上提 5 元。

（5）输出前两行产品的信息。

（6）输出任意两行产品的信息。

（7）将表 7-2 中所示的两个产品信息增加到 DataFrame 对象 products_info 中。

表 7-2 新增的产品信息

单位：元

产品名称	品类	指导价	产品经理	年度目标
12W 黄色	LED 小	25	赵小年	135 000 000
12W 白色	LED 小	18	赵小年	90 000 000

（8）按“年度目标”列将数据集进行排序（从小到大排序或从大到小排序）。

（9）计算所有产品经理年度目标中的最高年度目标、最低年度目标和平均年度目标。

2. 素材文件“销售数据 .xlsx”中存放了某公司所有门店 2024 年前半年的销售

数据，请根据此文件完成下面的操作。

（1）将“销售数据. xlsx”中的“销售数据”工作表数据读入 DataFrame 对象 sales_data 中。

（2）计算每笔销售业务的销售金额，并将计算结果新增到 sales_data 中（销售金额 = 销售数量 × 单价）。

（3）计算 2024 年前半年的合计销售金额。

（4）统计 2024 年前半年销售业务中，各产品的最大销售量。

（5）统计 2024 年前半年销售业务中，各门店各产品的销售金额合计。

（6）计算每个月份每种产品的总销量。

（7）对每个月的销售数量进行统计性描述输出。

（8）对每个门店的销售金额进行统计性描述输出。

（9）统计 2024 年前半年每种产品的销售频次。

（10）计算每个月的销售利润总和，并按升序排序计算结果。

项目评价表 >>>

<table>
<tr><th colspan="5">学习效果评价表</th></tr>
<tr><th>任务序号</th><th>任务内容</th><th>任务清单</th><th colspan="2">权重</th></tr>
<tr><td rowspan="4">任务一</td><td rowspan="4">MG 公司 2023 年销售数据的统计计算</td><td>掌握求最大值 max() 函数和求最小值 min() 函数</td><td>10%</td><td rowspan="4">40%</td></tr>
<tr><td>掌握求均值 mean() 函数</td><td>10%</td></tr>
<tr><td>掌握求和 sum() 函数</td><td>10%</td></tr>
<tr><td>掌握统计描述函数 describe()</td><td>10%</td></tr>
<tr><td rowspan="3">任务二</td><td rowspan="3">MG 公司 2023 年销售数据的排序</td><td>掌握按索引名排序的 sort_index() 方法</td><td>10%</td><td rowspan="3">30%</td></tr>
<tr><td>掌握按实际值排序的 sort_values() 方法</td><td>10%</td></tr>
<tr><td>掌握分位数 quantile() 函数</td><td>10%</td></tr>
<tr><td rowspan="2">任务三</td><td rowspan="2">MG 公司 2023 年销售数据的分组统计</td><td>理解分组和聚合的原理</td><td>15%</td><td rowspan="2">30%</td></tr>
<tr><td>掌握分组 groupby() 方法</td><td>15%</td></tr>
</table>

续表

实践能力评价表				
任务序号	任务内容	任务清单	权重	
技能训练一	Pandas 统计与分组运算训练	辨识 Pandas 统计计算函数	5%	20%
		辨析 Pandas 指标统计函数	5%	
		辨识 Pandas 排序函数	5%	
		辨析并应用 Pandas 分组函数	5%	
技能训练二	产品信息统计处理	检索某一列的数据	5%	40%
		检索多列的数据	5%	
		对数据进行加法运算	5%	
		检索某一行数据	5%	
		检索多行数据	5%	
		在数据集中增加行	5%	
		按“年度目标”排序	5%	
		计算最高值、最低值和平均年度目标	5%	
	销售数据统计计算	读入 Excel 文件数据	5%	40%
		计算销售金额	5%	
		增加列	5%	
		计算最大销售量	5%	
		对销售数量进行统计性描述输出	5%	
		统计每种产品的销售频次	5%	
		计算每个月的销售利润总和并排序	10%	

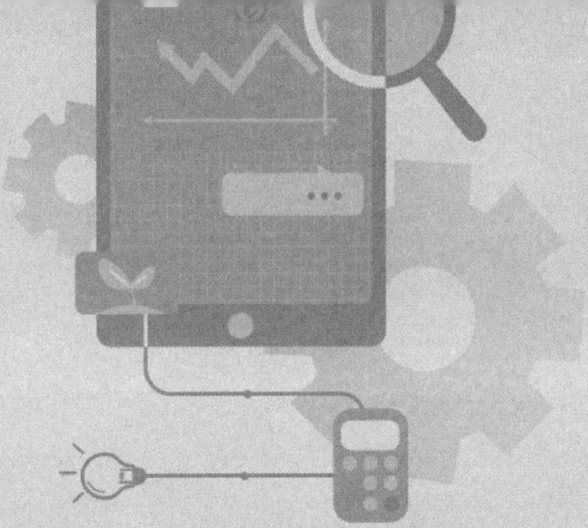

项目八 数据清洗

8

学习目标

知识目标

1. 了解数据清洗的概念
2. 掌握数据清洗的常见操作

能力目标

1. 能够检查和处理存在问题的数据
2. 能够处理空值和缺失值
3. 能够处理重复值

素养目标

1. 培养理解数据含义、感知数据价值的基本能力
2. 提高发现问题数据的基本能力，树立维护数据正确性、一致性、安全性等与数据处理目标有关的价值观念
3. 夯实财经专业学生的基本数据处理能力

学思践行

千里之堤，溃于蚁穴

《韩非子》是中国古代对历史文化产生深远影响的典籍。《韩非子》中《解老》《喻老》二篇为道家经典《老子》的重要注解与阐释著作。“千丈之堤，以蝼蚁之穴溃；百尺之室，以突隙之烟焚”便出自《韩非子·喻老》。中国古代有这样一个故事：临近黄河岸边有一片村庄，为了防止水患，人们筑起了长堤。一天，有个老农偶尔发现长堤下蚂蚁窝猛增了许多。老农心想这些蚂蚁窝究竟会不会影响长堤的安全呢？他要回村去报告，路上遇见了他的儿子。老农的儿子听后不以为然地说：

"那么坚固的长堤，还害怕几只小小蚂蚁吗？"随即拉着老农一起下田了。当天晚上风雨交加，黄河水暴涨。咆哮的河水从蚂蚁窝渗透出来，继而喷射，终于长堤决口，淹没了沿岸的大片村庄和田野。这个故事比喻小事不慎将酿成大祸。

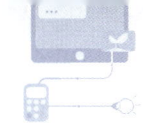

【思考与践行】"千里之堤，溃于蚁穴"一直都在警醒世人：不要小看细节，忽视小错误，一点点错误的积累可能造成大问题的产生。党的二十大报告要求我们必须增强忧患意识，坚持底线思维，做到居安思危、未雨绸缪，财务人员所做的工作也须如此。

项目说明 >>>

苏琳在日常工作中发现，原始数据存在数据不全、数据重复、数据异常、数据格式不标准等情况。根据已经学到的知识，如果要用计算机自动完成数据分析的话，这些不合格的原始数据就要先进行预处理，否则会造成分析结果的不准确，甚至可能得出错误的分析结果。

本项目通过讲解电信部门客户数据的预处理操作，帮助苏琳这样的初学者掌握数据清洗的知识和技能，将填写不全、填写错误、有意隐瞒、重复填写等"脏数据"清洗干净，从而为最终的数据分析提供规范的原始数据。

项目分解 >>>

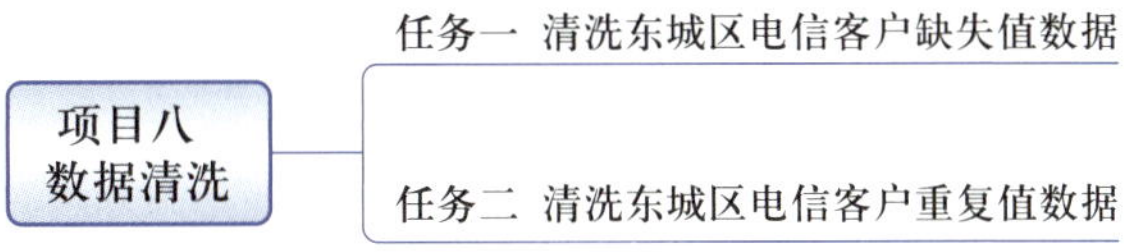

任务一　清洗东城区电信客户缺失值数据

任务说明

东城区电信客户信息保存在“电信客户流失数据－东城区.csv”素材文件中，这些数据在采集时或多或少都存在一些问题，如存在缺失数据等。本任务首先要读取该数据文件，将其转换成 DataFrame 对象；然后要使用 Pandas 预处理技术对数据集中的空值或缺失值进行丢弃、填充、替换等操作，达到去除异常、纠正错误、补足缺失的目的，使原数据满足完整性、唯一性、权威性、合法性和一致性。

相关知识

在使用 Pandas 进行数据处理和分析之前，需要对数据集中没有实际意义的、格式非法的、不在指定范围内的“脏数据”进行清洗。数据清洗是整个数据分析过程中最为重要的一环，其主要目的是把有用的数据留下，把无用的数据删掉，只有将“脏数据”变成“好数据”，才有可能产生好的分析结果。

下面我们学习如何清洗数据集中的空值或缺失值。

如果数据存在空值或缺失值，这些值对于数据分析的过程不会产生太大的影响，但是对于数据分析的结果可能会产生致命的影响，影响数据的准确性和结果的可靠性。

在 Pandas 中，缺失值使用 NaN(Not a Number) 表示，空值用 None 表示。简便起见，本书中提到的空值和缺失值含义一样，都是指没有值的情况，后文统一用空值表示。

Pandas 提供了一些用于检查或处理空值的函数和方法。

一、空值的检测判断

检测空值

（一）isna( ) 或 isnull( ) 函数和 notna( ) 或 notnull( ) 函数

检测空值可以使用 isna( ) 或 isnull( ) 函数和 notna( ) 或 notnull( ) 函数。isna( ) 或 isnull( ) 函数用于判断 Series 对象或 DataFrame 对象中的各元素值是否为空值，如果是，则返回 True；反之，则返回 False。相反地，notna( ) 或 notnull( ) 函数则用于判断 Series 对象或 DataFrame 对象中的各元素是否为非空。

提 示

注意在 Python 中空值的界定，None 或 NaN 是空值，而空字符串、空列表等不属于空值。

假设有一个公司成立了三个部门，其中两个部门已经指派了负责人，安装了联系电话，第三个部门还在筹备中，电话和负责人都没有数据，则该公司的数据用 Pandas 方法表示如图 8-1 所示。

```
import pandas as pd
from numpy import NaN     # 导入Numpy中的一个常量NaN

df = pd.DataFrame({"部门": ['一部', '二部', '三部'],
                  "部门电话": ['65809977', '65806655',NaN],
                  "负责人":['张志','李伟',None]})
df
```

	部门	部门电话	负责人
0	一部	65809977	张志
1	二部	65806655	李伟
2	三部	NaN	None

图 8-1　某公司数据

从图 8-1 的输出结果可以看出，由于三部正在筹备中，所以三部的部门电话和负责人值都为空，分别用 NaN 和 None 表示。

实际数据分析用到的数据量非常多，用肉眼观察是否有空值是不可行的。Pandas 提供了 isnull( ) 函数检测数据集中是否有空值，如图 8-2 所示。

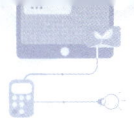

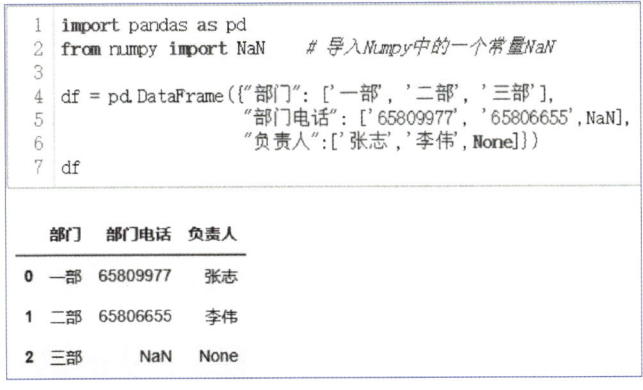

第 2 行代码，使用 isnull( ) 函数检测是否有空值。从结果可以看出，为空值的

数据位置显示为 True，非空值的数据位置显示为 False。

检测空值也可以使用 notnull( ) 函数，notnull( ) 函数和 isnull( ) 函数的检测结果正好相反，如图 8–3 所示。

```
# 检查是否有空值
df.isnull()
```

	部门	部门电话	负责人
0	False	False	False
1	False	False	False
2	False	True	True

图 8–2　使用 isnull( ) 函数检测是否有空值

```
# 检查是否不为空值
df.notnull()
```

	部门	部门电话	负责人
0	True	True	True
1	True	True	True
2	True	False	False

图 8–3　使用 notnull( ) 函数检测是否有空值

（二）df.isnull( ). any( ) 方法

使用 Pandas 的 isnull( ) 函数和 notnull( ) 函数判断空值时，函数返回的结果是 True 和 False 矩阵。对于庞大的 DataFrame 对象，从 True 和 False 矩阵中很难一眼看出哪个数据缺失、有多少缺失数据以及缺失数据的位置等。而 Pandas 的 df.isnull( ). any( ) 方法可以判断数据集中的哪些列存在空值，进一步缩小定位空值的范围，如图 8–4 所示。

```
1 # 按列进行判断有无空值
2 print(df.isnull().any())
3 print('-'*20)
4 #判断"部门电话"这列是否有空值
5 print(df["部门电话"].isnull().any())
```

```
部门        False
部门电话      True
负责人       True
dtype: bool
--------------------
True
```

图 8–4　检测有空值的列

从第 2 行代码的输出结果可以看出，df 数据集中“部门”列没有空值，结果显示 False，“部门电话”和“负责人”这两列有空值，结果显示 True。

第 5 行代码直接检测指定的“部门电话”列是否有空值。

思　考

如何检测“负责人”列是否有空值？如何检测“部门”列是否有空值？它们各自的检测结果是什么？

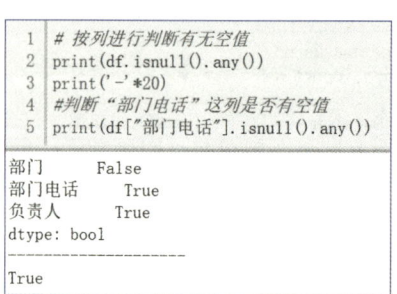

二、删除空值

dropna() 函数可以删除含有空值的行或列。默认情况下，dropna() 函数会删除有空值的行，但并不会影响原来的数据集，只是修改了原数据的副本，返回了新的数据。如果在数据分析前，三部还在筹备中，为了不影响最终结果，可以先将三部的数据删除。基于图 8-1 的数据集 df 执行 dropna() 函数后的结果如图 8-5 所示。

```
#使用dropna()删除有空值的行
df.dropna()
```

	部门	部门电话	负责人
0	一部	65809977	张志
1	二部	65806655	李伟

图 8-5　使用 dropna() 函数删除空值

此示例只有三行数据，删除其中一行只是为了讲解删除空值的方法。实际应用中是否删除空值，要考虑真实场景。例如，若数据集中的空值样本比例较小，可考虑丢弃空值所在的行；若某个特征（或列）的大部分取值都是空值，也可考虑丢弃该特征（或列）。

三、填充空值

填充空值可以使用 fillna() 函数，此函数可以按一定策略对空值进行填充，如常数填充、向前填充、向后填充等。fillna() 函数也可以通过 inplace 参数来确定是否对原始数据集进行填充更改。

（一）使用位于空值前面的数据进行填充

填充所用的数据集 df 如图 8-6 所示。

```
# 定义数据集
import pandas as pd
from numpy import NaN    # 导入Numpy常量NaN

df = pd.DataFrame({"部门": ['一部', '二部', '三部','四部','五部'],
                   "部门电话": ['65809977', '65806655',NaN,'65809977','65806655'],
                    "负责人":['张志','李伟',NaN,'刘璐',NaN]})
df
```

图 8-6　填充所用的数据集 df

处理空值

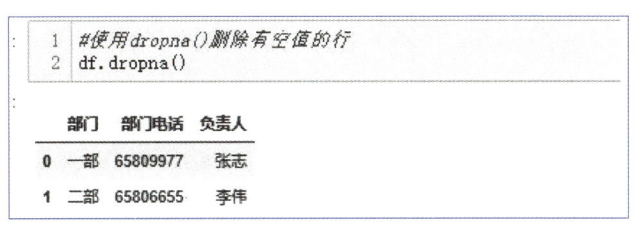

对于数据集 df，向前填充的含义是用前一行数据填充后一行数据，代码可写为：df.fillna(method='ffill')。数据集 df 填充前与填充后的对比如图 8-7 所示，从图中可以看出，三部和五部的空值都是用其上一行的数据进行的填充。

	部门	部门电话	负责人
0	一部	65809977	张志
1	二部	65806655	李伟
2	三部	NaN	NaN
3	四部	65809977	刘璐
4	五部	65806655	NaN

(a) 填充前

	部门	部门电话	负责人
0	一部	65809977	张志
1	二部	65806655	李伟
2	三部	65806655	李伟
3	四部	65809977	刘璐
4	五部	65806655	刘璐

(b) 填充后

图 8-7　使用 fillna( ) 函数向前填充空值

（二）使用位于空值后面的数据进行填充

对于数据集 df，向后填充的含义是用后一行数据填充前一行数据，代码可写为：df.fillna(method='bfill')。数据集 df 填充前与填充后的对比如图 8-8 所示，从图中可以看出，三部的空值用其下一行的数据进行的填充，而五部因为没有下一行，所以未得到填充。

	部门	部门电话	负责人
0	一部	65809977	张志
1	二部	65806655	李伟
2	三部	NaN	NaN
3	四部	65809977	刘璐
4	五部	65806655	NaN

(a) 填充前

	部门	部门电话	负责人
0	一部	65809977	张志
1	二部	65806655	李伟
2	三部	65809977	刘璐
3	四部	65809977	刘璐
4	五部	65806655	NaN

(b) 填充后

图 8-8　使用 fillna( ) 函数向后填充空值

（三）使用指定的值填充

对于数据集 df，可以将收集到的实际数据填充到数据集中。例如，用给定的部门电话和负责人名来填充数据集，代码可写为：df.fillna({"部门电话":65808899,"负责人":"陆丰"})。数据集 df 填充前与填充后的对比如图 8-9 所示，从图中可以看出，三部和五部的空值都用给定的数据进行的填充（注意，五部仅填充了“负责人”）。

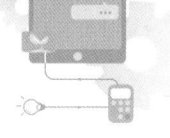

	部门	部门电话	负责人
0	一部	65809977	张志
1	二部	65806655	李伟
2	三部	NaN	NaN
3	四部	65809977	刘璐
4	五部	65806655	NaN

(a) 填充前

	部门	部门电话	负责人
0	一部	65809977	张志
1	二部	65806655	李伟
2	三部	65808899	陆丰
3	四部	65809977	刘璐
4	五部	65806655	陆丰

(b) 填充后

图 8-9　使用实际数据填充

（四）使用平均值填充

新建具有“年薪”列的数据集，如图 8-10 所示。

```
# 具有“年薪”列的数据集
import pandas as pd
from numpy import NaN     # 导入Numpy常量NaN

df = pd.DataFrame({"部门": ['一部', '二部', '三部','四部','五部'],
                  "部门电话": ['65809977', '65806655','65808899','65809977','65806655'],
                    "负责人":['张志','李伟','陆丰','刘璐','廖海'],
                    "年薪":[20,29,NaN,26,23]})
df
```

图 8-10　新建具有“年薪”列的数据集

用平均值填充数据是一种比较常见的填充数据空值的方法。在数据集 df“年薪”列中，三部负责人的年薪未定，为空值，可以用平均值来填充该缺失数据，代码可写为：df.fillna(df.mean())。数据集 df 填充前与填充后对比如图 8-11 所示，从图中可以看出，三部的年薪值用的是“年薪”列的均值，即使用 $(20+29+26+23)/4=24.5$ 进行的填充。

	部门	部门电话	负责人	年薪
0	一部	65809977	张志	20.0
1	二部	65806655	李伟	29.0
2	三部	65808899	陆丰	NaN
3	四部	65809977	刘璐	26.0
4	五部	65806655	廖海	23.0

(a) 填充前

	部门	部门电话	负责人	年薪
0	一部	65809977	张志	20.0
1	二部	65806655	李伟	29.0
2	三部	65808899	陆丰	24.5
3	四部	65809977	刘璐	26.0
4	五部	65806655	廖海	23.0

(b) 填充后

图 8-11　使用平均值填充

任务实施

步骤 1：在 Jupyter Notebook 中新建 Python 程序，并将其命名为项目八。

步骤 2：读取素材文件“电信客户流失数据 – 东城区. csv”中数据，建立 DataFrame 对象 dcDf，并显示前五行，查看数据结构，代码如下：

```
# 读取“电信客户流失数据 – 东城区.csv”文件
import pandas as pd
dcDf=pd.read_csv("电信客户流失数据 – 东城区.csv")
dcDf.head()      # 显示前五行
```

运行代码，结果如图 8–12 所示。

```
1 # 读取“电信客户流失数据–东城区.csv”文件
2 import pandas as pd
3 dcDf = pd.read_csv("电信客户流失数据–东城区.csv")
4 dcDf.head()  # 显示前五行
```

	区域	网龄	年龄	婚姻	收入	学历	性别	家庭人数	是否开通网络	是否开通呼叫等待	是否开通呼叫转移	是否开通三方通话	是否使用电子账单	通话时长	上门服务	无线时长	影视时长	客户类别	流失
0	NaN	NaN	NaN	NaN	NaN	NaN	NaN	NaN	NaN	NaN	NaN	NaN	NaN	NaN	NaN	NaN	NaN	NaN	NaN
1	东城	73.0	43.0	已婚	74.0	1.0	0.0	3.0	0.0	0.0	0.0	0.0	0.0	NaN	NaN	2.803360	NaN	2.0	0.0
2	东城	48.0	41.0	已婚	37.0	2.0	1.0	3.0	0.0	0.0	0.0	0.0	0.0	NaN	NaN	3.731699	NaN	1.0	0.0
3	东城	37.0	39.0	已婚	78.0	5.0	0.0	4.0	1.0	0.0	0.0	0.0	0.0	NaN	3.0	2.420368	NaN	2.0	0.0
4	东城	29.0	32.0	已婚	78.0	4.0	0.0	4.0	1.0	1.0	1.0	1.0	1.0	NaN	4.0	3.188417	3.64545	4.0	1.0

图 8–12　读取“.csv”文件数据

读取“.csv”文件

代码功能释义如下：

第 3 行代码调用 Pandas 的 read_csv() 方法，将指定文件读入计算机，并保存在 DataFrame 对象 dcDf 中。由于数据量较多，因此第 4 行代码调用 head() 函数输出了数据集的前五行。

数据集结构说明：电信部门收集了东城区、西城区、海淀区等各区电信客户的相关信息，这些信息包含 18 个输入特征（也称为属性或列）和 1 个目标特征。输入特征包括区域、网龄、年龄、婚姻、收入、学历、性别、家庭人数、是否开通网络、是否开通呼叫等待、是否开通呼叫转移、是否开通三方通话、是否使用电子账单、通话时长、上门服务、无线时长、影视时长、客户类别等信息，目标特征为是否为流失顾客。

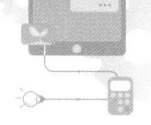

客户流失率指标直接反映了企业经营与管理的现状，分析客户流失原因并制定

相应的策略来降低客户流失率，是企业经营必须面对和处理的问题。该数据集中，电信客户数据包含 19 个特征，该表的设计就是要对其中 18 个输入特征和 1 个目标特征进行分析，寻找到这些特征之间的内在关联关系。

知识扩展

文件类型有很多，如文本文件、Excel 文件、网页文件、数据库文件等。针对不同类型的文件，Pandas 提供了不同的读取方法，前面的项目六已经介绍了 Pandas 对 Excel 文件进行读取的方法。

本任务用到的数据以“.csv”为文件扩展名，这是一种纯文本文件，可以使用任何文本编辑器编辑它。Pandas 提供的 read_csv() 函数可将“.csv”文件中的数据读取出来，并转换为 DataFrame 对象。

扩展名为“.txt”的文本文件也是比较常见的数据存储方式。要读取“.txt”文件中的数据，既可以用 read_csv() 函数，也可以用 read_table() 函数。“.csv”文件和“.txt”文件的区别在于文件中的数据使用的分隔符不同，前者使用逗号作为分隔符，后者使用制表符作分隔符。

步骤 3：接下来检测数据集中有无空值，代码如下：

```
dcDf.isnull()      # 检测数据是否存在空值
```

运行代码，结果如图 8-13 所示：

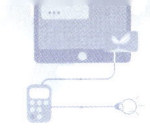

```
1  dcDf.isnull()      # 检测数据是否存在空值
```

	区域	网龄	年龄	婚姻	收入	学历	性别	家庭人数	是否开通网络	是否开通呼叫等待	是否开通呼叫转移	是否开通三方通话	是否使用电子账单	通话时长	上门服务	无线时长	影视时长	客户类别	流失
0	False	False	False	False	False	False	False	False	False	False	False	False	False	False	False	False	False	False	False
1	False	False	False	False	False	False	False	False	False	False	False	False	False	False	False	False	False	False	False
2	False	False	False	False	False	False	False	False	False	False	False	False	False	False	False	False	False	False	False
3	False	False	False	False	False	False	False	False	False	False	False	False	False	False	False	False	False	False	False
4	False	False	False	False	False	False	False	False	False	False	False	False	False	False	False	False	False	False	False
...	...	...	...	...	...	...	...	...	...	...	...	...	...	...	...	...	...	...	...
317	False	False	False	False	False	False	False	False	False	False	False	False	False	False	False	False	False	False	False
318	False	False	False	False	False	False	False	False	False	False	False	False	False	False	False	False	False	False	False
319	False	False	False	False	False	False	False	False	False	False	False	False	False	False	False	False	False	False	False
320	False	False	False	False	False	False	False	False	False	False	False	False	False	False	False	False	False	False	False
321	False	False	False	False	False	False	False	False	False	False	False	False	False	False	False	False	False	False	False

320 rows × 19 columns

图 8-13　检测空值结果

数据集共有 323 行、19 列数据，由于数据较多，系统显示时自动省略了若干行。结果显示为 True 的都是空值，从运行结果可以看出“通话时长”“上门服务”“影视时长”等列的空值比较多。

步骤 4：将数据集中的空行直接删除，代码如下：

```
# 将数据集中的空行直接删除
dcDf.dropna(how='all')
```

运行代码，结果如图 8-14 所示：

```
1 # 将数据集中的空行直接删除
2 dcDf.dropna(how='all')
```

	区域	网龄	年龄	婚姻	收入	学历	性别	家庭人数	是否开通网络	是否开通呼叫等待	是否开通呼叫转移	是否开通三方通话	是否使用电子账单	通话时长	上门服务	无线时长	影视时长	客户类别	流失
1	东城	73.0	43.0	已婚	74.0	1.0	0.0	3.0	0.0	0.0	0.0	0.0	0.0	NaN	NaN	2.803360	NaN	2.0	0.0
2	东城	48.0	41.0	已婚	37.0	2.0	1.0	3.0	0.0	0.0	0.0	0.0	0.0	NaN	NaN	3.731699	NaN	1.0	0.0
3	东城	37.0	39.0	已婚	78.0	5.0	0.0	4.0	1.0	0.0	0.0	0.0	0.0	NaN	3.0	2.420368	NaN	2.0	0.0
4	东城	29.0	32.0	已婚	78.0	4.0	0.0	4.0	1.0	1.0	1.0	1.0	1.0	NaN	4.0	3.188417	3.645450	4.0	1.0
5	东城	72.0	55.0	已婚	122.0	1.0	0.0	2.0	0.0	0.0	1.0	0.0	0.0	NaN	NaN	3.091042	NaN	1.0	0.0
...	...	...	...	...	...	...	...	...	...	...	...	...	...	...	...	...	...	...	...
318	东城	51.0	56.0	单身	63.0	2.0	1.0	1.0	0.0	1.0	0.0	0.0	0.0	3.008155	NaN	NaN	NaN	3.0	1.0
319	东城	59.0	45.0	单身	29.0	3.0	0.0	1.0	0.0	1.0	1.0	1.0	0.0	3.812203	NaN	3.965564	NaN	3.0	0.0
320	东城	38.0	53.0	已婚	108.0	2.0	0.0	2.0	1.0	0.0	1.0	1.0	0.0	2.944439	NaN	2.602690	NaN	3.0	0.0
321	东城	21.0	47.0	已婚	64.0	5.0	0.0	2.0	1.0	0.0	1.0	1.0	1.0	2.803360	4.0	NaN	3.499533	4.0	1.0
322	东城	8.0	34.0	单身	23.0	5.0	1.0	1.0	0.0	0.0	0.0	0.0	0.0	NaN	3.0	NaN	NaN	1.0	0.0

322 rows × 19 columns

图 8-14　删除空行后的数据集

代码功能释义如下：

第 2 行代码的作用是将数据集中的空行删除。对于大数据集，完全为空的行是没有意义的，在进行更进一步的数据处理前，可将数据集中的空行直接删除。dropna( ) 函数中的参数 how='all' 表示对数据集完全为空的行进行删除。由于数据集的第一行是空行，因此执行代码后显示数据集变为 322 行。

步骤 5：接下来的验证删除操作在原数据的副本上进行，直接输入 dcDf 对象即可完成，运行后观察步骤 4 删除空行的操作是否影响到原始数据集，结果如图 8-15 所示。

```
1  dcDf
```

	区域	网龄	年龄	婚姻	收入	学历	性别	家庭人数	是否开通网络	是否开通呼叫等待	是否开通呼叫转移	是否开通三方通话	是否使用电子账单	通话时长	上门服务	无线时长	影视时长	客户类别	流失
0	NaN	NaN	NaN	NaN	NaN	NaN	NaN	NaN	NaN	NaN	NaN	NaN	NaN	NaN	NaN	NaN	NaN	NaN	NaN
1	东城	73.0	43.0	已婚	74.0	1.0	0.0	3.0	0.0	0.0	0.0	0.0	0.0	NaN	NaN	2.803360	NaN	2.0	0.0
2	东城	48.0	41.0	已婚	37.0	2.0	1.0	3.0	0.0	0.0	0.0	0.0	0.0	NaN	NaN	3.731699	NaN	1.0	0.0
3	东城	37.0	39.0	已婚	78.0	5.0	0.0	4.0	1.0	0.0	0.0	0.0	0.0	NaN	3.0	2.420368	NaN	2.0	0.0
4	东城	29.0	32.0	已婚	78.0	4.0	0.0	4.0	1.0	1.0	1.0	1.0	1.0	NaN	4.0	3.188417	3.645450	4.0	1.0
...	...	...	...	...	...	...	...	...	...	...	...	...	...	...	...	...	...	...	...
318	东城	51.0	56.0	单身	63.0	2.0	1.0	1.0	0.0	1.0	0.0	0.0	0.0	3.008155	NaN	NaN	NaN	3.0	1.0
319	东城	59.0	45.0	单身	29.0	3.0	0.0	1.0	0.0	1.0	1.0	1.0	0.0	3.812203	NaN	3.965564	NaN	3.0	0.0
320	东城	38.0	53.0	已婚	108.0	2.0	0.0	2.0	1.0	0.0	1.0	1.0	0.0	2.944439	NaN	2.602690	NaN	3.0	0.0
321	东城	21.0	47.0	已婚	64.0	5.0	0.0	2.0	1.0	0.0	1.0	1.0	1.0	2.803360	4.0	NaN	3.499533	4.0	1.0
322	东城	8.0	34.0	单身	23.0	5.0	1.0	1.0	0.0	0.0	0.0	0.0	0.0	NaN	3.0	NaN	NaN	1.0	0.0

323 rows × 19 columns

图 8-15　原始数据集

从结果可以看出，dcDf 对象的数据集还是 323 行，说明步骤 4 的操作是在副本上进行的，并没有影响到原始数据集。

提 示

若要保留步骤 4 的删除结果，可将删除结果保存到新的 DataFrame 对象中，如：dcDf1=dcDf.dropna(how='all')，则 dcDf1 中保存了删除空行后的结果集。

也可利用 dropna( ) 函数中的另一参数 inplace=True 来指明删除操作在原始数据集中进行的，即删除原始 dcDf 中的数据。

步骤 6：修改步骤 4 中的代码并重新执行，直接在原数据集中删除空行，代码如下：

```
# 将数据集中的空行直接删除
dcDf.dropna(how='all',inplace=True)
dcDf
```

运行代码，观察结果，dcDf 中只剩下 322 行数据，说明原数据集中的数据被删除了。

在步骤 3 的检测结果中，通过人工判断很难看出每一列到底有多少个空值，Pandas 提供了函数和方法来自动统计空值和非空值的个数。如果要准确知道某列的空值有多少个，应该怎么做呢？

步骤 7：以“通话时长”列为例，统计该列的空值和非空值的个数，代码如下：

```
# 统计指定列的空值和非空值个数
dcDf["通话时长"].isnull().value_counts()
```

运行代码，结果如图 8-16 所示：

```
1  # 统计指定列的空值和非空值个数
2  dcDf["通话时长"].isnull().value_counts()

True      175
False     147
Name: 通话时长, dtype: int64
```

图 8-16　统计“通话时长”列空值和非空值的个数

代码功能释义如下：

第 2 行代码 dcDf["通话时长"] 首先获取了 dcDf 数据集中“通话时长”列的值，然后调用 isnull() 函数检测该列数据中的空值，最后再调用 value_counts() 函数统计检测结果为 True 的个数和 False 的个数。

从输出结果可以看出“通话时长”列共有 175 个空值，147 个非空值，这说明该列有一半多的数据都是缺失的。显示的最后一行中，Name 表示这是“通话时长”列的统计结果，dtype:int64 说明该列的数据类型是整型。

步骤 8：对“婚姻”列进行空值和非空值数量的统计，并删除空值，代码如下：

```
print('“婚姻”列的空值和非空值数量统计')
print(dcDf['婚姻'].isnull().value_counts())      #查看“婚姻”列的空值和非空值数量
print('-'*20)

print(dcDf['婚姻'].dropna())      #用 [] 索引到“婚姻”列，再对该列删除空值
print('-'*20)

print(dcDf.dropna(subset=['婚姻']))      #也可在 dropna() 函数中用 subset 参数指定要删除的列
print('-'*20)

print('“婚姻”列是否还有空值?', dcDf['婚姻'].isnull().any())      #查看“婚姻”列
```

```
是否还有空值
print('dcDf 行数为 :',len(dcDf))
```

运行代码，结果如图 8-17 所示：

```
1  print('“婚姻”列的空值和非空值数量统计')
2  print(dcDf['婚姻'].isnull().value_counts()) # 查看“婚姻”列的空值和非空值数量
3  print('-'*20)
4
5  print(dcDf['婚姻'].dropna())  # 用[]索引到“婚姻”列，再对该列删除空值
6  print('-'*20)
7
8  print(dcDf.dropna(subset=['婚姻']))  # 也可在dropna()函数中用subset参数指定要删除的列
9  print('-'*20)
10
11 print('“婚姻”列是否还有空值？',dcDf['婚姻'].isnull().any())  # 查看“婚姻”列是否还有空值
12 print('dcDf行数为：',len(dcDf))
```

```
“婚姻”列的空值和非空值数量统计
False    320
True       2
Name: 婚姻, dtype: int64
--------------------
0      已婚
1      已婚
2      已婚
3      已婚
4      已婚
       ..
317    单身
318    单身
319    已婚
320    已婚
321    单身
Name: 婚姻, Length: 320, dtype: object
--------------------
     区域  网龄  年龄  婚姻  收入  学历  性别  家庭人数  是否开通网络  是否开通呼叫等待  是否开通呼叫转移  是否开通三方通话  \
0    东城  73  43  已婚   74  1  0  3  0  0  0  0
1    东城  48  41  已婚   37  2  1  3  0  0  0  0
2    东城  37  39  已婚   78  5  0  4  1  0  0  0
3    东城  29  32  已婚   78  4  0  4  1  1  1  1
4    东城  72  55  已婚  122  1  0  2  0  0  1  0
..   ..  ..  ..  ..  ...  ..  ..  ...  ...  ...  ...  ...
317  东城  51  56  单身   63  2  1  1  0  1  0  0
318  东城  59  45  单身   29  3  0  1  0  1  1  1
319  东城  38  53  已婚  108  2  0  2  1  0  1  1
320  东城  21  47  已婚   64  5  0  2  1  0  1  1
321  东城   8  34  单身   23  5  1  1  0  0  0  0

     是否使用电子账单      通话时长  上门服务      无线时长      影视时长  客户类别  流失
0           0       NaN  NaN  2.803360       NaN  2  0
1           0       NaN  NaN  3.731699       NaN  1  0
2           0       NaN  3.0  2.420368       NaN  2  0
3           1       NaN  4.0  3.188417  3.645450  4  1
4           0       NaN  NaN  3.091042       NaN  1  0
..        ...       ...  ...       ...       ...  ...  ..
317         0  3.008155  NaN       NaN       NaN  3  1
318         0  3.812203  NaN  3.965564       NaN  3  0
319         0  2.944439  NaN  2.602690       NaN  3  0
320         1  2.803360  4.0       NaN  3.499533  4  1
321         0       NaN  3.0       NaN       NaN  1  0

[320 rows x 19 columns]
--------------------
“婚姻”列是否还有空值？ True
dcDf行数为： 322
```

图 8-17　对“婚姻”列空值的检测和删除

代码功能释义：

第 2 行统计“婚姻”列的空值与非空值情况，从输出结果可以看出，“婚姻”列有两个空值。

第 5 行代码先定位到“婚姻”列，再用 dropna() 函数删除该列的空值所在的

行。从输出结果可以看出，“婚姻”列的 Length（长度）为 320，说明有空值的两行删除了。

第 8 行代码中的 dcDf.dropna(subset=['婚姻']) 是在 dropna( ) 函数中使用 subset=['婚姻'] 参数指明对 dcDf 的“婚姻”列执行空值删除。从输出结果可以看出，删除后的结果集为 320 行、19 列。

第 11 行和第 12 行代码对上面的执行结果进行验证，从输出结果可以看出，dcDf 的“婚姻”列依然有空值，而 dcDf 仍然是 322 行。

从此例中可以看出，无论是第 5 行还是第 8 行的删除操作，都不影响原数据集，这里我们讲解的是删除的方法，这些操作都是默认在副本上进行的，尽量保持原始数据集不改变。在实际操作中，可以将删除结果保存在新的 DataFrame 对象中，或者在 dropna( ) 函数中使用 inplace=True 参数直接在原数据集中删除。

步骤 9：如果直接在原数据集中删除“婚姻”列为空的行，代码如下：

```
#inplace 参数为 True 时，删除将在原 DataFrame 中进行
dcDf.dropna(subset=['婚姻'],inplace=True)
print(' “婚姻”列是否还有空值 ?',dcDf['婚姻'].isnull( ).any( ))      # 查看“婚姻”列是否还有空值
print('dcDf 行数为 :',len(dcDf))
```

运行代码，结果如图 8-18 所示：

```
# inplace参数为True时，删除将在原DataFrame中进行
dcDf.dropna(subset=['婚姻'],inplace=True)
print('“婚姻”列是否还有空值？',dcDf['婚姻'].isnull().any())  # 查看“婚姻”列是否还有空值
print('dcDf行数为：',len(dcDf))
```

```
“婚姻”列是否还有空值？ False
dcDf行数为： 320
```

图 8-18　在原始数据集中删除“婚姻”列的空值

从输出结果可见，“婚姻”列不再有空值，原数据集 dcDf 也少了两行数据。

知识扩展

使用 dropna() 函数时，可以灵活配合各种参数的使用，dropna() 函数的可用的

参数如表 8-1 所示。

表 8-1　dropna( ) 函数参数

参数名	取值	功能	备注
axis	axis=0 或 axis='index'	删除含有空值的行	默认
	axis=1 或 axis='columns'	删除含有空值的列	
how	how='all'	删除整行（或整列）数据全部缺失的行（或列）	
	how='any'	删除有空值的行（列）	默认
subset	subset=['列名']	在指定列中查找空值	
	subset=None	在所有列中查找空值	默认
inplace	inplace=True	在原始 DataFrame 对象中修改数据	
	inplace=False	不改变原始 DataFrame 对象的值	默认

在前面的步骤中，检测了“通话时长”和“婚姻”这两个列是否有空值，使用了 dcDf["列名"].isnull( ).any( ) 语句，也可使用 dcDf.iloc[:, 列索引].isnull( ).any( ) 这样的语句来实现。例如，检测“婚姻”列时可以使用下列语句：

dcDf["婚姻"].isnull( ).any( ) 或者 dcDf.iloc[:,3].isnull( ).any( )。

整个数据集 dcDf 一共有 19 列，如果每个列都要检测，可借助循环语句，将 dcDf.iloc[:, 列索引].isnull( ).any( ) 返回值为 True 的列检测出来。

步骤 10：将电信数据中的所有包含空值的列都检测出来，以方便统计哪些列有空值，代码如下：

```
# 使用循环将 dcDf 中包含空值的列检测出来
print('有空值的列索引是 :')
for i in range(19):
    if(dcDf.iloc[:,i].isnull( ).any( )==True):
        print(i)
```

运行代码，结果如图 8-19 所示。

观察有空值的列，其索引分别是 13、14、15 和 16。

```
# 使用循环将dcDf中包含空值的列检测出来
print('有空值的列索引是：')
for i in range(19):
    if (dcDf.iloc[:,i].isnull().any()==True):
        print(i)
```

```
有空值的列索引是：
13
14
15
16
```

图 8-19　检测包含空值的所有列

步骤 11：使用循环统计 13、14、15、16 列的空值情况，代码如下：

```
#使用循环统计第 13、14、15、16 列的空值情况
for i in[13,14,15,16]:
    print(dcDf.iloc[:,i].isnull( ).value_counts( ))
```

运行代码，输出结果如图 8-20 所示：

```
1 # 使用循环统计第13、14、15、16列的空值情况
2 for i in [13,14,15,16]:
3     print(dcDf.iloc[:,i].isnull().value_counts())
```

```
True      175
False     145
Name: 通话时长, dtype: int64
True      193
False     127
Name: 上门服务, dtype: int64
False     216
True      104
Name: 无线时长, dtype: int64
True      228
False      92
Name: 影视时长, dtype: int64
```

图 8-20　统计 13、14、15、16 列的空值情况

检测单个列的空值情况，可以使用 dcDf["列名"].isnull( ).value_counts( ) 语句，在不知列名只知索引号时，也可以使用 dcDf.iloc[:, 列索引].isnull( ).value_counts( ) 语句来统计。在第 2 行代码中“列索引”用 i 表示，i 的取值为 13、14、15、16。

统计出空值信息后，还要对空值进行分析，不能简单地直接删除它们。从上面的输出中可以看出，“通话时长”列有 175 个空值，“上门服务”有 193 个空值，“无线时长”有 104 个空值，“影视时长”有 228 个空值。很显然，对于这些空值是不能进行简单地删除的，毕竟空值比较多。实际上，大多数情况下都需要对空值进行合理填充。接下来处理这四列的空值。

步骤 12：用“通话时长”列的平均值来填充“通话时长”列的空值。代码如下：

```
# 用平均通话时长填充 " 通话时长 " 列的空值
dcDf.fillna({"通话时长":dcDf["通话时长"].mean()},inplace=True)
print(dcDf.iloc[:,13].isnull().value_counts())
```

运行代码，结果如图 8-21 所示：

```
# 用平均通话时长填充 "通话时长" 列的空值
dcDf.fillna({"通话时长":dcDf["通话时长"].mean()},inplace=True)
print(dcDf.iloc[:,13].isnull().value_counts())

False    320
Name: 通话时长, dtype: int64
```

图 8-21　用平均通话时长填充“通话时长”列的空值

和原始数据集比较，可以看到“通话时长”列中的空值都用平均值补齐了。对于数据集中的空值，大部分时候都需要根据实际情况用一个合适的值来填充。

步骤 13：对“上门服务”“无线时长”“影视时长”列的空值用 0 填充。代码如下：

```
# 对 " 上门服务 "" 无线时长 "" 影视时长 " 列用 0 填充空值
dcDf.fillna({"上门服务":0},inplace=True)
dcDf.fillna({"无线时长":0},inplace=True)
dcDf.fillna({"影视时长":0},inplace=True)
print(dcDf['上门服务'].isnull().any())
print(dcDf['无线时长'].isnull().any())
print(dcDf['影视时长'].isnull().any())
```

运行代码，结果如图 8-22 所示：

```
# 对 "上门服务" "无线时长" "影视时长" 列用0填充空值
dcDf.fillna({"上门服务":0},inplace=True)
dcDf.fillna({"无线时长":0},inplace=True)
dcDf.fillna({"影视时长":0},inplace=True)
print(dcDf['上门服务'].isnull().any())
print(dcDf['无线时长'].isnull().any())
print(dcDf['影视时长'].isnull().any())

False
False
False
```

图 8-22　用 0 填充“上门服务”“无线时长”“影视时长”列

从结果可以看出，“上门服务”“无线时长”“影视时长”列都没有空值了。

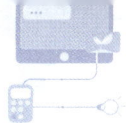

提　示

步骤 12 和步骤 13 都使用了参数 inplace=True，其作用是将填充结果填充到原数据集中。

思　考

试一试，再次检测填充空值后的数据集是否还存在空值？为什么？

填充空值

到此，已经将东城区电信客户的数据中的空值清洗完毕。读者可以自行在空白单元格中输入 dcDf，查看清洗后完整的数据情况。

任务二　清洗东城区电信客户重复值数据

任务说明

任务一已经将数据集中的空值处理干净，但在数据采集时还经常会出现数据重复的情况。本任务将检测东城区客户数据中是否存在重复值，使用 Pandas 提供的方法处理重复值，保证数据的正确性和可用性，为后期数据分析提供高质量的原始数据。

相关知识

由于各种原因，数据集中可能会包含重复出现的行或记录，重复的记录会造成信息的冗余。

创建有重复值的数据集 df，如图 8-23 所示。

```
# 创建有重复的数据集
import pandas as pd
from numpy import NaN  # Numpy中的一个常量NaN
df = pd.DataFrame({"部门": ['一部', '二部', '三部','三部','二部'],
                 "部门电话": ['65809977', '65806655','65809977','65809977','65806655'],
                  "负责人":['张志','李伟','刘璐','刘璐','李伟']})
df
```

图 8-23　创建有重复值的数据集

一、检测重复值

在 Pandas 中使用 duplicated( ) 函数检测数据集中是否有重复值，使用 duplicated( ).value_counts( ) 命令统计重复行信息。

执行 df.duplicated( ) 命令后将返回一个布尔型的 Series 对象，True 表示该行与前面的某行重复，False 表示该行在数据集中不与其他行重复，即唯一行。实现方法如图 8-24 所示。

```
# 检测重复值
df.duplicated()   # 返回一个布尔型的Series,表示各行是否重复

0    False
1    False
2    False
3     True
4     True
dtype: bool
```

图 8-24　检测重复值

从图 8-24 可以看出，行索引为 3 和 4 的行显示为 True，表明这两行都是与前面某行重复的行，也就是说，前面已经出现这样行，现在它们又重复出现了。

执行 df.duplicated( ).value_counts( ) 命令时，系统先执行 df.duplicated( ) 命令，然后在 df.duplicated( ) 命令返回的 Series 数据基础上进行真假值个数的统计。实现方法如图 8-25 所示。

```
# 统计重复行信息
df.duplicated().value_counts()

False    3
True     2
dtype: int64
```

图 8-25　统计重复行

图中显示了真假行的个数，True 值有 2 个，说明重复行有 2 行；False 值有 3 个，说明非重复行有 3 行。

二、删除重复值

检测和处理重复值

当数据中出现了重复值，大部分情况下是直接删除。Pandas 提供了 drop_duplicates( ) 函数可将重复行删除掉。

删除重复值的实现方法如图 8-26 所示。

```
df.drop_duplicates() # 删除重复行
```

	部门	部门电话	负责人
0	一部	65809977	张志
1	二部	65806655	李伟
2	三部	65809977	刘璐

图 8-26　删除重复行

任务实施

步骤 1：检测东城区电信客户数据集中是否有重复的行，代码如下：

```
# 检测数据集中是否有重复的行
dcDf.duplicated( )
```

运行代码，结果如图 8-27 所示：

```
# 检测数据集中是否有重复的行
dcDf.duplicated()
```

```
1      False
2      False
3      False
4      False
5      False
       ...
318    False
319    False
320    False
321    False
322    False
Length: 320, dtype: bool
```

图 8-27　检测重复行

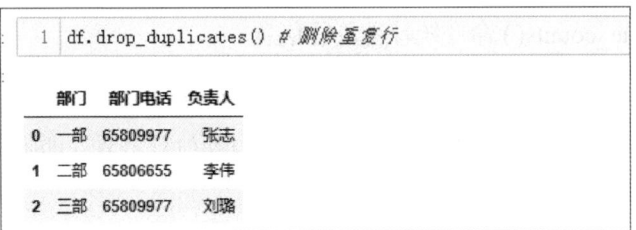

dcDf.duplicated( ) 命令用来检测数据集 dcDf 中是否存在完全重复的行。运行结果是一个 Series 对象，其中包含了对每行做的真或假标记，True 值表示此行是重复行，说明该行与前面的某行重复；False 值表示此行不是重复行，说明该行在数据集中是唯一的行。

由于数据集 dcDf 数据较多，系统显示时隐藏了某些行，直接从运行结果中并不能看出 dcDf 是否存在重复行。实际工作中，也不可能靠人工判断去统计 True 或 False 的数量。

步骤 2：统计数据集中重复行的数量，代码如下：

```
# 统计重复行的数量
dcDf.duplicated( ).value_counts( )
```

运行代码，结果如图 8-28 所示：

```
# 统计重复行的数量
dcDf.duplicated().value_counts()

False     320
dtype: int64
```

图 8-28　统计重复行的数量

dcDf.duplicated( ) 命令对数据集各行是否是重复行做标记，value_counts( ) 函数对标记的结果进行统计。从输出结果可以看出，标记为 False 的行有 320 个，没有标记为 True 的行，这说明 dcDf 数据集中没有完全重复的行。

步骤 3：将 subset 参数设置为“区域”，可以检查“区域”列的重复值情况。代码如下：

```
# 检查“区域”列的重复值
print(dcDf.duplicated(subset=['区域']))
print('-'*20)

# 统计“区域”列重复值的数量
print(dcDf.duplicated(subset=['区域']).value_counts( ))
```

运行代码，结果如图 8-29 所示：

```
1 # 检查“区域”列的重复值
2 print(dcDf.duplicated(subset=['区域']))
3 print('-'*20)
4
5 # 统计“区域”列重复值的数量
6 print(dcDf.duplicated(subset=['区域']).value_counts())
```

```
0      False
1       True
2       True
3       True
4       True
       ...
317     True
318     True
319     True
320     True
321     True
Length: 320, dtype: bool
--------------------
True     319
False      1
dtype: int64
```

图 8-29　检测“区域”列的重复值

代码功能释义：

第 2 行代码中，dcDf.duplicated(subset=['区域']) 中的 subset 参数用于对“区域”列的重复数据进行标记。由于 dcDf 数据集是东城区电信用户数据，因此数据集的区域列数据都是“东城”，从输出结果可以看出，除第一行被标记为 False 表示不是重复值外，其余各行均被标记为 True。

第 6 行代码中，dcDf.duplicated(subset=['区域']).value_counts( ) 语句用来统计区域列重复值的数量，代码 dcDf.duplicated(subset=['区域']) 先对区域列作重复标记，再在此基础上继续执行 value_counts( ) 函数，对标记结果进行计数。在输出结果中，True 有 319 行，False 有 1 行，这说明除第一行外，其余各行都与第一行重复。

步骤 4：将 keep 参数设置为 last，可以从后往前地检查“区域”列的重复值情况，代码如下：

```
# 从后往前标记重复数据
dcDf.duplicated(subset=['区域'],keep='last')
```

运行代码，结果如图 8-30 所示：

本步骤同样是对区域列的重复值作标记，但与上步骤的标记结果相反。从输出结果可以看出，前 319 行被标记为 True，最后一行被标记为 False，说明前 319 行与最后一行重复。本步骤代码中使用了 keep='last' 参数，该参数指明对数据集是从后往前进行重复标记，即从第 320 行开始，倒序往前识别重复值。而上步骤代码

dcDf.duplicated(subset=['区域']) 中没有使用 keep 参数，这表示 keep 取默认值（'first' 是 keep 的默认值），系统按默认的从前往后的顺序对数据进行标记。

```
# 从后往前标记重复数据
dcDf.duplicated(subset=['区域'],keep='last')
```

```
1        True
2        True
3        True
4        True
5        True
        ...
318      True
319      True
320      True
321      True
322     False
Length: 320, dtype: bool
```

图 8-30　从后往前标记重复数据

步骤 5：将 keep 参数设置为 False，对区域列的所有重复值进行标记，代码如下：

```
# 标记所有重复数据
dcDf.duplicated(subset=[' 区域 '],keep=False )
```

keep 参数的作用

运行代码，结果如图 8-31 所示：

```
# 标记所有重复数据
dcDf.duplicated(subset=['区域'],keep=False)
```

```
1       True
2       True
3       True
4       True
5       True
       ...
318     True
319     True
320     True
321     True
322     True
Length: 320, dtype: bool
```

图 8-31　标记所有重复数据

keep=False 参数指明执行重复数据标记时，不区分谁与谁重复，只要彼此重复将全部被标记为 True。从输出结果可以看出，所有数据都被标记为 True。

思 考

试一试，检测年龄列的重复值，应该如何操作？

提 示

检测到重复数据后，要判断重复数据的数量、重复原因、是否有意义，根据判断结果决定是否删除重复数据。本任务的数据集没有需要删除的重复数据，因此不需要使用 dcDf.drop_duplicates( ) 函数进行删除。

步骤 6：如果要长久保存清洗好的数据集，则要将它写出到外部文件中，保存为“.csv”文件，代码如下：

```
# 将清洗好的数据集保存到文件
dcDf.to_csv('result_dongcheng.csv',index=None,encoding='utf_8_sig')
```

to_csv( ) 方法用于将 DataFrame 数据集保存到“.csv”文件中，参数 result_dongcheng.csv 指明要保存的文件，index=None 指明不要保存数据集的行索引号（行索引号可参见图 8-15 中显示在区域列左边的数字编号），encoding="utf_8_sig" 参数指明字符编码方式，没有此参数，“result_dongcheng.csv”文件中的汉字将出现乱码。

保存清洗后的数据

步骤 7：执行代码后会在当前文件夹下生成“result_dongcheng.csv”文件。打开此文件，查看其中的数据，可以看出，前述步骤中清洗好的数据都已保存到此文件中了。

思 考

dcDf.to_csv(result_dongcheng.csv',index=None,encoding='utf_8_sig') 命令中如没有 index=None 参数或 encoding='utf_8_sig' 参数，导出的文件会变成什么样?

至此，本项目已把东城区电信用户数据的空值及重复值都进行了处理，完成了该数据集的清洗工作。

技能训练 >>>

一、单选题

1. 下列选项中，描述不正确的是（　　）。

A. 数据清洗的目的是提高数据质量

B. 空值一定要删除

C. 数据预处理包括数据的清洗、合并、重塑与转换

D. 在 Pandas 中，缺失值使用 NaN 表示

2. 下列选项中，用于删除缺失值或空值的方法是（　　）。

A. isnull( )　　B. dropna( )

C. notnull( )　　D. fillna( )

3. 下列选项中，说法正确的是（　　）。

A. fillna( ) 函数不能通过 inplace 参数来确定是否对原始数据集进行填充更改

B. 使用位于空值前面的数据进行填充的代码是 df.fillna(method='bfill')

C. 使用位于空值后面的数据进行填充的代码是 df.fillna(method='ffill')

D. 用平均值填充空值的代码是 df.fillna(df.mean( ))

4. 对于下列代码生成的数据集 df，和其他三个选项不一样的是（　　）。

```
import pandas as pd
data={"姓名":['李彦','赵科','章丽','王静','彭伟','金子'],"性别":['男','男','女','女','男',
'女']}
df=pd.DataFrame(data)
```

A. df.duplicated(subset=['性别'])

B. df.duplicated(subset='性别')

C. df.duplicated(subset=['性别'],keep='last')

D. df.duplicated(subset=['性别'],keep='first')

5. 下列选项中，用于删除重复值的函数是（　　）。

A. drop_duplicates( ) 函数　　B. drop( ) 函数

C. dropna( ) 函数　　D. del( ) 函数

二、实操题

1. 对海淀区电信客户信息进行清洗

根据素材文件“电信客户流失数据－海淀区．csv”，完成对该文件的数据清洗工作，并将清洗好的数据另存为“result_haidian.csv”。

（1）读入数据文件“电信客户流失数据－海淀区. csv”，将数据保存在DataFrame对象hdDf中。

（2）检测数据集中有无空值，若整行都为空，直接删除，并将删除结果更新至原数据集hdDf中。

（3）统计数据集hdDf中哪些列有空值？

（4）统计空值的数量。

（5）为有空值的列设计合理的数据填充方案，并进行填充。

（6）统计数据集中重复行的数量，对于完全重复的行，直接删除。

（7）观察每个列的重复值情况，判断这些重复是否符合常理。

（8）将清洗后的结果保存到外部文件“result_haidian.csv”中。

2. 对西城区电信客户信息进行清洗

根据素材文件“电信客户流失数据－西城区. csv”，完成对该文件的数据清洗工作，并将清洗好的数据另存为“result_xicheng.csv”。具体要求和上题一致，将DataFrame对象命名为xcDf即可。

项目评价表 >>>

学习效果评价表				
任务序号	任务内容	任务清单	权重	
任务一	清洗东城区电信客户缺失值数据	检测和判断空值或缺失值	10%	70%
		检测某列是否存在空值	10%	
		删除含有空值或缺失值的行或列	10%	
		向前填充空值	10%	
		向后填充空值	10%	
		使用平均值填充空值	10%	
		统计空值和非空值的数量	10%	
任务二	清洗东城区电信客户重复值数据	检测有无重复值	10%	30%
		统计重复行的数量	10%	
		删除重复值	10%	

续表

实践能力评价表				
任务序号	任务内容	任务清单	权重	
技能训练一	数据清洗基础运算训练	辨识数据清洗相关知识	3%	20%
		辨析删除缺失值或空值的方法	3%	
		辨识填充空值的相关知识	4%	
		辨析去除重复值的方法	5%	
		辨识去除重复值函数	5%	
技能训练二	海淀区电信数据清洗	读取 “.csv” 文件	5%	40%
		检测数据集中有无空值，若整行都为空，直接删除	5%	
		统计数据集中哪些列有空值	5%	
		统计空值的数量	5%	
		填充有空值的列	5%	
		统计数据集中重复行的数量	5%	
		删除重复行	5%	
		保存结果到 “.csv” 文件	5%	
	西城区电信数据清洗	读取 “.csv” 文件	5%	40%
		检测数据集中有无空值，若整行都为空，直接删除	5%	
		统计数据集中哪些列有空值	5%	
		统计空值的数量	5%	
		填充有空值的列	5%	
		统计数据集中重复行的数量	5%	
		删除重复行	5%	
		保存结果到 “.csv” 文件	5%	

项目九 数据规整

9

学习目标

知识目标

1. 了解数据预处理的含义
2. 掌握数据合并的方法
3. 掌握数据转换的方法

能力目标

1. 能够使用不同的方式合并数据
2. 能够灵活使用 apply() 函数
3. 能够使用匿名函数

素养目标

1. 使学生建立起将杂乱无章的数据变成标准化、规范化数据的潜意识
2. 通过合并多个数据集，增加数据维度，培养学生理解复杂数据逻辑的思维

学思践行

数据驱动未来

2001 年，中国电信行业有 7 家运营商。2002 年，经过重组拆分、南北拆分，形成了中国移动、中国网通、中国电信、中国联通、中国铁通和中国卫通六大运营商的格局。2008 年，电信业再次重组，形成了中国电信、中国移动、中国联通三大运营商，三足鼎立形成，标志着我国进入 3G 时代。2011 年 3 月 29 日 10 时 58 分，中国电信移动用户过亿，成为全球最大 CDMA 运营商。2013 年 12 月 4 日，工业和

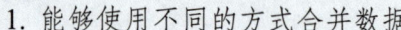

信息化部正式向三大运营商发放 4G 牌照，宣告我国通信行业进入 4G 时代。

随着移动互联网快速发展，新服务、新业务不断涌现，移动数据业务流量呈爆炸式增长，5G 作为一种新型移动通信网络，开始渗透到经济社会的各行业、各领域，成为支撑经济社会数字化、网络化、智能化转型的关键新型基础设施。2021 年 4 月 19 日，在国务院新闻办公室举行的政策例行吹风会上宣布我国已初步建成全球最大规模的 5G 移动网络。截至 2024 年 8 月末，根据工业和信息化部的数据，我国 5G 基站总数达 404.2 万个，占移动基站总数的 32.1%，5G 移动电话用户达 9.66 亿户，占移动电话用户的 54.3%。我国已实现“市市通千兆、乡乡通 5G、村村通宽带”，网络服务能力持续升级。目前，5G 与各行各业互联互通，信息底座为数字经济“搭桥铺路”，融合应用加速向行业渗透，新业态新模式新动能不断涌现。

【思考与践行】中国，从 2G 起步，到 3G 突破，到 4G 并跑，再到 5G 引领，彰显着党的二十大报告中提到的“科学社会主义在二十一世纪的中国焕发出新的蓬勃生机，中国式现代化为人类实现现代化提供了新的选择”。苏琳作为有理想的年轻一代，坚持与祖国同行、用青春梦想和实际行动为实现中国梦作出更大贡献。

项目说明

数据预处理的常规步骤包括数据清洗、数据集成、数据转换和数据归约，但实际的数据预处理工作并不是必须包含这每一个步骤，各步骤之间也可能有一定的交集。项目八已经完成了数据清洗工作，本项目要对数据做进一步的合并、转换等规整工作。

本项目通过讲解电信客户数据的预处理操作，帮助苏琳这样的初学者掌握数据计算、数据转换、数据合并与拼接等知识和技能，实现数据规整化，为后续的数据分析减少时间，降低成本和提高质量。

项目分解

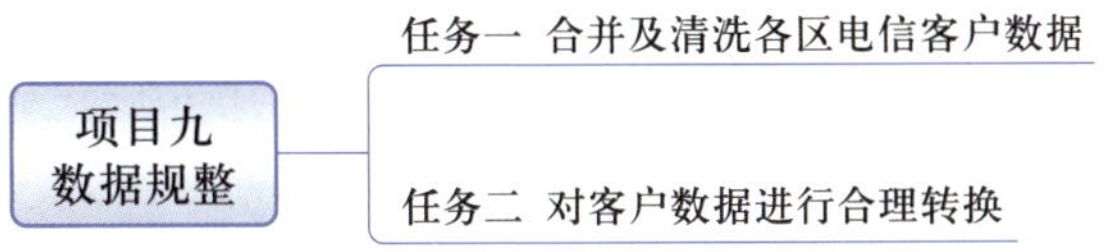

任务一 合并及清洗各区电信客户数据

任务说明

东城区、西城区和海淀区的电信客户信息分别保存在三个文件中，文件名分别是“电信客户流失数据－东城区.csv”“电信客户流失数据－西城区.csv”和“电信客户流失数据－海淀区.csv”。当电信公司要查看这三个城区的电信客户总体信息时，需要将上述三个文件进行合并。本任务将完成此合并工作，同时，因为西城区和海淀区的数据还没有做过清洗，所以数据合并后也要做相应的清洗工作。

相关知识

在财务数据分析实际应用中合并数据的功能会被经常使用，合并数据是指将不同的数据集归并到一个数据集中。例如，若超市想了解一季度的销售额，则需要将一至三月的销售报表合并成季度报表；若电信部门想了解某个城市的用户信息，则需要将各个区的信息合并成全市的统计报表。

Pandas 提供了很多合并数据的方法，concat( ) 函数就是其中非常重要的一种。concat( ) 函数可用于对 Series 数据或 DataFrame 数据进行行拼接或列拼接。行拼接是指上下多行进行拼接，列拼接是指左右多列进行拼接。

一、行拼接

行拼接是 concat( ) 函数的默认拼接方法。下面以“中国软件－600536－季报数据.xlsx”文件中的“资产负债表”为例，讲解行拼接。

在如图 9-1 所示的代码中，第 3 行代码使用 read_excel( ) 函数读取 Excel 文件，并将读取的数据保存到 DataFrame 对象 dfReport1 中。第 6 行代码使用 dfReport1.iloc[[12, 13, 28, 33, 65]] 从数据集 dfReport1 中获取行位置索引 [12, 13, 28, 33, 65] 对应

的数据行，并将得到的数据集赋值给 zcReport 变量。第 7 行代码显示 zcReport 的数据。从显示结果中可以看出，zcReport 数据集包含了资产负债表中的应收票据、应收账款、存货、流动资产合计和资产合计，共 5 行、33 列。

```
# 读取当前文件夹中“中国软件-600536-季报数据.xlsx”文件的”资产负债表”数据
import pandas as pd
dfReport1 = pd.read_excel("中国软件-600536-季报数据.xlsx",sheet_name="资产负债表")  # 读取Excel文件数据
#获取资产负债表中的应收票据、应收账款、存货、流动资产合计、资产合计，# 他们分别对应集合中[12,13,28,33,65]的索引位置
zcReport = dfReport1.iloc[[12,13,28,33,65]]
zcReport
```

	资产负债表	REPORTDATE	2024/3/31 0:00:00	2023/12/31 0:00:00	2023/9/30 0:00:00	2023/6/30 0:00:00	2023/3/31 0:00:00	2022/12/31 0:00:00	2022/9/30 0:00:00	2022/6/30 0:00:00	...	2018/12/31 0:00:00
12	应收票据	BILLREC	1.213270e+08	6.908935e+07	6.929185e+07	1.018519e+08	2.621424e+07	2.464566e+07	4.473868e+07	4.413087e+07	...	8.147441e+07
13	应收账款	ACCOUNTREC	1.978437e+09	2.117119e+09	2.124386e+09	2.439191e+09	2.354005e+09	2.521535e+09	2.357604e+09	2.554931e+09	...	1.470281e+09
28	存货	NaN	1.230533e+09	9.765566e+08	1.315813e+09	1.708711e+09	1.730741e+09	1.553656e+09	2.194284e+09	2.204942e+09	...	1.010235e+09
33	流动资产合计	NaN	6.119281e+09	6.313166e+09	6.063863e+09	7.217763e+09	6.774987e+09	7.397523e+09	7.283727e+09	7.956654e+09	...	4.459617e+09
65	资产合计	NaN	8.797183e+09	9.256072e+09	8.800277e+09	9.997487e+09	9.617812e+09	1.027535e+10	9.911153e+09	1.052838e+10	...	5.690422e+09

5 rows × 33 columns

图 9-1　从资产负债表中获取的五行数据

继续查看负债部分的流动负债合计和负债合计这两项数据，代码及执行结果如图 9-2 所示。从图中可以看出，DataFrame 对象 fzReport 包含了流动负债合计和负债合计，共 2 行、33 列。

```
#获取资产负债表负债情况，获取流动负债合计、负债合计两项的数据，# 他们分别对应这个集合中的[102,118]索引位置
fzReport = dfReport1.iloc[[102,118]]
fzReport
```

	资产负债表	REPORTDATE	2024/3/31 0:00:00	2023/12/31 0:00:00	2023/9/30 0:00:00	2023/6/30 0:00:00	2023/3/31 0:00:00	2022/12/31 0:00:00	2022/9/30 0:00:00	2022/6/30 0:00:00	...	2018/12/31 0:00:00
102	流动负债合计	NaN	4.778383e+09	4.982477e+09	4.872791e+09	6.120936e+09	5.399812e+09	5.859708e+09	6.063210e+09	6.558973e+09	...	2.708833e+09
118	负债合计	NaN	5.560530e+09	5.827040e+09	5.744431e+09	6.930919e+09	6.240630e+09	6.715239e+09	7.054396e+09	7.608260e+09	...	3.103610e+09

2 rows × 33 columns

图 9-2　流动负债合计和负债合计两项的数据

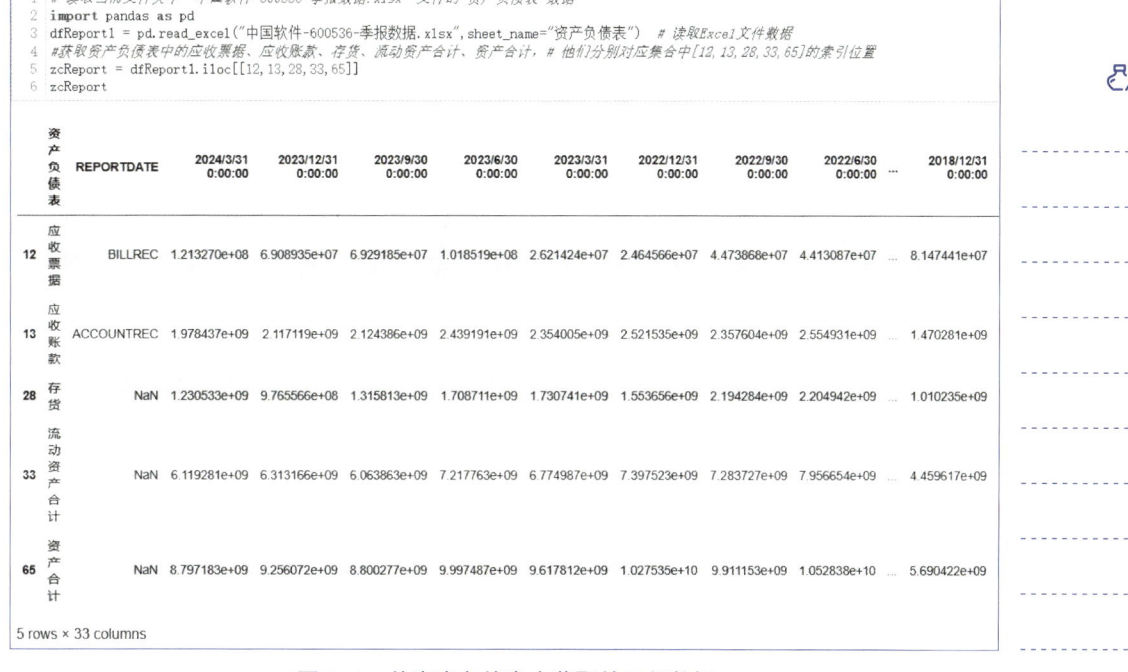

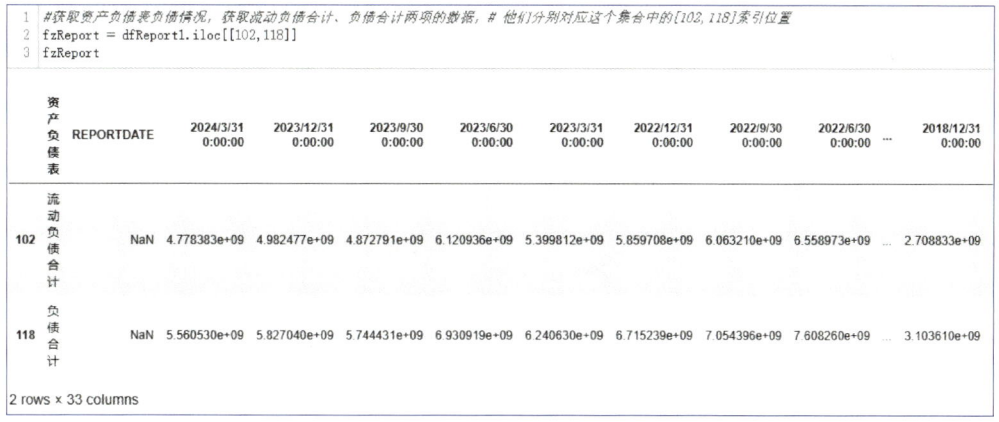

如图 9-3 所示的代码使用 concat( ) 函数拼接数据集 zcReport 和 fzReport，并将拼接的结果存入 df 数据集中。从执行结果可以看出，df 数据集包含了 7 行数据。

行拼接

```
#两个zcReport和fzReport合并，上下拼接
df = pd.concat([zcReport,fzReport])
df.iloc[:,:7] #只显示前7列的内容
```

	资产负债表	REPORTDATE	2024/3/31 0:00:00	2023/12/31 0:00:00	2023/9/30 0:00:00	2023/6/30 0:00:00	2023/3/31 0:00:00
12	应收票据	BILLREC	1.213270e+08	6.908935e+07	6.929185e+07	1.018519e+08	2.621424e+07
13	应收账款	ACCOUNTREC	1.978437e+09	2.117119e+09	2.124386e+09	2.439191e+09	2.354005e+09
28	存货	NaN	1.230533e+09	9.765566e+08	1.315813e+09	1.708711e+09	1.730741e+09
33	流动资产合计	NaN	6.119281e+09	6.313166e+09	6.063863e+09	7.217763e+09	6.774987e+09
65	资产合计	NaN	8.797183e+09	9.256072e+09	8.800277e+09	9.997487e+09	9.617812e+09
102	流动负债合计	NaN	4.778383e+09	4.982477e+09	4.872791e+09	6.120936e+09	5.399812e+09
118	负债合计	NaN	5.560530e+09	5.827040e+09	5.744431e+09	6.930919e+09	6.240630e+09

图 9-3　合并后的 7 行数据

二、列拼接

假设有两个 Excel 文件，分别存储了某学校的职工工资信息和人事信息。若领导想了解职工的所有信息，就需要将这两个 Excel 文件的所有列拼接起来。可以使用 concat( ) 函数完成此要求，它可以将两个表进行横向的列合并。为了节省篇幅，下面以 6 名职工的信息为例，进行列拼接的讲解。

首先读入“职工工资 .xlsx”数据，代码及运行结果如图 9-4 所示。

```
# 读入“职工工资.xlsx”数据
import pandas as pd
gzdf = pd.read_excel("职工工资.xlsx")  # 读取职工工资信息
gzdf
```

	职工姓名	基本工资	岗位津贴	教龄工资	课时费	绩效工资
0	张伟	6500	2000	300	3200	10000
1	闫涛	8700	2200	400	1800	10000
2	李萍萍	4600	1900	200	2700	8000
3	王大友	9200	2200	500	3900	10000
4	赵风	3900	1800	200	2600	8000
5	陆风	6700	2000	300	1800	10000

图 9-4　职工工资表数据

然后继续读入“职工人事信息 .xlsx”文件，代码及运行结果如图 9-5 所示。

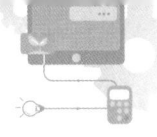

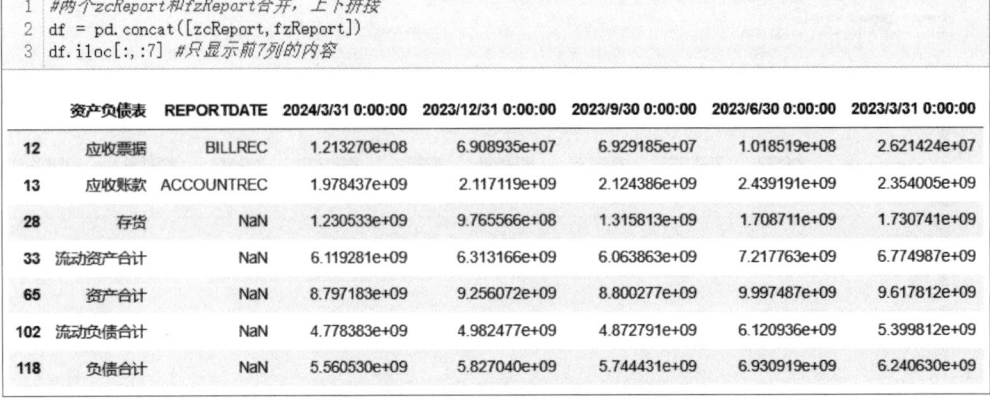

```
# 读入"职工人事信息.xlsx"文件
rsdf = pd.read_excel("职工人事信息.xlsx")  # 读取职工人事信息
rsdf
```

	职工姓名	所属部门	性别	电话	职称
0	张伟	电子系	男	1393515001	副教授
1	闫涛	会计系	男	1383515681	教授
2	李萍萍	物理系	女	1993515401	讲师
3	王大友	艺术系	男	1373513211	教授
4	赵风	化学系	女	1383510001	讲师
5	陆风	计算机系	女	1393511231	副教授

图 9-5　职工人事信息表数据

接下来使用 concat( ) 函数将两个数据集横向合并成一个完整的职工信息表，代码及运行结果如图 9-6 所示。

```
# 按列合并，指定axis=1
pd.concat([gzdf,rsdf],axis=1)
```

	职工姓名	基本工资	岗位津贴	教龄工资	课时费	绩效工资	职工姓名	所属部门	性别	电话	职称
0	张伟	6500	2000	300	3200	10000	张伟	电子系	男	1393515001	副教授
1	闫涛	8700	2200	400	1800	10000	闫涛	会计系	男	1383515681	教授
2	李萍萍	4600	1900	200	2700	8000	李萍萍	物理系	女	1993515401	讲师
3	王大友	9200	2200	500	3900	10000	王大友	艺术系	男	1373513211	教授
4	赵风	3900	1800	200	2600	8000	赵风	化学系	女	1383510001	讲师
5	陆风	6700	2000	300	1800	10000	陆风	计算机系	女	1393511231	副教授

图 9-6　按列合并后的数据

在 concat( ) 函数的参数中，以列表［gzdf，rsdf］给出要合并的数据集，axis = 1 表示按列对数据集进行合并。从输出结果可以看出，列拼接操作保留了两个数据集中的所有列信息。

提 示

对两个数据集进行横向列拼接时，每个数据集中的列名在各自数据集中都必须是唯一的，但两个数据集之间的列名可以重复（如职工姓名），因为只有两个数据集中有相同的列，拼接才有实际意义。

拼接后，可以为数据集添加表名，以标记拼接后的各个列来自哪个表，代码如图 9-7 所示。在其第 2 行代码中，concat( ) 函数使用了 keys 参数和 names 参数，

keys 参数标记了“职工姓名”列到“绩效工资”列来源于“gzdf”表，“职工姓名”到“职称”来源于“rsdf”表。names 参数分别在第一行列索引前添加索引名称“来源表”、第二行列索引前添加索引名称“行索引”。

列拼接

```
# 标记每条记录来自于哪个表
pd.concat([gzdf,rsdf],keys=['gzdf','rsdf'],axis=1,names=['来源表','行索引'])
```

来源表	gzdf						rsdf				
行索引	职工姓名	基本工资	岗位津贴	教龄工资	课时费	绩效工资	职工姓名	所属部门	性别	电话	职称
0	张伟	6500	2000	300	3200	10000	张伟	电子系	男	1393515001	副教授
1	闫涛	8700	2200	400	1800	10000	闫涛	会计系	男	1383515681	教授
2	李萍萍	4600	1900	200	2700	8000	李萍萍	物理系	女	1993515401	讲师
3	王大友	9200	2200	500	3900	10000	王大友	艺术系	男	1373513211	教授
4	赵风	3900	1800	200	2600	8000	赵风	化学系	女	1383510001	讲师
5	陆风	6700	2000	300	1800	10000	陆风	计算机系	女	1393511231	副教授

图 9-7　标记数据来源

任务实施

步骤 1：在 Jupyter Notebook 中新建 Python 程序，并将其命名为项目九。

步骤 2：读取素材文件“电信客户流失数据 – 东城区.csv”“电信客户流失数据 – 西城区.csv”和“电信客户流失数据 – 海淀区.csv”中的数据。代码如下：

```
import pandas as pd
# 东城区数据
dcDf = pd.read_csv("电信客户流失数据 – 东城区.csv")

# 西城区数据
xcDf = pd.read_csv("电信客户流失数据 – 西城区.csv")

# 海淀区数据
hdDf = pd.read_csv("电信客户流失数据 – 海淀区.csv")
```

由于数据量较大，本步骤没有显示读入的数据，读者们可输入自行查看。

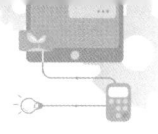

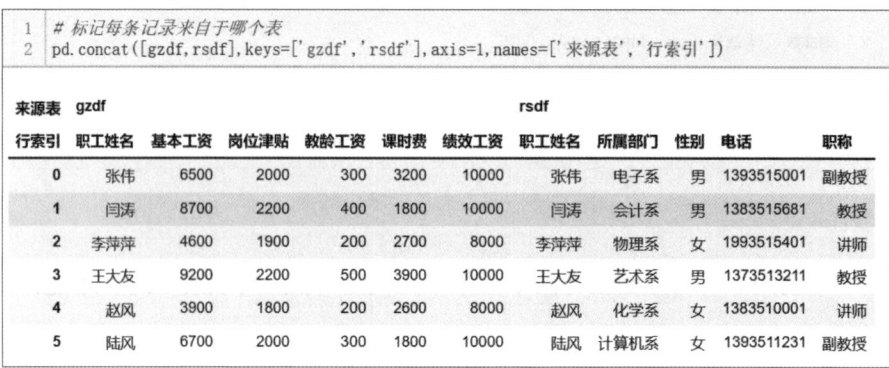

步骤 3：将三个城区的数据集 dcDf、xcDf 和 hdDf 合并，形成一个包括所有区

域数据在内的总数据集。代码如下：

```
# 将三个城区的数据合并
df = pd.concat([dcDf, xcDf, hdDf], ignore_index = True)
df
```

运行代码，结果如图 9-8 所示：

```
1  # 将三个城区的数据合并
2  df = pd.concat([dcDf,xcDf,hdDf],ignore_index=True)
3  df
```

	区域	网龄	年龄	婚姻	收入	学历	性别	家庭人数	是否开通网络	是否开通呼叫等待	是否开通呼叫转移	是否开通三方通话	是否使用电子账单	通话时长	上门服务	无线时长	影视时长	客户类别	流失
0	NaN	NaN	NaN	NaN	NaN	NaN	NaN	NaN	NaN	NaN	NaN	NaN	NaN	NaN	NaN	NaN	NaN	NaN	NaN
1	东城	73.0	43.0	已婚	74.0	1.0	0.0	3.0	0.0	0.0	0.0	0.0	0.0	NaN	NaN	2.803360	NaN	2.0	0.0
2	东城	48.0	41.0	已婚	37.0	2.0	1.0	3.0	0.0	0.0	0.0	0.0	0.0	NaN	NaN	3.731699	NaN	1.0	0.0
3	东城	37.0	39.0	已婚	78.0	5.0	0.0	4.0	1.0	0.0	0.0	0.0	0.0	NaN	3.0	2.420368	NaN	2.0	0.0
4	东城	29.0	32.0	已婚	78.0	4.0	0.0	4.0	1.0	1.0	1.0	1.0	1.0	NaN	4.0	3.188417	3.64545	4.0	1.0
...	...	...	...	...	...	...	...	...	...	...	...	...	...	...	...	...	...	...	...
996	海淀	57.0	44.0	单身	85.0	1.0	1.0	1.0	0.0	0.0	1.0	1.0	0.0	3.198673	NaN	2.656757	NaN	3.0	0.0
997	海淀	30.0	28.0	单身	18.0	3.0	0.0	5.0	0.0	1.0	0.0	0.0	0.0	2.917771	NaN	NaN	NaN	2.0	1.0
998	海淀	41.0	25.0	已婚	24.0	1.0	1.0	4.0	0.0	1.0	1.0	1.0	0.0	3.332205	NaN	2.545531	NaN	3.0	0.0
999	海淀	8.0	26.0	已婚	60.0	4.0	1.0	3.0	0.0	0.0	1.0	1.0	0.0	3.157000	3.0	2.374906	2.95491	4.0	1.0
1000	海淀	71.0	50.0	已婚	193.0	2.0	1.0	2.0	1.0	0.0	1.0	0.0	1.0	NaN	4.0	3.277145	3.78646	2.0	0.0

1001 rows × 19 columns

图 9-8　合并后的数据

代码功能释义：

第 2 行代码使用 Pandas 的 concat( ) 函数将参数 [dcDf, xcDf, hdDf] 指定的三个数据集进行纵向合并，即将三个数据集的所有行合并在一起。要使纵向合并的数据有意义，前提是所合并的数据集具有相同的列。例如，东城区、西城区和海淀区这三个数据集的列数和列含义都相同，合并后就是三个区的所有电信用户数据。

concat( ) 函数中的 ignore_index = True 参数指明合并时忽略每个数据集最左边的行索引，这个索引是读入数据后系统自动添加的。

从输出结果可以看出，三个文件合并后共有 1001 行数据。

步骤 4：接下来对合并后的数据进行清洗。一般清洗数据时，可以直接先删除空行，空行是没有任何数据的行，它对于数据分析而言是没有意义的。即使不知道数据集中有没有空行，也可以做此操作。代码如下：

```
# 将数据集中的空行直接删除
```

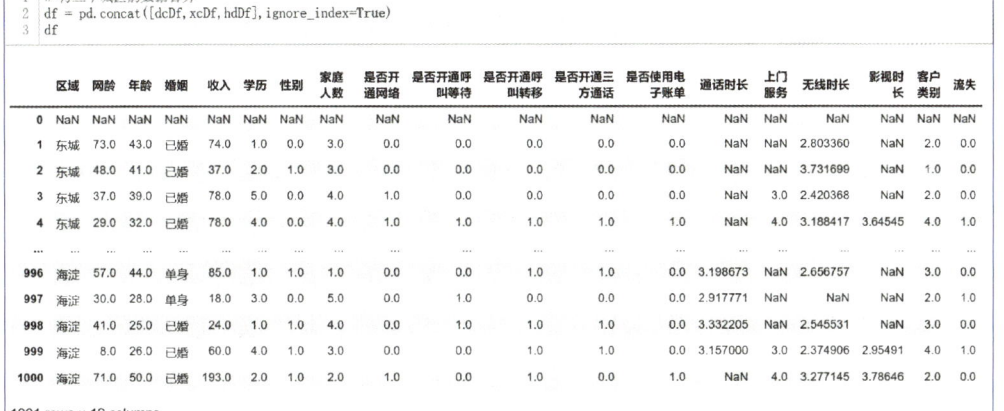

```
df.dropna ( how = 'all', inplace = True )
df
```

在第 2 行代码中，dropna( ) 函数的参数 how = 'all' 表示对数据集完全为空的行进行删除，inplace = True 表示直接在原数据集中删除。

合并三个城区数据

运行代码，结果如图 9-9 所示。从结果可以看出，数据集变为 1 000 行。这说明数据集中有一行是空行。

```
1 # 将数据集中的空行直接删除
2 df.dropna(how='all',inplace=True)
3 df
```

	区域	网龄	年龄	婚姻	收入	学历	性别	家庭人数	是否开通网络	是否开通呼叫等待	是否开通呼叫转移	是否开通三方通话	是否使用电子账单	通话时长	上门服务	无线时长	影视时长	客户类别	流失
1	东城	73.0	43.0	已婚	74.0	1.0	0.0	3.0	0.0	0.0	0.0	0.0	0.0	NaN	NaN	2.803360	NaN	2.0	0.0
2	东城	48.0	41.0	已婚	37.0	2.0	1.0	3.0	0.0	0.0	0.0	0.0	0.0	NaN	NaN	3.731699	NaN	1.0	0.0
3	东城	37.0	39.0	已婚	78.0	5.0	0.0	4.0	1.0	0.0	0.0	0.0	0.0	NaN	3.0	2.420368	NaN	2.0	0.0
4	东城	29.0	32.0	已婚	78.0	4.0	0.0	4.0	1.0	1.0	1.0	1.0	1.0	NaN	4.0	3.188417	3.64545	4.0	1.0
5	东城	72.0	55.0	已婚	122.0	1.0	0.0	2.0	0.0	0.0	1.0	0.0	0.0	NaN	NaN	3.091042	NaN	1.0	0.0
...	...	...	...	...	...	...	...	...	...	...	...	...	...	...	...	...	...	...	...
996	海淀	57.0	44.0	单身	85.0	1.0	1.0	1.0	0.0	0.0	1.0	1.0	0.0	3.198673	NaN	2.656757	NaN	3.0	0.0
997	海淀	30.0	28.0	单身	18.0	3.0	0.0	5.0	0.0	1.0	0.0	0.0	0.0	2.917771	NaN	NaN	NaN	2.0	1.0
998	海淀	41.0	25.0	已婚	24.0	1.0	1.0	4.0	0.0	1.0	1.0	1.0	0.0	3.332205	NaN	2.545531	NaN	3.0	0.0
999	海淀	8.0	26.0	已婚	60.0	4.0	1.0	3.0	0.0	0.0	1.0	1.0	0.0	3.157000	3.0	2.374906	2.95491	4.0	1.0
1000	海淀	71.0	50.0	已婚	193.0	2.0	1.0	2.0	1.0	0.0	1.0	0.0	1.0	NaN	4.0	3.277145	3.78646	2.0	0.0

1000 rows × 19 columns

图 9-9　删除空行后的数据集

步骤 5：对所有列进行空值检测。代码如下：

```
# 使用循环将 df 中包含空值的列检测出来
print('有空值的列索引是：')
for i in range(19):
    if(df.iloc[:,i].isnull().any() = = True):
        print(i)
```

运行代码，结果如图 9-10 所示。从结果看出，有空值的列是 3、13、14、15、16 这 5 列。

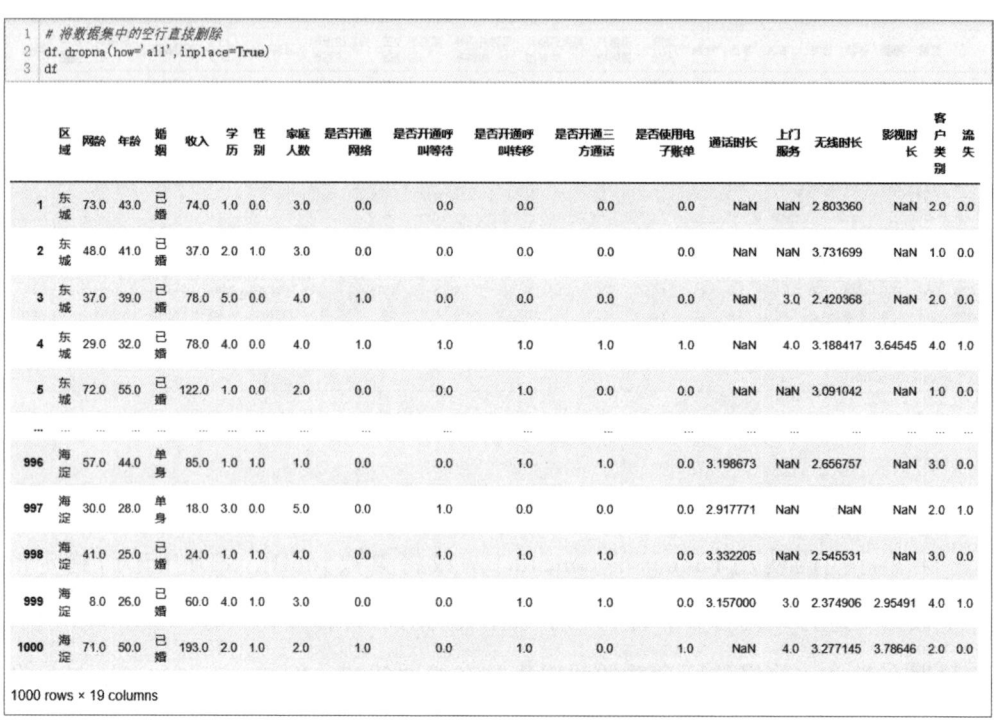

```
# 使用循环将df中包含空值的列检测出来
print('有空值的列索引是：')
for i in range(19):
    if (df.iloc[:,i].isnull().any()==True):
        print(i)
```

```
有空值的列索引是：
3
13
14
15
16
```

图 9-10　检索有空值的列

步骤 6：统计 3、13、14、15、16 列空值的数量，为后面选择合理的数据填充方式提供依据。代码如下：

```
# 使用循环统计第 3、13、14、15、16 列的空值情况
for i in[3, 13, 14, 15, 16]:
    print(df.iloc[:.i].isnull( ).value_counts( ))
    print('-'*20)
```

运行代码，结果如图 9-11 所示。从输出结果来看，“婚姻”列缺失 2 个值，“通话时长”列缺失 525 个值，“上门服务”列缺失 614 个值，“无线时长”列缺失 322 个值，“影视时长”列缺失 704 个值。对于空值较少或该空值不容易填充的情况，可以直接删除；如果空值较多，那就不能直接删除，而应该根据分析的目的进行合理化处理。

```
# 使用循环统计第3、13、14、15、16列的空值情况
for i in [3,13,14,15,16]:
    print(df.iloc[:,i].isnull().value_counts())
    print('-'*20)
```

```
False    998
True       2
Name: 婚姻, dtype: int64
--------------------
True     525
False    475
Name: 通话时长, dtype: int64
--------------------
True     614
False    386
Name: 上门服务, dtype: int64
--------------------
False    678
True     322
Name: 无线时长, dtype: int64
--------------------
True     704
False    296
Name: 影视时长, dtype: int64
--------------------
```

图 9-11　统计各列空值的数量

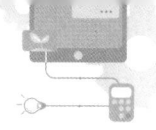

步骤 7：“婚姻”列空值较少，可以直接删除其空值所在的行。代码如下：

```
# 删除“婚姻”列空值所在的行
#subset 参数指定要操作的列，inplace 参数指明在原 Dataframe 中删除
df.dropna(subset = [' 婚姻 '], inplace = True)
df
```

运行代码，结果如图 9-12 所示。从输出结果可以看出，删除后数据集剩下 998 行，说明有两行数据被删除了。

```
# 删除“婚姻”列空值所在的行
# subset参数指定要操作的列，inplace参数指明在原DataFrame中删除
df.dropna(subset=['婚姻'], inplace=True)
df
```

	区域	网龄	年龄	婚姻	收入	学历	性别	家庭人数	是否开通网络	是否开通呼叫等待	是否开通呼叫转移	是否开通三方通话	是否使用电子账单	通话时长	上门服务	无线时长	影视时长	客户类别	流失
1	东城	73.0	43.0	已婚	74.0	1.0	0.0	3.0	0.0	0.0	0.0	0.0	0.0	NaN	NaN	2.803360	NaN	2.0	0.0
2	东城	48.0	41.0	已婚	37.0	2.0	1.0	3.0	0.0	0.0	0.0	0.0	0.0	NaN	NaN	3.731699	NaN	1.0	0.0
3	东城	37.0	39.0	已婚	78.0	5.0	0.0	4.0	1.0	0.0	0.0	0.0	0.0	NaN	3.0	2.420368	NaN	2.0	0.0
4	东城	29.0	32.0	已婚	78.0	4.0	0.0	4.0	1.0	1.0	1.0	1.0	1.0	NaN	4.0	3.188417	3.64545	4.0	1.0
5	东城	72.0	55.0	已婚	122.0	1.0	0.0	2.0	0.0	0.0	1.0	0.0	0.0	NaN	NaN	3.091042	NaN	1.0	0.0
...	...	...	...	...	...	...	...	...	...	...	...	...	...	...	...	...	...	...	...
996	海淀	57.0	44.0	单身	85.0	1.0	1.0	1.0	0.0	0.0	1.0	1.0	0.0	3.198673	NaN	2.656757	NaN	3.0	0.0
997	海淀	30.0	28.0	单身	18.0	3.0	0.0	5.0	0.0	1.0	0.0	0.0	0.0	2.917771	NaN	NaN	NaN	2.0	1.0
998	海淀	41.0	25.0	已婚	24.0	1.0	1.0	4.0	0.0	1.0	1.0	1.0	0.0	3.332205	NaN	2.545531	NaN	3.0	0.0
999	海淀	8.0	26.0	已婚	60.0	4.0	1.0	3.0	0.0	0.0	1.0	1.0	0.0	3.157000	3.0	2.374906	2.95491	4.0	1.0
1000	海淀	71.0	50.0	已婚	193.0	2.0	1.0	2.0	1.0	0.0	1.0	0.0	1.0	NaN	4.0	3.277145	3.78646	2.0	0.0

998 rows × 19 columns

图 9-12　删除“婚姻”列空值所在的行

提　示

凡是对原数据集作出修改并返回新数据集的命令，往往都有一个 inplace 可选参数。如果将其手动设定为 True（默认为 False），那么原数据集就会直接被替换。

至此，三个城区的数据被合并在一起，并且检测出了全部空值，统计了空值的个数。对于空值较少的婚姻列也已经进行了处理。但还有“通话时长”“上门服务”“无

线时长”“影视时长”四个列由于空值较多，不能简单地直接进行填充。在下一个任务中，将根据数据分析的目的，对这四个列的空值进行合理地替换或转换。

任务二 对客户数据进行合理转换

任务说明

在本项目任务一中已经对三个城区的数据进行了合并和清洗，并补充了一部分空值，但是数据集中有些字段的值从数据分析的角度看不是很明确，比如“通话时长”“上门服务时长”这两列的值并不能很准确地表示某用户是否经常通话或者上门服务是否频繁，因而也就影响用户流失率的预测。为充分达到数据分析的目的，本任务将通过一些常用的数据操作对数据进行一些合理转换，使这些数据更加符合分析的要求，使分析结果更加一目了然。具体要求如下：

（1）变更“性别”列的值：原数据用 1 代表男性，用 0 代表女性，将其替换为“男”“女”更直观。

（2）生成新列“通话使用情况”：根据“通话时长”列的数据确定该列的值为“未使用”“较少时间”还是“较多时间”。

（3）生成新列“是否使用上门服务”：根据“上门服务”列的数据确定该列的值为“是”还是“否”。

（4）生成新列“无线使用情况”：根据“无线时长”列的数据确定该列的值为“未使用”“使用较少”还是“使用较多”。

（5）生成新列“影视使用情况”：根据“影视时长”列的数据确定该列的值为“未使用”“使用较少”还是“使用较多”。

（6）有了上述新生成的四列数据内容，就能很好地分析出用户流失的情况，之前的“通话时长”“上门服务”和“影视时长”这三列的数据就不需要了，删除即可。

相关知识

一、匿名函数

匿名函数

Python 的函数应用非常广泛，前面任务中已经讲过多个函数，如 input()、print()、range()、len() 函数等，这些都是 Python 的内置函数，可以直接使用。除内置函数外，Python 还支持自定义函数，即将一段有特定功能的、可重复使用的代码段定义成函数，自定义函数像内置函数一样可以在需要时多次调用。

Python 允许定义一种特别的自定义函数——匿名函数。匿名函数就是没有名称的函数，也被称为 lambda 表达式，它不像 print()、range() 等函数那样有函数名，匿名函数是为了实现那些很简单的功能而编写的一句话函数。

匿名函数的语法格式如下：

```
lambda[parameter_list]: <expression>
```

其中，lambda 必须有，它引出后面的参数表和表达式。parameter_list 是可选参数列表，可以有参数，也可以没有参数；如果有，它还可以有多个参数。若有多个参数，参数之间要用英文逗号分隔。expression 是实现匿名函数功能的表达式。匿名函数最终将 expression 的计算结果返回给程序。

匿名函数的示例见图 9-13：

```
1  mySum = lambda a,b: a+b       # 定义匿名函数，并将其赋给变量mySum
2  print(mySum(10,20))           # 通过mySum调用匿名函数，并给匿名函数传入参数10和20
3  print(mySum(100,20))          # 通过mySum调用匿名函数，并给匿名函数传入参数100和20

30
120
```

图 9-13　匿名函数示例

第 1 行代码首先定义一个匿名函数 lambda a, b: a + b，其功能是计算两个参数 a 与 b 的和。定义好的匿名函数不能直接使用，要使用一个变量保存匿名函数，以便调用，因此将该函数赋给变量 mySum。

第 2 行代码通过 mySum 调用匿名函数，由 mySum 将两个数值 10、20 传给 a、b，lambda 利用这两个数计算 a + b，再将计算结果 30 返回给 mySum，最后由 print() 函数输出 30。匿名函数的返回值 mySum 被使用时当作函数名来用，所以要加一对括号和参数。同理，读者可自行解读第 3 行代码的含义。

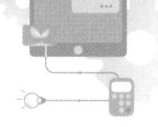

apply() 函数

二、apply() 函数

apply() 函数是 Pandas 所有函数中自由度最高的函数。该函数的功能是自动遍历整个 DataFrame 对象中的所有元素，对每个元素进行特定的函数计算。

假设有如图 9-14 所示的数据集 df。

```
import pandas as pd

# 构造一个DataFrame对象
data = [[1,2],[3,4],[5,6]]
df = pd.DataFrame(data, columns=list('男女'), index=list('abc'))
df
```

	男	女
a	1	2
b	3	4
c	5	6

图 9-14　一个数据集

如果需要对数据集 df 中所有数据求平方，可以执行 df.apply(lambda x : x*x) 命令，其功能是对数据集 df 中的所有数据元素执行匿名函数的功能。在这条命令中看到，匿名函数通常作为别的函数的参数来使用。“lambda x : x*x” 语句中 x 代表数据集 df 中的每个数据元素，对每个 x 执行平方运算，其结果如图 9-15 所示。

此外，还可以对满足条件的数据应用 apply() 函数，例如，现有如下语句：df.apply(lambda x : x*x if x.name = = '男'else x)，该语句表示对数据集 df 中的每个元素 x 先判断 x 的列名是否为男，若是，则对 x 执行平方运算，否则还是原来的 x，如图 9-16 所示。

```
df.apply(lambda x : x*x)
```

	男	女
a	1	4
b	9	16
c	25	36

图 9-15　匿名函数作为 apply() 函数的参数

```
df.apply(lambda x : x*x if x.name=='男' else x)
```

	男	女
a	1	2
b	9	4
c	25	6

图 9-16　apply() 函数的应用

思 考

对数据集 df 执行 df.apply(lambda x : x*x if x.name = = '女'else x) 命令后，其结

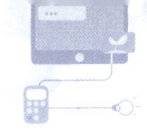

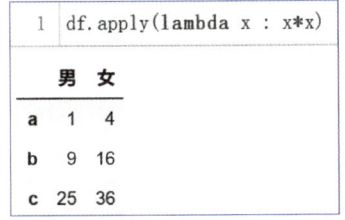

果是什么？若是执行 df.apply(lambda x : x + 10) 命令，结果又是什么？

三、删除和替换不合理数据

本项目任务一介绍了 dropna( ) 函数，该函数可以删除含有空值的行或列。但在实际中，有时还需要对含有不合理值的行或列进行删除，也可能需要对行或列中的不合理值或不符合分析目的的值作替换，这些数据处理要求可以使用 Pandas 的 drop( ) 函数和 replace( ) 函数来实现。

（一）删除数据

drop( ) 函数的功能是删除 DataFrame 对象中的某些行或某些列，默认情况下按行删除；如果要删除列，可以在 drop( ) 函数括号内设置参数 axis = 1。

1. 删除列

假设有数据集 df，如图 9-17 所示。

若要删除“婚否”列，代码为：df.drop(['婚否'], axis = 1)；若要同时删除多列，可用列表表示多个列名，代码为：df.drop(['婚否', '部门电话'], axis = 1)，如图 9-18 所示。

	部门	部门电话	负责人	婚否
0	一部	65809977	张志	已婚
1	二部	65806655	李伟	未婚
2	三部	NaN	None	未婚
3	四部	65809977	刘璐	已婚
4	二部	65806655	李伟	已婚

图 9-17　数据集

```
# 删除“婚否”列
df.drop(['婚否'], axis=1)    # axis=1表示删除列
```

	部门	部门电话	负责人
0	一部	65809977	张志
1	二部	65806655	李伟
2	三部	NaN	None
3	四部	65809977	刘璐
4	二部	65806655	李伟

```
# 删除多列时，以列表形式给出要删除的列
df.drop(['婚否', '部门电话'], axis=1)    # 删除两个列
```

	部门	负责人
0	一部	张志
1	二部	李伟
2	三部	None
3	四部	刘璐
4	二部	李伟

图 9-18　按列名删除

删除操作

提 示

上面两条删除命令都不会影响原数据集，因为 drop() 函数没有使用参数 inplace = True。

2. 删除行

若要删除第 4 行，可输入代码：df.drop(4)；若要同时删除第 1 行和第 4 行，可输入代码 df.drop([1, 4])；执行结果如图 9-19 所示。

```
# 未给出axis参数时，默认对行删除
df.drop(4)            # 删除索引为4的行
```

	部门	部门电话	负责人	婚否
0	一部	65809977	张志	已婚
1	二部	65806655	李伟	未婚
2	三部	NaN	None	未婚
3	四部	65809977	刘璐	已婚

```
df1=df.drop([1,4])    # 删除多行
df1
```

	部门	部门电话	负责人	婚否
0	一部	65809977	张志	已婚
2	三部	NaN	None	未婚
3	四部	65809977	刘璐	已婚

图 9-19　按行号删除

知识扩展

在删除第 1 行和第 4 行时，系统默认将其行索引 1 和 4 也删除了。从图 9-19 可以看出，数据集中的行索引号已经不是顺序编号了，这将给后续操作带来问题。利用 reset_index() 函数可以重置索引，如图 9-20 所示。

```
df.drop([1,4]).reset_index()
```

	index	部门	部门电话	负责人	婚否
0	0	一部	65809977	张志	已婚
1	2	三部	NaN	None	未婚
2	3	四部	65809977	刘璐	已婚

```
df.drop([1,4]).reset_index(drop=True)        # drop=True表示删除旧索引
```

	部门	部门电话	负责人	婚否
0	一部	65809977	张志	已婚
1	三部	NaN	None	未婚
2	四部	65809977	刘璐	已婚

图 9-20　重置索引

（二）替换数据

替换数据时可以使用 replace(to_replace, value) 函数，其中，to_replace 参数是替

换前的旧值，value 参数是替换后的新值。

在数据清洗过程中，经常需要对不符合要求的数据进行替换。人工替换显然不现实，但 replace() 函数却能提供很灵活的批量替换。接下来通过下列示例讲解 replace() 函数的使用。

现假设某商场中若干商户的销售收益都不太好。为鼓舞士气，商场决定对所有商户补贴 500 元。商户信息由素材文件“商户补贴 .xlsx”提供，读入此文件中的数据，如图 9-21 所示。

执行代码 df.replace(0, 500, inplace = True)，将数据集中所有的 0 替换为 500。如图 9-22 所示。

```
import pandas as pd
df = pd.read_excel("商户补贴.xlsx")  # 读取Excel文件数据
df
```

	月份	商户名称	收益	补贴
0	202103	一缕春色	2000	0
1	202103	老街坊	3000	0
2	202103	大头娃娃	300	0
3	202103	老家味道	1200	0
4	202103	抹茶情	350	0
5	202103	久亮灯具	30	0
6	202103	粗布坊	280	0
7	202103	宠你宠我	200	0
8	202103	一路鲜花	500	0

图 9-21　商户补贴原始数据集

```
# 给每个商户补贴500元
df.replace(0, 500, inplace=True)
df
```

	月份	商户名称	收益	补贴
0	202103	一缕春色	2000	500
1	202103	老街坊	3000	500
2	202103	大头娃娃	300	500
3	202103	老家味道	1200	500
4	202103	抹茶情	350	500
5	202103	久亮灯具	30	500
6	202103	粗布坊	280	500
7	202103	宠你宠我	200	500
8	202103	一路鲜花	500	500

图 9-22　替换后的数据集

替换操作

若要将补贴改为 600 元，则使用代码：

```
df['补贴'].replace(500, 600, inplace = True)
```

此代码特意指出对数据集 df 的“补贴”列进行数据替换。

提 示

不能使用代码 df.replace(500, 600, inplace = True)，因为它表示对数据集 df 中所有的“500”进行替换，而数据集中不止补贴列有“500”这样的值，收益列也有“500”。

任务实施

在电信用户数据表中，性别列的取值是 0 和 1，分别代表女和男。根据本次数据分析的目的，需要将性别的值替换为男或女。

步骤 1：输入下列代码，将性别列的值 0 替换为女，值 1 替换为男。

```
# 将性别列的 1、0 分别替换为男、女
df["性别"].replace(0, '女', inplace = True)
df["性别"].replace(1, '男', inplace = True)

df.head()      # 限于篇幅，显示前五行
```

运行代码，结果如图 9-23 所示。

```
# 将性别列的1、0分别替换为男、女
df["性别"].replace(0,'女',inplace=True)
df["性别"].replace(1,'男',inplace=True)

df.head()  # 限于篇幅，显示前五行
```

	区域	网龄	年龄	婚姻	收入	学历	性别	家庭人数	是否开通网络	是否开通呼叫等待	是否开通呼叫转移	是否开通三方通话	是否使用电子账单	通话时长	上门服务	无线时长	影视时长	客户类别	流失
1	东城	73.0	43.0	已婚	74.0	1.0	女	3.0	0.0	0.0	0.0	0.0	0.0	NaN	NaN	2.803360	NaN	2.0	0.0
2	东城	48.0	41.0	已婚	37.0	2.0	男	3.0	0.0	0.0	0.0	0.0	0.0	NaN	NaN	3.731699	NaN	1.0	0.0
3	东城	37.0	39.0	已婚	78.0	5.0	女	4.0	1.0	0.0	0.0	0.0	0.0	NaN	3.0	2.420368	NaN	2.0	0.0
4	东城	29.0	32.0	已婚	78.0	4.0	女	4.0	1.0	1.0	1.0	1.0	1.0	NaN	4.0	3.188417	3.64545	4.0	1.0
5	东城	72.0	55.0	已婚	122.0	1.0	女	2.0	0.0	0.0	1.0	0.0	0.0	NaN	NaN	3.091042	NaN	1.0	0.0

图 9-23　替换“性别”数据

根据本次数据分析的目的，需要根据“通话时长”列的原始值将通话时长划分为三种情况：未使用、较少时间、较多时间。判断通话时长属于哪种情况的标准是：若通话时长原始数据缺失，表示为“未使用”；若通话时长原始值小于通话时长平均值，表示为“较少时间”；否则表示为“较多时间”。

接下来，创建新列“通话使用情况”，并根据“通话时长”列的数据确定该列的值为未使用、较少时间或较多时间中的一种。

步骤 2：首先计算“通话时长”列的平均值，代码如下：

```
# 获取“通话时长”列的平均值
```

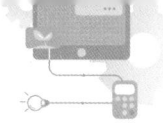

计算“通话时长”的平均值

```
meanValue = df["通话时长"].mean()
meanValue
```

运行代码，得到结果为 3.2414634767780166。

步骤 3：得到平均值后，根据平均值判断通话时长属于哪种情况，并将“通话使用情况”作为新的一列加入 df 数据集中，代码如下：

```
# 为“通话使用情况”列赋值
df["通话使用情况"]= df["通话时长"].\
                    apply(lambda x :"未使用"if(pd.isna(x) = = True)\
                              else("较少时间 "if x < meanValue\
                                        else"较多时间"))
df.head()  # 限于篇幅，显示前五行
```

运行代码，结果如图 9-24 所示：

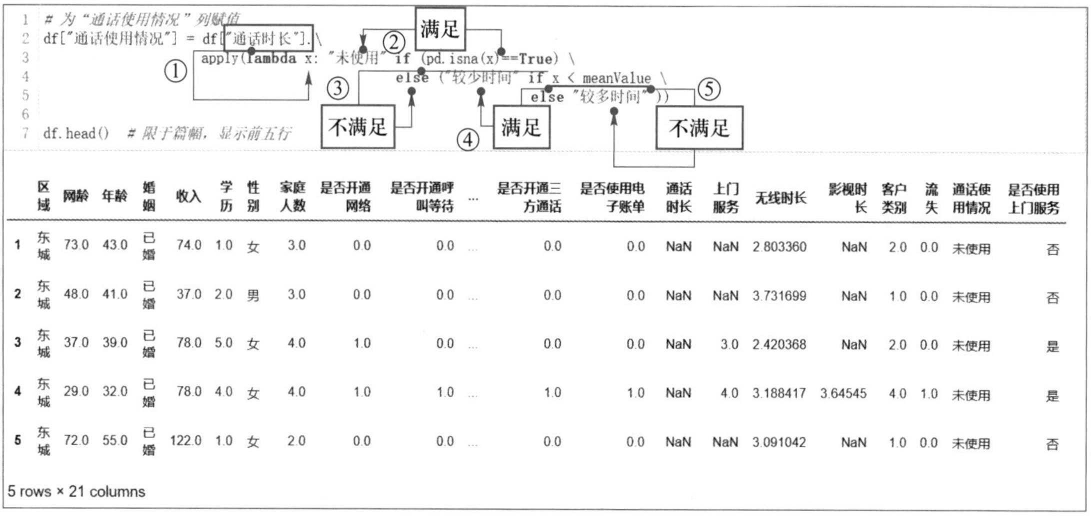


```
# 为“通话使用情况”列赋值
df["通话使用情况"] = df["通话时长"].\
    apply(lambda x: "未使用" if (pd.isna(x)==True) \
        else ("较少时间" if x < meanValue \
            else "较多时间"))

df.head()   # 限于篇幅，显示前五行
```

	区域	网龄	年龄	婚姻	收入	学历	性别	家庭人数	是否开通网络	是否开通呼叫等待	...	是否开通三方通话	是否使用电子账单	通话时长	上门服务	无线时长	影视时长	客户类别	流失	通话使用情况	是否使用上门服务
1	东城	73.0	43.0	已婚	74.0	1.0	女	3.0	0.0	0.0	...	0.0	0.0	NaN	NaN	2.803360	NaN	2.0	0.0	未使用	否
2	东城	48.0	41.0	已婚	37.0	2.0	男	3.0	0.0	0.0	...	0.0	0.0	NaN	NaN	3.731699	NaN	1.0	0.0	未使用	否
3	东城	37.0	39.0	已婚	78.0	5.0	女	4.0	1.0	0.0	...	0.0	0.0	NaN	3.0	2.420368	NaN	2.0	0.0	未使用	是
4	东城	29.0	32.0	已婚	78.0	4.0	女	4.0	1.0	1.0	...	1.0	1.0	NaN	4.0	3.188417	3.64545	4.0	1.0	未使用	是
5	东城	72.0	55.0	已婚	122.0	1.0	女	2.0	0.0	0.0	...	0.0	0.0	NaN	NaN	3.091042	NaN	1.0	0.0	未使用	否

5 rows × 21 columns

图 9-24　增加“通话使用情况”列

代码功能释义如下：

第 2 行代码中，“=”左边是定义的新列，“=”右边对 df["通话时长"] 中所有数据执行如下匿名函数：

lambda x :"未使用"if(pd.isna(x) = = True)else("较少时间"if x < meanValue else "较多时间")

该匿名函数使用了 if 语句嵌套。图 9-24 中①指示 x，代表“通话时长”列中

的每一个数据，对每个 x 判断 pd.isna(x) 的值是否等于 True。等于 True 时，按图中②的指示给新列填充“未使用”；不等时，按图中③指示执行 else 后的代码，即继续判断该 x 是否小于 meanValue。若小于，则按图中④指示为新列填充“较少时间”；否则，按图中⑤指示为新列填充“较多时间”。

第 7 行代码使用 head( ) 函数输出 df 数据集的前 5 行，从输出结果可以看出，数据集的最右侧增加了“通话使用情况”列。

提 示

由于第 2 行代码较长，所以使用了换行符 (\) 来进行换行，本质上第 2 至 5 行是一条代码。

接下来，根据数据分析要求处理“上门服务”列的数据。创建新列“是否使用上门服务”，根据“上门服务”列的值确定新列的值为“是”或“否”。若上门服务值缺失，则新列填充“否”；否则，新列填充“是”。

步骤 4：添加“是否使用上门服务”列，代码如下：

```
# 为“是否使用上门服务”列赋值
df["是否使用上门服务"]= df["上门服务"].apply(lambda x : "否"if(pd.isna(x) = = True)else"是")
df.loc[:, ["上门服务", "是否使用上门服务"]].head( )
```

运行代码，结果如图 9-25 所示：

```
# 为“是否使用上门服务”列赋值
df["是否使用上门服务"] = df["上门服务"].apply(lambda x: "否" if (pd.isna(x)==True) else "是")
df.loc[:,["上门服务","是否使用上门服务"]].head()
```

	上门服务	是否使用上门服务
1	NaN	否
2	NaN	否
3	3.0	是
4	4.0	是
5	NaN	否

图 9-25 增加“是否使用上门服务”列

代码功能释义如下：

在第 2 行代码中，“=”左边是定义的新列，右边对 df["上门服务"] 中的所有数据执行对应的命令，其中 x 代表上门服务列中的每一个数据，pd.isna(x) 判断 x 是否缺失。若缺失，则 pd.isna(x) = = True 成立，新列填充“否”；否则，新列填充“是”。

第 3 条代码定位 df 数据集的“上门服务”列和“是否使用上门服务”列，其中“.head( )”表示输出这两列的前 5 行数据，最终展示新列的数据。

接下来，根据数据分析要求处理“无线时长”列的数据。创建新列“无线使用情况”，根据“无线时长”列的值确定新列的值是“未使用”“使用较少”“使用较多”中的哪一种情况。无线时长原值若缺失，则新列填充为“未使用”；若小于无线时长的平均值，则新列填充为“使用较少”；若大于无线时长的平均值，新列填充为“使用较多”。

步骤 5：添加“无线使用情况”列，代码如下：

```
# 获取“无线时长”列的平均值
meanWireless = df["无线时长"].mean( )

# 创建新列并填充值
df["无线使用情况" ]= df["无线时长"].\
                  apply(lambda x : "未使用" if (pd.isna(x) = = True)\
                                   else ("使用较少" if x < meanWireless\
                                         else"使用较多"))
df.loc[:, ["无线时长", " 无线使用情况"]].head( )
```

运行代码，结果如图 9-26 所示。

```
# 获取“无线时长”列的平均值
meanWireless = df["无线时长"].mean()

# 创建新列并填充值
df["无线使用情况"] = df["无线时长"].\
                apply(lambda x: "未使用" if (pd.isna(x)==True)\
                                else ("使用较少" if x<meanWireless\
                                      else "使用较多" ))
df.loc[:,["无线时长","无线使用情况"]].head()
```

	无线时长	无线使用情况
1	2.803360	使用较少
2	3.731699	使用较多
3	2.420368	使用较少
4	3.188417	使用较多
5	3.091042	使用较多

图 9-26　添加“无线使用情况”列

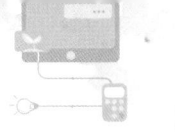

接下来，根据数据分析要求处理“影视时长”列的数据。创建新列“影视使用情况”，根据“影视时长”列的值确定新列的值为“未使用”“使用较少”或“使用较多”。影视时长原值若缺失，则新列填充为“未使用”；若小于影视时长的平均值，则新列填充为“使用较少”；若大于其均值，新列填充为“使用较多”。

步骤 6：添加“影视使用情况”列，代码如下：

```
# 获取“影视时长”列的平均值
meanMovie = df["影视时长"].mean()

# 创建新列并填充值
df ["影视使用情况"] = df["影视时长"].apply(lambda x " 未使用" if(pd.isna(x) = = True)
else("使用较少" if x < meanMovie else"使用较多"))
df
```

运行代码，结果如图 9-27 所示：

```
# 获取“影视时长”列的平均值
meanMovie = df["影视时长"].mean()

# 创建新列并填充值
df["影视使用情况"] = df["影视时长"].apply(lambda x: "未使用" if (pd.isna(x)==True) else ("使用较少" if x<meanMovie else "使用较多" ))
df
```

	区域	网龄	年龄	婚姻	收入	学历	性别	家庭人数	是否开通网络	是否开通呼叫等待	...	通话时长	上门服务	无线时长	影视时长	客户类别	流失	通话使用情况	是否使用上门服务	无线使用情况	影视使用情况
1	东城	73.0	43.0	已婚	74.0	1.0	女	3.0	0.0	0.0	...	NaN	NaN	2.803360	NaN	2.0	0.0	未使用	否	使用较少	未使用
2	东城	48.0	41.0	已婚	37.0	2.0	男	3.0	0.0	0.0	...	NaN	NaN	3.731699	NaN	1.0	0.0	未使用	否	使用较多	未使用
3	东城	37.0	39.0	已婚	78.0	5.0	女	4.0	1.0	0.0	...	NaN	3.0	2.420368	NaN	2.0	0.0	未使用	是	使用较少	未使用
4	东城	29.0	32.0	已婚	78.0	4.0	女	4.0	1.0	1.0	...	NaN	4.0	3.188417	3.64545	4.0	1.0	未使用	是	使用较多	使用较多
5	东城	72.0	55.0	已婚	122.0	1.0	女	2.0	0.0	0.0	...	NaN	NaN	3.091042	NaN	1.0	0.0	未使用	否	使用较多	未使用
...	...	...	...	...	...	...	...	...	...	...	...	...	...	...	...	...	...	...	...	...	...
996	海淀	57.0	44.0	单身	85.0	1.0	男	1.0	0.0	0.0	...	3.198673	NaN	2.656757	NaN	3.0	0.0	较少时间	否	使用较少	未使用
997	海淀	30.0	28.0	单身	18.0	3.0	女	5.0	0.0	1.0	...	2.917771	NaN	NaN	NaN	2.0	1.0	较少时间	否	未使用	未使用
998	海淀	41.0	25.0	已婚	24.0	1.0	男	4.0	0.0	1.0	...	3.332205	NaN	2.545531	NaN	3.0	0.0	较多时间	否	使用较少	未使用
999	海淀	8.0	26.0	已婚	60.0	4.0	男	3.0	0.0	0.0	...	3.157000	3.0	2.374906	2.95491	4.0	1.0	较少时间	是	使用较少	使用较少
1000	海淀	71.0	50.0	已婚	193.0	2.0	男	2.0	1.0	0.0	...	NaN	4.0	3.277145	3.78646	2.0	0.0	未使用	是	使用较多	使用较多

998 rows × 23 columns

图 9-27　添加“影视使用情况”列

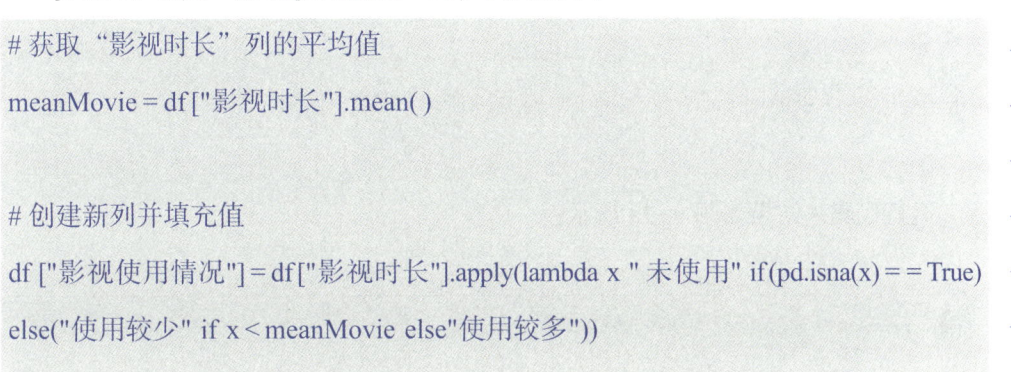

从输出结果可以看出，数据集 df 现有 998 行、23 列，列数由原来的 19 列增加

到 23 列。

有了上面新生成的这些列，就能很好地分析出电信客户流失的情况了。原有数据集中的“通话时长”“无线时长”“上门服务”“影视时长”这四列不再需要，可以直接删除。

步骤 7：删除“通话时长”“无线时长”“上门服务”“影视时长”这四列，代码如下：

```
# 删除不需要的列
df = df.drop(["通话时长", "无线时长", "上门服务", "影视时长"], axis = 1)
df
```

运行代码，结果如图 9-28 所示：

```
# 删除不需要的列
df = df.drop(["通话时长","无线时长","上门服务","影视时长"],axis=1)
df
```

	区域	网龄	年龄	婚姻	收入	学历	性别	家庭人数	是否开通网络	是否开通呼叫等待	是否开通呼叫转移	是否开通三方通话	是否使用电子账单	客户类别	流失	通话使用情况	是否使用上门服务	无线使用情况	影视使用情况
1	东城	73.0	43.0	已婚	74.0	1.0	女	3.0	0.0	0.0	0.0	0.0	0.0	2.0	0.0	未使用	否	使用较少	未使用
2	东城	48.0	41.0	已婚	37.0	2.0	男	3.0	0.0	0.0	0.0	0.0	0.0	1.0	0.0	未使用	否	使用较多	未使用
3	东城	37.0	39.0	已婚	78.0	5.0	女	4.0	1.0	0.0	0.0	0.0	0.0	2.0	0.0	未使用	是	使用较少	未使用
4	东城	29.0	32.0	已婚	78.0	4.0	女	4.0	1.0	1.0	1.0	1.0	1.0	4.0	1.0	未使用	是	使用较多	使用较多
5	东城	72.0	55.0	已婚	122.0	1.0	女	2.0	0.0	0.0	1.0	0.0	0.0	1.0	0.0	未使用	否	使用较多	未使用
...	...	...	...	...	...	...	...	...	...	...	...	...	...	...	...	...	...	...	...
996	海淀	57.0	44.0	单身	85.0	1.0	男	1.0	0.0	0.0	1.0	1.0	0.0	3.0	0.0	较少时间	否	使用较少	未使用
997	海淀	30.0	28.0	单身	18.0	3.0	女	5.0	0.0	1.0	0.0	0.0	0.0	2.0	1.0	较少时间	否	未使用	未使用
998	海淀	41.0	25.0	已婚	24.0	1.0	男	4.0	0.0	1.0	1.0	1.0	0.0	3.0	0.0	较多时间	否	使用较少	未使用
999	海淀	8.0	26.0	已婚	60.0	4.0	男	3.0	0.0	0.0	1.0	1.0	0.0	4.0	1.0	较少时间	是	使用较少	使用较少
1000	海淀	71.0	50.0	已婚	193.0	2.0	男	2.0	1.0	0.0	1.0	0.0	1.0	2.0	0.0	未使用	是	使用较多	使用较多

998 rows × 19 columns

图 9-28　删除“通话时长”“无线时长”“上门服务”“影视时长”四列

从输出结果可以看出，处理后的数据集是 998 行 19 列，“通话时长”“无线时长”“上门服务”“影视时长”这四列已经被删除。

至此，已经把数据集中不明确的内容替换成符合分析要求的数据信息。

步骤 8：在新代码单元中输入并执行下面的代码，将处理好的数据集写到“.csv”文件中。

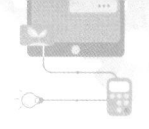

```
# 写出数据集到外部文件中
df.to_csv("result.csv", index = None, encoding = 'utf_8_sig')
```

在当前文件夹下找到文件“result.csv”，打开并查看其中的数据。此步骤请读者自行完成。

技能训练 >>>

一、单选题

1. 下列选项中，描述不正确的是（　　）。

A. concat( ) 函数默认是行拼接

B. concat( ) 函数要实现列拼接，要指定 axis = 1

C. 行拼接是指上下多行进行拼接

D. 列拼接操作后，两个数据集中相同列信息只保留一列

2. 关于匿名函数，描述不正确的是（　　）。

A. 使用匿名函数可以省去定义函数的过程，让代码更加精简

B. 匿名函数有个限制，就是只能有一个表达式

C. 匿名函数也是一个函数对象，把匿名函数赋值给一个变量，再利用变量来调用该函数

D. 匿名函数也可以实现复杂的编程逻辑

3. func = lambda x : x**2 语句定义了一个匿名函数，其功能是计算一个数的平方。现在要计算 2 的平方，正确的调用语句是（　　）。

A. func（2）　　B. func2　　C. func　　D. func = 2

4. 下列选项中，关于 apply() 函数的说法正确是（　　）。

A. apply( ) 函数是对 DataFrame 每一个元素应用某个函数

B. apply( ) 函数只能对行列进行操作

C. apply( ) 函数可以对数据进行分组

D. apply( ) 函数返回的结果一定与原数据的形状相同

5. 下列代码生成数据集 df，现在要计算每一行数据的总和，正确的代码为（　　）。

```
import numpy as np
data = [[1, 2, 3, 4], [5, 6, 7, 8], [9, 10, 11, 12]]
df = pd.DataFrame(data, columns = list('abcd'))
df
```

A. df.apply(lambda x : x.sum( )，axis = 1)

B. df.apply(lambda x : x.sum( ))

C. df.apply(lambda x : x.add( ), axis = 1)

D. df.apply(lambda x : x.add( ))

二、实操题

1. 在素材文件“项目九－技能训练_作业素材.ipynb”中执行下面的代码，并根据“利润表.xlsx”中的数据，解释各行代码的功能。

```
import pandas as pd
dfReport4 = pd.read_excel("利润表.xlsx", sheet_name = "2024 年 4 月利润表")
dfReport4
dfReport4["日期"] = '2024/04/30'
dfReport4.rename(columns = {"Unnamed : 1" : "行次", "Unnamed : 2" : "本月数", \"Unnamed : 
3" : "本年累计数"}, inplace = True)
dfReport4.drop(['行次', '本年累计数'], axis = 1, inplace = True)
dfReport4.drop(labels = [0, 1, 2], inplace = True)
dfReport4.fillna({"本月数" : 0}, inplace = True)
```

2. 参照第一题的代码，完成读入 5 月和 6 月的利润表数据以及对这两个月数据进行清洗的任务。

3. 在完成前两题的基础上，使用 concat( ) 函数对清洗后的 4 至 6 月的数据进行纵向多行拼接合并。

4. 在完成前三题的基础上，在素材文件“项目九－技能训练_作业素材.ipynb”中执行下面的代码，说明这段代码计算的“what”是什么值。

```
import numpy as np
# 计算第二季度销售毛利率
```

```
revenue = dfTotalRow.loc[dfTotalRow['利润表'] == '一、营业收入', '本月数'].sum()
costs = dfTotalRow.loc[dfTotalRow['利润表'] == '减：营业成本 ', '本月数'].sum()
what = np.divide((revenue-costs), revenue)
what
```

5. 使用 concat() 函数对清洗后的 4 至 6 月的数据进行横向多列合并。

项目评价表

学习效果评价表				
任务序号	任务内容	任务清单	权重	
任务一	合并及清洗各区电信客户数据	使用 concat() 函数，按行拼接	25%	50%
		使用 concat() 函数，按列拼接	25%	
任务二	对客户数据进行合理转换	定义匿名函数	20%	50%
		使用 apply() 函数做数据运算	20%	
		删除和替换不合理数据	10%	
实践能力评价表				
任务序号	任务内容	任务清单	权重	
技能训练一	数据规整基本知识训练	辨识数据规整基本知识	5%	40%
		辨析匿名函数	5%	
		调用匿名函数	10%	
		辨识 apply() 函数	10%	
		应用 apply() 函数	10%	
技能训练二	读取和清洗数据	解释代码功能	10%	60%
	读取和清洗数据	读取和清洗 5 月数据	10%	
		读取和清洗 6 月数据	10%	
	多行拼接合并数据	使用 concat() 函数合并 4 至 6 月的数据	10%	
	对合并后的数据进行计算	解释代码功能	10%	
	多列拼接合并数据	使用 concat() 函数合并 4 至 6 月数据	10%	

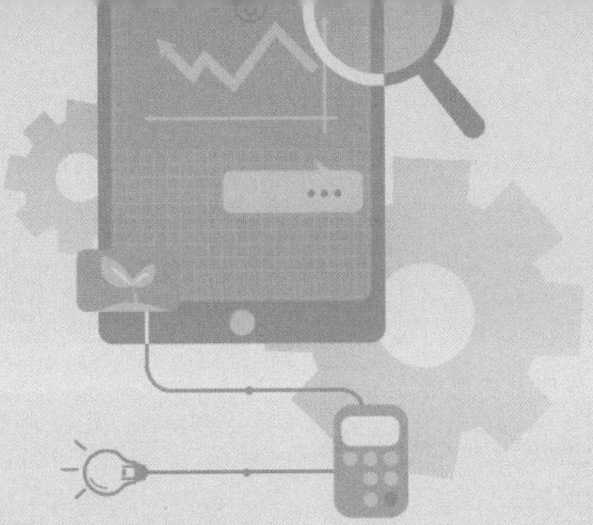

项目十 数据分析与可视化

10

学习目标

知识目标

1. 掌握 Matplotlib 库的基本使用方法
2. 掌握使用数据集数据进行计算的方法
3. 掌握折线图的绘制方法
4. 掌握饼图的绘制方法

能力目标

1. 能够导入 Matplotlib 库的 pyplot 绘图工具包
2. 能够根据分析目的完成数据操作
3. 能够绘制折线图
4. 能够绘制饼图

素养目标

1. 打破传统的以数字形式展现数据的模式，培养利用大数据可视化技术展现数据和分析数据的新思维
2. 引导学生在企业推进数字化转型的过程中形成“数字化战略”思维

学思践行

走进财务大数据时代

从远古时代到农耕社会，复杂的社会经济活动都需要清晰的记录和核算，这就是会计的起源。随着商品生产和交换的发展，复式记账法的出现大大提升了会计记录的准确性。工业革命时期，会计理论和方法出现了明显的发展，有了“会计主

体”和“会计分期”的概念、有了“折旧”和“分摊”的思想、成本会计核算进一步发展、应收应付等往来账款的记录要求进一步提高。现如今，商业活动变得更加活跃和复杂，诞生了注册会计师职业，产生了“会计准则”。时代在变迁，业务在发展。

【思考与践行】如今是科学技术发展突飞猛进的时代，是互联网、大数据普遍应用的时代，是充满技术创新和快速变化的时代，是各种传统产业不断遭受冲击，市场瞬息万变的时代。新技术将取代会计中的重复性记账劳动、拓展财务数据的边界，使传统会计逐渐转型为共享财务会计、智慧财务会计、战略财务会计及业务财务会计等。通过本课程的学习，苏琳深切地认识到，作为新一代中国青年，必须在工作中发扬脚踏实地、敢想敢为、善作善成的精神，不断提升专业和大数据技术融合的综合业务能力，为全面建设社会主义现代化国家贡献自己的力量。

项目说明

苏琳在工作中需要通过对财报数据的分析，了解企业的经营和发展，为领导决策提供数据参考。在前面学习的基础上，苏琳已经能够完成数据分析前期的清洗和规整工作，如今，苏琳准备通过学习本项目的内容，继续对数据进行分析、计算和可视化展现。

本项目将对中国软件财报数据进行数据分析，并对分析结果进行可视化展现。通过本项目的学习，读者将能借助图表工具将数据可视化，辅助用户对数据进行理解和分析。

项目分解

项目十 数据分析与可视化

- 任务一 清洗中国软件财报数据
- 任务二 偿债能力指标计算
- 任务三 偿债能力可视化分析
- 任务四 资产占比计算及可视化分析

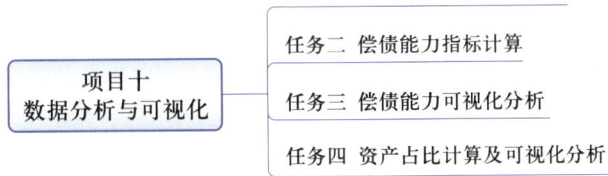

任务一 清洗中国软件财报数据

任务说明

在进行中国软件财报数据分析之前，先读入存放在“中国软件 -600536- 季报数据 .xlsx”文件中的“资产负债表”工作表的数据。由于此工作表的数据均采集自网络中的上市公司公开报表数据，因而并不能直接将其用于数据分析。本任务将完成对读入的数据集进行数据清洗的工作。

相关知识

一、数据集的行列转置

行列转置

将数据集的行列转置，就是使行列互换，原来的行变成列，原来的列变成行。如图 10-1 所示的代码中，df 是转置前的数据集，此数据集包括 3 行、2 列，营业收入和营业成本是列标签，一季度、二季度和三季度是行标签。

```
import pandas as pd
data = {"营业收入":[139350,602911,958921],"营业成本":[30788,35475,53387]}
df = pd.DataFrame(data,index=["一季度","二季度","三季度"])
df       # 转置前
```

	营业收入	营业成本
一季度	139350	30788
二季度	602911	35475
三季度	958921	53387

图 10-1　行列转置前的数据集

转置数据集 df 通过执行 df.values.T 命令实现，这条代码将数据集 df 中的数据进行行列互换。图 10-2 显示了转置后的数据集，可以看出数据集 df 的第一列数据变成数据集 df1 的第一行数据，数据集 df 的第二列数据变成数据集 df1 的第二行数据。参数 index = df.columns 和 columns = df.index 表示将数据集 df 的列标签 columns

变成数据集 df1 的行标签 index，将数据集 df 的行标签 index 变成数据集 df1 的列标签 columns。

```
# 行列转置
df1 = pd.DataFrame(df.values.T, index=df.columns, columns=df.index)
df1    # 转置后
```

	一季度	二季度	三季度
营业收入	139350	602911	958921
营业成本	30788	35475	53387

图 10-2　行列转置后的数据集

二、数据集的列标签和行标签

columns 属性是数据集的列标签，index 属性是数据集的行标签，可以调用数据集的 columns 属性和 index 属性查看这两个属性的值。示例如图 10-3 所示。

```
print(df.columns)
print(df.index)
```

```
Index(['营业收入', '营业成本'], dtype='object')
Index(['一季度', '二季度', '三季度'], dtype='object')
```

图 10-3　查看数据集的列标签和行标签

任务实施

步骤 1：在 Jupyter Notebook 中新建 Python 程序，命名为项目十。

步骤 2：将当前工作路径下的“中国软件 - 600536 - 季报数据.xlsx”文件中的“资产负债表”工作表读入程序，并存储到 DataFrame 数据集 df 中，以供后续代码访问此数据集。代码如下：

```
import pandas as pd      # 导入 Pandas 包
# 从 Excel 中读取“资产负债表”工作表的数据
df = pd.read_excel("中国软件 - 600536 - 季报数据.xlsx", sheet_name = '资产负债表')
df      # 查看读入的数据
```

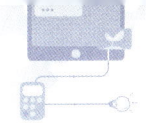

运行代码，结果如图 10-4 所示。整个数据集 df 共有 139 行、33 列，这 139 行包括了资产负债表的所有项目，33 列包含了从 2016 年第三季度到 2024 年第一季度

间的所有季报数据。限于篇幅，这里只截取了部分内容展示。

```
# 读入资产负债表
import pandas as pd    # 导入pandas包
# 读取中国软件季报数据
df=pd.read_excel("中国软件-600536-季报数据.xlsx",sheet_name='资产负债表')
df
```

	资产负债表	REPORTDATE	2024/3/31 0:00:00	2023/12/31 0:00:00	2023/9/30 0:00:00	2023/6/30 0:00:00	2023/3/31 0:00:00	2022/12/31 0:00:00	2022/9/30 0:00:00	2022/6/30 0:00:00	...
0	流动资产:	NaN	NaN	NaN	NaN	NaN	NaN	NaN	NaN	NaN	...
1	现金及存放中央银行款项	CASHANDDEPOSITCBANK	NaN	NaN	NaN	NaN	NaN	NaN	NaN	NaN	...
2	存放同业款项	DEPOSITINFI	NaN	NaN	NaN	NaN	NaN	NaN	NaN	NaN	...
3	贵金属	PRECIOUSMETAL	NaN	NaN	NaN	NaN	NaN	NaN	NaN	NaN	...
4	货币资金	MONETARYFUND	1.357456e+09	1.945489e+09	1.253128e+09	1.589717e+09	1.411167e+09	2.364632e+09	1.581854e+09	1.896886e+09	...
...	...	...	...	...	...	...	...	...	...	...	...
134	其他综合收益	NaN	2.818179e+07	2.829483e+07	2.809390e+07	2.802451e+07	2.850702e+07	2.841447e+07	2.907940e+07	2.895429e+07	...

图 10-4　读入文件

步骤 3：使用数据集 df 的 columns 属性查看数据集的列标签，即查看数据集的列名信息。代码如下：

```
# 显示数据集 df 的列标签
df.columns
```

运行代码，结果如图 10-5 所示。可以看到数据集 df 中的 33 个列标签。

```
# 显示数据集df的列标签
df.columns
```

```
Index(['资产负债表', 'REPORTDATE', '2024/3/31  0:00:00', '2023/12/31  0:00:00',
       '2023/9/30  0:00:00', '2023/6/30  0:00:00', '2023/3/31  0:00:00',
       '2022/12/31  0:00:00', '2022/9/30  0:00:00', '2022/6/30  0:00:00',
       '2022/3/31  0:00:00', '2021/12/31  0:00:00', '2021/9/30  0:00:00',
       '2021/6/30  0:00:00', '2021/3/31  0:00:00', '2020/12/31  0:00:00',
       '2020/9/30  0:00:00', '2020/6/30  0:00:00', '2020/3/31  0:00:00',
       '2019/12/31  0:00:00', '2019/9/30  0:00:00', '2019/6/30  0:00:00',
       '2019/3/31  0:00:00', '2018/12/31  0:00:00', '2018/9/30  0:00:00',
       '2018/6/30  0:00:00', '2018/3/31  0:00:00', '2017/12/31  0:00:00',
       '2017/9/30  0:00:00', '2017/6/30  0:00:00', '2017/3/31  0:00:00',
       '2016/12/31  0:00:00', '2016/9/30  0:00:00'],
      dtype='object')
```

图 10-5　查看数据集的列标签

步骤 4：使用 df['列名'] 形式查看数据集第一列的数据。代码如下：

```
# 显示数据集 df 第一列的数据（有多少个项目）
df['资产负债表']
```

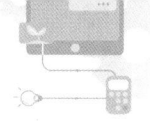

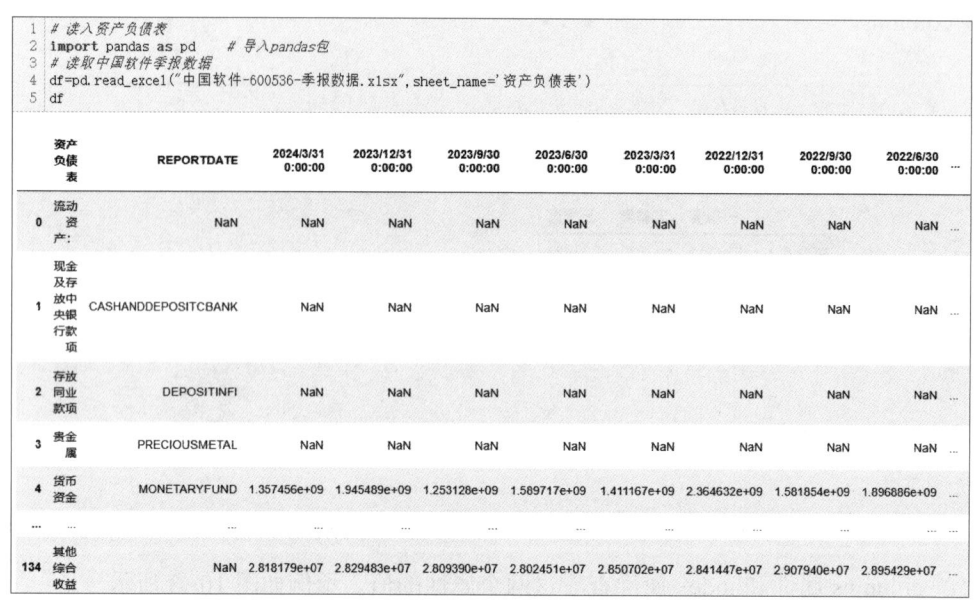

运行代码，结果如图 10-6 所示，可以看到数据集 df 中的第一列数据是资产负债表的报表项目名称，此列共有 139 个数据。

```
# 显示数据集df第一列的数据（有多少个项目）
df['资产负债表']
```

```
0                流动资产：
1            现金及存放中央银行款项
2               存放同业款项
3                 贵金属
4                货币资金
             ...
134              其他综合收益
135          归属于母公司所有者权益合计
136              少数股东权益
137          所有者权益（或股东权益）合计
138      负债与所有者权益（或股东权益）总计
Name: 资产负债表, Length: 139, dtype: object
```

图 10-6　查看数据集的第一列数据

步骤 5：将数据集 df 的行列转置，使数据集的行列互换。代码如下：

```
# 行列转置
df1 = pd.DataFrame(df.values.T, index = df.columns, columns = df['资产负债表'])
df1.head(10)      # 查看前 10 行数据
```

运行代码，结果如图 10-7 所示。

```
# 行列转置
df1 = pd.DataFrame(df.values.T, index=df.columns, columns=df['资产负债表'])
df1.head(10)      # 查看前10行数据
```

资产负债表	流动资产：	现金及存放中央银行款项	存放同业款项	贵金属	货币资金	其中：客户资金存款	结算备付金	其中：客户备付金
资产负债表	流动资产：	现金及存放中央银行款项	存放同业款项	贵金属	货币资金	其中：客户资金存款	结算备付金	其中：客户备付金
REPORTDATE	NaN	CASHANDDEPOSITCBANK	DEPOSITINFI	PRECIOUSMETAL	MONETARYFUND	CLIENTFUND	SETTLEMENTPROVISION	CLIENTPROVISION
2024/3/31 0:00:00	NaN	NaN	NaN	NaN	1357455948.64	NaN	NaN	NaN
2023/12/31 0:00:00	NaN	NaN	NaN	NaN	1945489375.3	NaN	NaN	NaN
2023/9/30 0:00:00	NaN	NaN	NaN	NaN	1253127708.75	NaN	NaN	NaN
2023/6/30 0:00:00	NaN	NaN	NaN	NaN	1589716663.61	NaN	NaN	NaN
2023/3/31 0:00:00	NaN	NaN	NaN	NaN	1411166987.52	NaN	NaN	NaN
2022/12/31 0:00:00	NaN	NaN	NaN	NaN	2364632339.1	NaN	NaN	NaN
2022/9/30 0:00:00	NaN	NaN	NaN	NaN	1581854447.38	NaN	NaN	NaN
2022/6/30 0:00:00	NaN	NaN	NaN	NaN	1896885827.5	NaN	NaN	NaN

10 rows × 139 columns

图 10-7　数据集行列转置

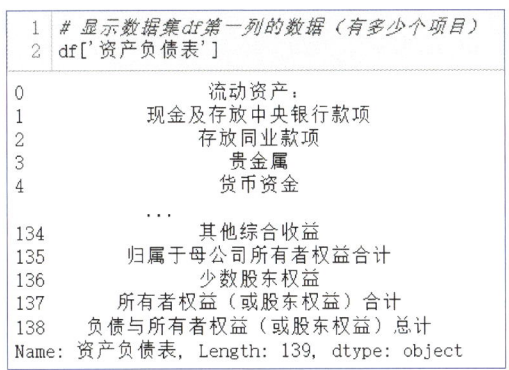

本步骤代码功能释义：

第 2 行代码调用 pd.DataFrame( ) 函数创建新数据集 df1，数据集 df1 的数据来自 df.values.T，即将数据集 df 的值行列转置后存入数据集 df1。转置后，数据集 df1 的行标签 index 是数据集 df 的列标签 columns，数据集 df1 的列标签 columns 是数据集 df 的行标签 index。

仔细对比图 10-4 和图 10-7，可以看出代码执行后，数据集 df1 将资产负债表的项目名称作为列标签，将季报日期作为行标签。转置前数据集 df 是 139 行、33 列，转置后数据集 df1 是 33 行、139 列。

步骤 6：由于数据集 df1 中的前两行数据不再需要，因此使用 drop( ) 函数进行删除，注意将这两行的行标签放到列表中，即［'资产负债表'，'REPORTDATE'］。代码如下：

```
# 删除无用行
# 参数 axis 为 0 表示删除行，inplace = True 表示将结果更新到 df1
df1.drop(['资产负债表', 'REPORTDATE'], axis = 0, inplace = True)
df1.head()      # 显示前 5 行数据
```

运行代码，结果如图 10-8 所示。

```
# 删除无用行
# 参数axis为0表示删除行，inplace=True表示将结果更新到df1
df1.drop(['资产负债表','REPORTDATE'],axis=0,inplace=True)
df1.head()    # 显示前5行数据
```

资产负债表	流动资产:	现金及存放中央银行款项	存放同业款项	贵金属	货币资金	其中:客户资金存款	结算备付金	其中:客户备付金	拆出资金净额	交易性金融资产	...	未分配利润	外币报表折算差额	未确认的投资损失	交易风险准备	专项储备	其他综合收益	归属于母公司所有者权益合计
2024/3/31 0:00:00	NaN	NaN	NaN	NaN	1357455948.64	NaN	NaN	NaN	NaN	2426088.63	...	462670996.61	NaN	NaN	NaN	NaN	28181791.38	2188938343.09
2023/12/31 0:00:00	NaN	NaN	NaN	NaN	1945489375.3	NaN	NaN	NaN	NaN	2426088.63	...	573420173.26	NaN	NaN	NaN	NaN	28294834.75	2278765366.22
2023/9/30 0:00:00	NaN	NaN	NaN	NaN	1253127708.75	NaN	NaN	NaN	NaN	2426088.63	...	392495463.0	NaN	NaN	NaN	NaN	28093898.12	2104589218.11
2023/6/30 0:00:00	NaN	NaN	NaN	NaN	1589716663.61	NaN	NaN	NaN	NaN	2426088.63	...	299338138.76	NaN	NaN	NaN	NaN	28024511.62	2001206939.54
2023/3/31 0:00:00	NaN	NaN	NaN	NaN	1411166987.52	NaN	NaN	NaN	NaN	2426088.63	...	629743605.16	NaN	NaN	NaN	NaN	28507022.44	2312106908.42

5 rows × 139 columns

图 10-8　删除行

步骤 7：由于有些报表项目没有数据，所以在数据集 df1 中显示为空列。例如图 10-8 中的“现金及存放中央银行款项”“存放同业款项”“贵金属”等。使用

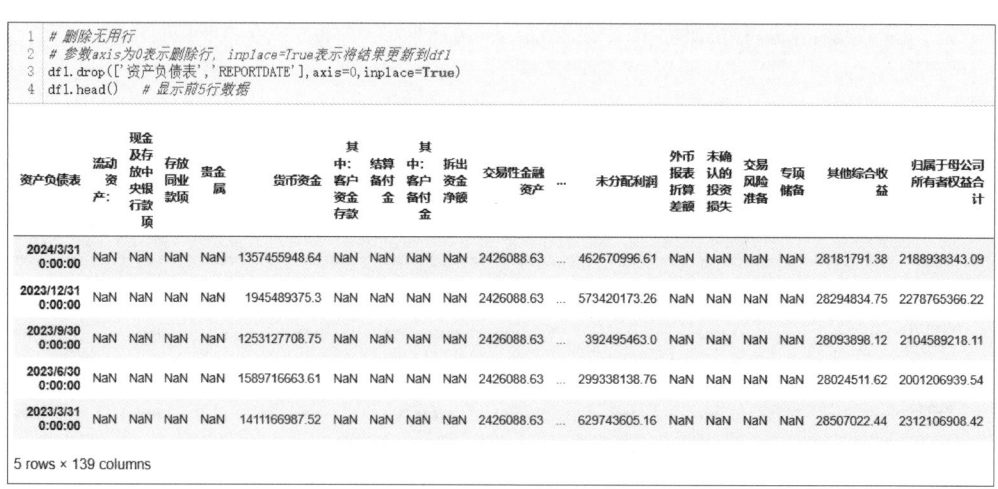

dropna( ) 函数删除空列，并将删除后的数据集存入 df_result 中，为后续数据分析与可视化作好准备。代码如下：

```
# 删除空列
df_result = df1.dropna(axis = 1)        #axis = 1 表示删除列
df_result.head( )
```

运行代码，结果如图 10-9 所示。对比图 10-8 和图 10-9，可以看出，数据列数由原来的 139 列变为 38 列。

```
# 删除空列
df_result=df1.dropna(axis=1)    # axis=1表示删除列
df_result.head()
```

资产负债表	货币资金	应收票据	应收账款	预付款项	其他应收款	存货	其他流动资产	流动资产合计	长期股权投资	投资性房地产
2024/3/31 0:00:00	1357455948.64	121327006.07	1978436579.65	377375876.58	270033986.28	1230533268.12	41699255.8	6119281468.73	1092675452.8	79561600.0
2023/12/31 0:00:00	1945489375.3	69089350.97	2117119160.23	331492317.89	84246545.75	976556597.53	49753512.51	6313165951.08	1092675452.8	79561600.0
2023/9/30 0:00:00	1253127708.75	69291846.2	2124385767.07	317268286.57	143761765.96	1315813059.5	33096380.39	6063863131.41	1014163019.45	77300706.99
2023/6/30 0:00:00	1589716663.61	101851943.71	2439191359.16	310140175.7	169214715.79	1708711139.49	58411752.25	7217763136.91	1014717568.76	77300706.99
2023/3/31 0:00:00	1411166987.52	26214242.22	2354005250.29	362578456.0	107067046.56	1730741259.44	39159562.82	6774987136.89	1041951911.47	77300706.99

5 rows × 38 columns

图 10-9　删除空列

任务二　偿债能力指标计算

任务说明

偿债能力是指企业用其资产偿还长期债务与短期债务的能力，企业有无能力偿还债务代表着企业财务状况的好与坏。

偿债能力包括短期偿债能力和长期偿债能力。流动比率是短期偿债能力分析的关键指标，是流动资产总额和流动负债总额之比，即：流动比率 = 流动资产总额 / 流动负债总额。资产负债率是长期偿债能力分析的关键指标，是负债总额和资产总额之比，即：资产负债率 = 负债总额 / 资产总额。

本任务将从资产负债率和流动比率两个指标来计算和分析中国软件从2016年第三季度到2024年第一季度的偿债能力。若资产负债率高，说明企业财务风险高，偿还债务的能力低，企业的发展能力弱；若流动比率高，说明企业资产变现能力强，短期偿债能力强。反之则弱。

相关知识

一、Numpy库的divide( )函数

divide() 函数

Python中的Numpy库是一个功能强大的数学库，Numpy库为用户提供了大量的可用于数值计算的函数和方法。divide( )函数是Numpy库中的除法计算函数，divide(a, b)返回a除以b的结果。例如divide（4, 2）返回4除以2的结果为“2.0”，divide([4, 6, 8], [2, 2, 2])返回前一个列表的各个元素除以后一个列表对应元素的结果[2. 3. 4.]（系统自动省略2.0、3.0、4.0后的0）。

二、在数据集df_result中插入新列

当给数据集中不存在的列赋值时，就会在数据集的最右侧生成一个新列。例如数据集data有一个列a，执行data['b'] = [2, 2]后，新列b会插入在数据集data的最右侧，成为数据集data的最后一个列，如图10-10所示。

若想把新列b插入在原有列a的左边，可以利用如图10-11所示的代码。该代码中，首先定义一个新数据new_Col = [2, 2]，再执行data.insert(0, 'b', new_Col)将新数

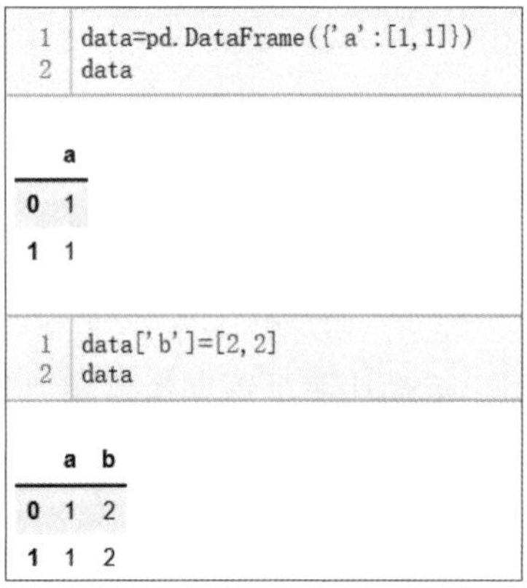

1 data=pd.DataFrame({'a':[1,1]})
2 data
a
0 1
1 1
1 data['b']=[2,2]
2 data
a b
0 1 2
1 1 2

图10-10　在数据集中生成新列

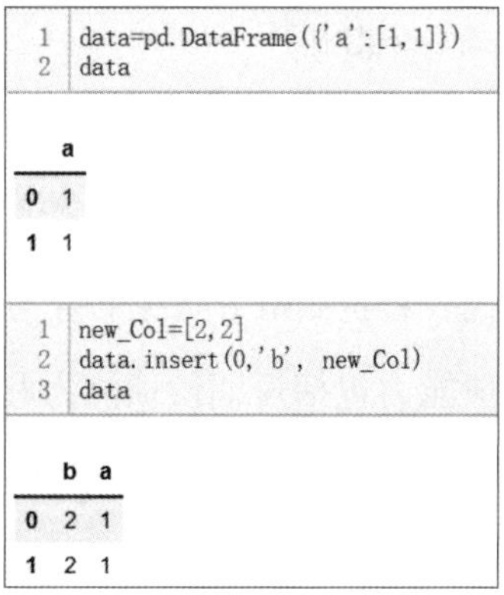

1 data=pd.DataFrame({'a':[1,1]})
2 data
a
0 1
1 1
1 new_Col=[2,2]
2 data.insert(0,'b', new_Col)
3 data
b a
0 2 1
1 2 1

图10-11　在数据集中插入新列

据插入到数据集 data 中，插入位置由 insert() 函数的第一个参数 0 来指定，插入数据的列名由 insert() 函数的第二个参数 b 来指定。新列插入后，原有位置的列自动右移。

添加新列

任务实施

步骤 1：在整理好的数据集 df_result 中获取“负债合计”列和“资产合计”列的值，将这两列的值一一对应相除，得到的结果作为新列“资产负债率”的值，插入到数据集 df_result 第 0 列的位置，原有数据列自动右移。代码如下：

```
import numpy as np      # 导入 numpy 库
# 计算资产负债率
data = np.divide(df_result['负债合计'], df_result['资产合计'])      # 计算结果存入 data
df_result.insert(0, '资产负债率', data)      # 将 data 中的数据插入到 df_result 中
df_result.head( )      #df_result 为 39 列，最左列增加“资产负债率”列
```

运行代码，结果如图 10-12 所示，从图中可以看出，资产负债率出现在数据集 df_result 的最左侧。

```
import numpy as np     # 导入numpy库
# 计算资产负债率
data = np.divide(df_result['负债合计'],df_result['资产合计'])  # 计算结果存入data
df_result.insert(0,'资产负债率', data)  # 将data中的数据插入到df_result中
df_result.head()    # df_result为39列，最左列增加“资产负债率”列
```

新增一列

资产负债表	资产负债率	货币资金	应收票据	应收账款	预付款项	其他应收款	存货	其他流动资产	流动资产合计	长期股权投资	...
2024/3/31 0:00:00	0.632081	1357455948.64	121327006.07	1978436579.65	377375876.58	270033986.28	1230533268.12	41699255.8	6119281468.73	1092675452.8	...
2023/12/31 0:00:00	0.629537	1945489375.3	69089350.97	2117119160.23	331492317.89	84246545.75	976556597.53	49753512.51	6313165951.08	1092675452.8	...
2023/9/30 0:00:00	0.652756	1253127708.75	69291846.2	2124385767.07	317268286.57	143761765.96	1315813059.5	33096380.39	6063863131.41	1014163019.45	...
2023/6/30 0:00:00	0.693266	1589716663.61	101851943.71	2439191359.16	310140175.7	169214715.79	1708711139.49	58411752.25	7217763136.91	1014717568.76	...
2023/3/31 0:00:00	0.648862	1411166987.52	26214242.22	2354005250.29	362578456.0	107067046.56	1730741259.44	39159562.82	6774987136.89	1041951911.47	...

5 rows × 39 columns

图 10-12　计算资产负债率

步骤 2：继续从数据集 df_result 中获取“流动资产合计”列和“流动负债合计”列的值，将这两列的值一一对应相除后的结果作为新列“流动比率”的值，插入到 df_result 第 1 列的位置，原有数据列自动右移。代码如下：

```
# 计算流动比率
```

```
data = np.divide(df_result['流动资产合计'], df_result['流动负债合计'])
df_result.insert(1, '流动比率', data)
df_result.head()        #df_result 为 40 列，增加了一列“流动比率”
```

运行代码，结果如图 10-13 所示，从结果可以看出，“流动比率”列插在“资产负债率”列之后，使数据集总列数增为 40 列。

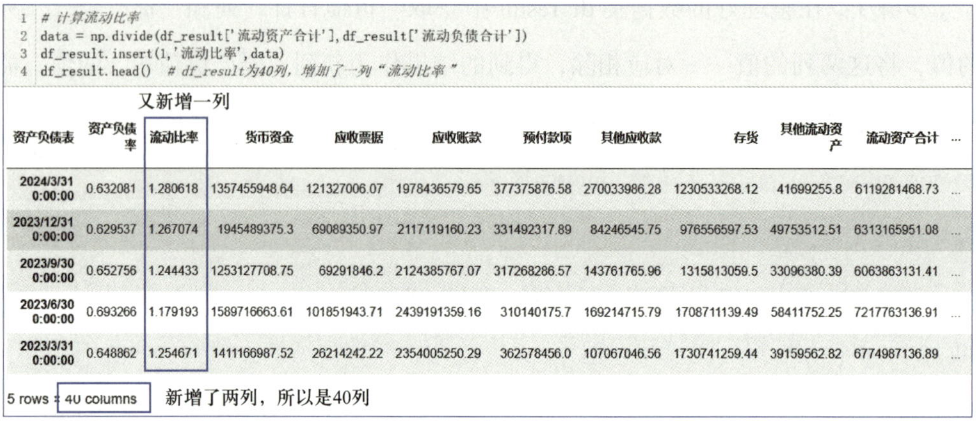

```
# 计算流动比率
data = np.divide(df_result['流动资产合计'],df_result['流动负债合计'])
df_result.insert(1,'流动比率',data)
df_result.head()   # df_result为40列，增加了一列“流动比率”
```


资产负债表	资产负债率	流动比率	货币资金	应收票据	应收账款	预付款项	其他应收款	存货	其他流动资产	流动资产合计	...
2024/3/31 0:00:00	0.632081	1.280618	1357455948.64	121327006.07	1978436579.65	377375876.58	270033986.28	1230533268.12	41699255.8	6119281468.73	...
2023/12/31 0:00:00	0.629537	1.267074	1945489375.3	69089350.97	2117119160.23	331492317.89	84246545.75	976556597.53	49753512.51	6313165951.08	...
2023/9/30 0:00:00	0.652756	1.244433	1253127708.75	69291846.2	2124385767.07	317268286.57	143761765.96	1315813059.5	33096380.39	6063863131.41	...
2023/6/30 0:00:00	0.693266	1.179193	1589716663.61	101851943.71	2439191359.16	310140175.7	169214715.79	1708711139.49	58411752.25	7217763136.91	...
2023/3/31 0:00:00	0.648862	1.254671	1411166987.52	26214242.22	2354005250.29	362578456.0	107067046.56	1730741259.44	39159562.82	6774987136.89	...

5 rows × 40 columns

图 10-13　计算流动比率

由于数据较多，图 10-13 仅显示了前 5 行。读者可以自行执行数据集 df_result 来观察“资产负债率”和“流动比率”的数据特点。中国软件从 2016 年第三季度到 2024 年第一季度间的“资产负债率”如果徘徊在 50% 左右，说明该企业的长期偿债能力较强，财务比较稳健，如果超过了 50%，则财务风险相对较高；而其“流动比率”如果保持在 1.5~2 之间，则说明该企业资产的流动性也较强，如果低于 1.5，则说明该企业短期偿债能力则弱。

任务三　偿债能力可视化分析

任务说明

任务二计算了企业偿债能力的资产负债率指标和流动比率指标，本任务将在任务二的基础上基于数据集 df_result，使用 Matplotlib 库中 pyplot 包提供的函数和方法，对中国软件自 2016 年第三季度至 2024 年第一季度的资产负债率指标和流动比率指标变化情况进行可视化展示，为分析中国软件的偿债能力提供直观形象的数据图表。

可视化与 Matplotlib

相关知识

一、Matplotlib 可视化库

Python 中的 Matplotlib 是个专门用于可视化展示的库，使用该库能帮助人们很容易地进行数据可视化，轻松地将数据转换为折线图、直方图、条形图、散点图等高质量的 2D 或 3D 图形。

二、导入 Matplotlib 库的 pyplot 包

绘制图表前，需要先导入 Matplotlib 库的 pyplot 包，pyplot 包提供了绘制各种图形的函数。导入此包并为其起别名为 plt，代码如下：

```
import matplotlib.pyplot as plt
```

成功导入 pyplot 包后，就可以使用其中的函数进行绘图了。

三、绘制折线图

Matplotlib 中的可视化视图种类繁多、形式多样，比较常用的视图有折线图、条形图、饼图、散点图、直方图、箱线图、热力图等。

折线图由数据点和连接数据点的线组成，常用来表示数据随时间变化的趋势。绘制折线图可以使用 plt.plot( ) 函数，绘制折线图时应给出绘图用的横轴标签和纵轴数据，在图 10–14 中，plt.plot(x, y) 中的 x 参数和 y 参数分别代表了横轴的时间和纵轴的数值。

思 考

尝试在 Jupyter Notebook 中完成此折线图。

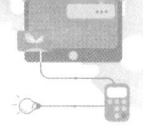

用 plot() 函数绘制折线图

```
import matplotlib.pyplot as plt        # 导入绘图包
x=['2019','2020','2021']               # x轴的值
y=[100,200,323]                        # y轴的值
plt.plot(x,y)                          # plot()绘制折线图
```

```
[<matplotlib.lines.Line2D at 0x23d3b34aac0>]
```

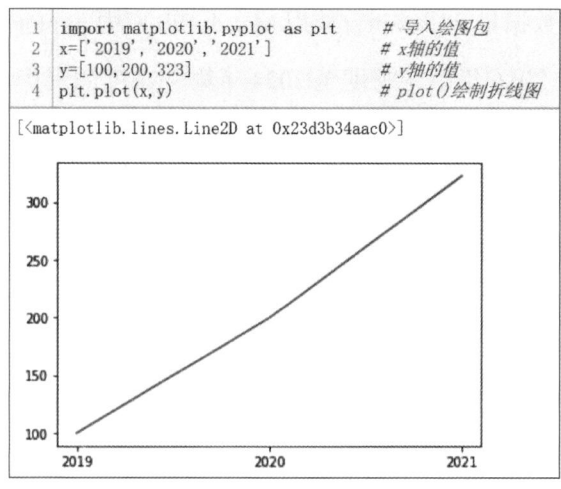

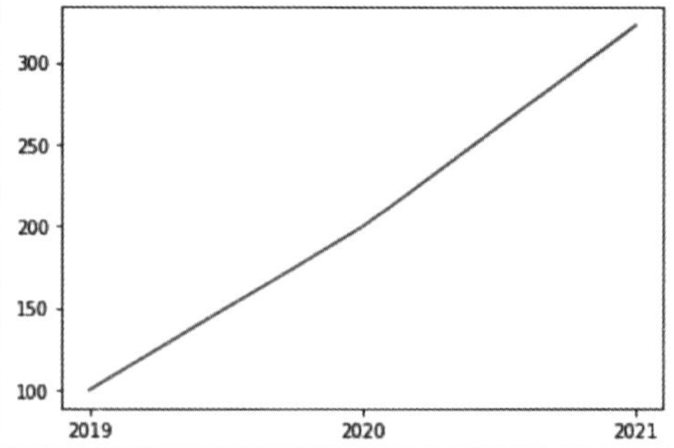

图 10-14　绘制折线图

任务实施

步骤 1：在使用“资产负债率”和“流动比率”两个指标的数据作图之前，先将这两列数据提取到 DataFrame 对象 df_assert 中，代码如下：

```
# 把 '资产负债率' 和 '流动比率' 列存入 df_assert
df_assert = df_result.loc[:, ['资产负债率', '流动比率']]
df_assert.head()
```

运行代码，结果如图 10-15 所示。

```
# 把'资产负债率'和'流动比率'列存入df_assert
df_assert = df_result.loc[:,['资产负债率','流动比率']]
df_assert.head()
```

资产负债表	资产负债率	流动比率
2024/3/31 0:00:00	0.632081	1.280618
2023/12/31 0:00:00	0.629537	1.267074
2023/9/30 0:00:00	0.652756	1.244433
2023/6/30 0:00:00	0.693266	1.179193
2023/3/31 0:00:00	0.648862	1.254671

图 10-15　提取资产负债率和流动比率

步骤 2：从图 10-15 可以看出，df_assert 的行标签是如“2023/6/30　0：00：00”

的形式，既包括年月日，又包括小时分钟秒，对于资产负债表来说，小时分钟秒没有太大意义，因此，可以编写代码将行标签中的这部分内容去掉。代码如下：

```
# 去掉行标签中的小时分钟秒
temp_label = pd.DataFrame(df_assert.index)          # 将 df_assert 的行标签赋值给
                                                      DataFrame 对象 temp_label
row_label = list(temp_label[0].str[0 : 10])         # 将 temp_label 的 0 列数据截
                                                      取前 10 位
df_assert.index = row_label      # 重新给数据集 df_assert 添加行标签
df_assert.head( )                # 显示数据集 df_assert 的前 5 行
```

运行代码，结果如图 10-16 所示。

```
# 去掉行标签中的小时分钟秒
temp_label=pd.DataFrame(df_assert.index)    # 将df_assert的行标签赋值给DataFrame对象temp_label
row_label=list(temp_label[0].str[0:10])     # 将temp_label的0列数据截取前10位

df_assert.index=row_label       # 重新给数据集df_assert添加行标签
df_assert.head()                # 显示数据集df_assert的前5行
```

资产负债表	资产负债率	流动比率
2024/3/31	0.632081	1.280618
2023/12/31	0.629537	1.267074
2023/9/30	0.652756	1.244433
2023/6/30	0.693266	1.179193
2023/3/31	0.648862	1.254671

图 10-16　处理行标签

步骤 3：使用折线图展示中国软件从 2016 年第三季度到 2024 年第一季度的资产负债率和流动比率。代码如下：

```
# 折线图
import matplotlib.pyplot as plt
plt.plot(df_assert)
```

运行代码，结果如图 10-17 所示，plt.plot(df_assert) 画出的折线图是按照默认方式画出的。从图中可以看出，横轴标签叠加在一起，这是因为每个横轴标签过长、图表过小造成的；图中显示了两条折线，但是由于没有图例，所以看不出每条线的数据含义。

```
# 折线图
import matplotlib.pyplot as plt
plt.plot(df_assert)
```

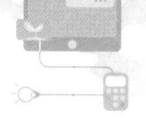

```
[<matplotlib.lines.Line2D at 0x20b684a44c0>,
 <matplotlib.lines.Line2D at 0x20b684a4430>]
```

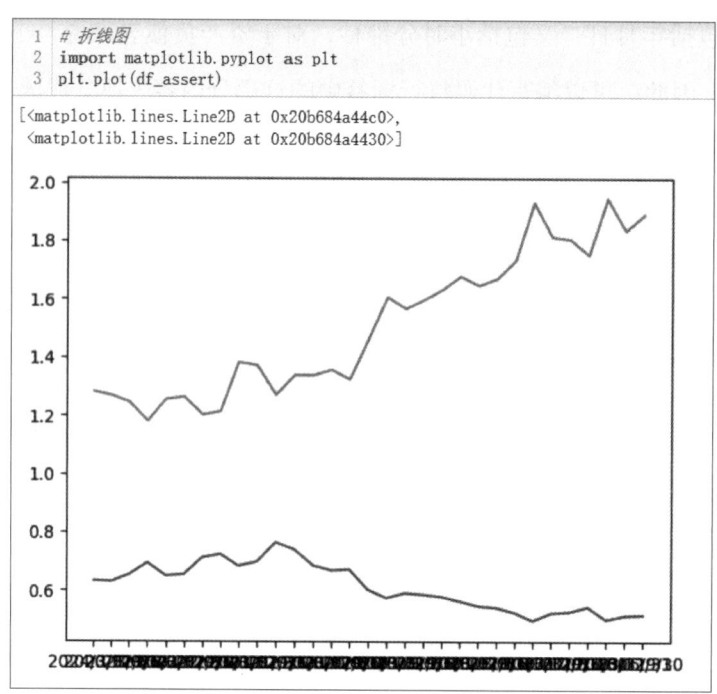

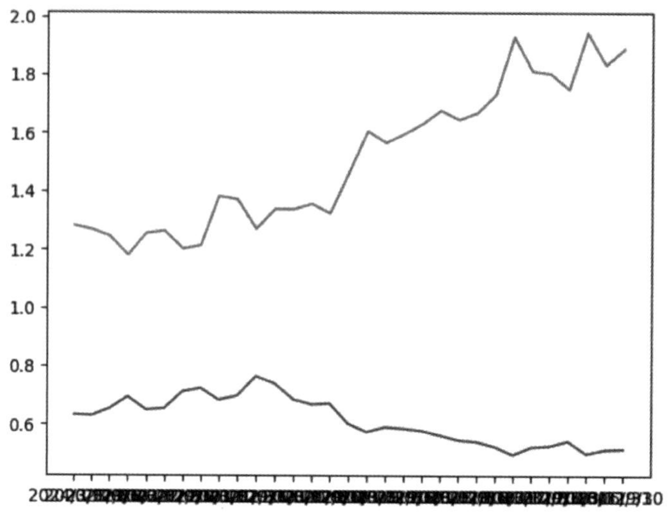

图 10-17　绘制资产负债率和流动比率折线图

步骤 4：美化图 10-17 的折线图，设置画布大小、标签显示角度，给图添加标题、x 和 y 轴标签等，代码如下：

```
plt.rcParams['font.sans-serif'] = ['SimHei']      # 设置正常显示中文
plt.rcParams['axes.unicode_minus'] = False        # 设置正常显示负号


fig1 = plt.figure(figsize = (20, 4))              # 指定 figure 的宽和高，单位为英寸①
plt.xticks(rotation = 60)                         # 设置 x 轴标签的旋转角度
plt.grid()                                        # 添加网格背景
plt.plot(df_assert)                               # 绘制折线图
plt.legend(["资产负债率", "流动比率"])            # 添加图例
plt.title('中国软件')                             # 添加图表标题
plt.xlabel('季度')                                # 添加 x 轴标签
plt.ylabel('比率')                                # 添加 y 轴标签
```

运行代码，结果如图 10-18 所示。

① 1 英寸 = 2.54 厘米。

```
1  plt.rcParams['font.sans-serif']=['SimHei']   # 设置正常显示中文
2  plt.rcParams['axes.unicode_minus']=False      # 设置正常显示负号
3
4  fig1 = plt.figure(figsize=(20,4))             # 指定figure的宽和高，单位为英寸
5  plt.xticks(rotation=60)                       # 设置x轴标签的旋转角度
6  plt.grid()                                    # 添加网格背景
7  plt.plot(df_assert)                           # 绘制折线图
8  plt.legend(["资产负债率","流动比率"])          # 添加图例
9  plt.title('中国软件')                          # 添加图表标题
10 plt.xlabel('季度')                             # 添加x轴标题
11 plt.ylabel('比率')                             # 添加y轴标题
```

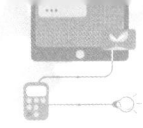

```
Text(0, 0.5, '比率')
```

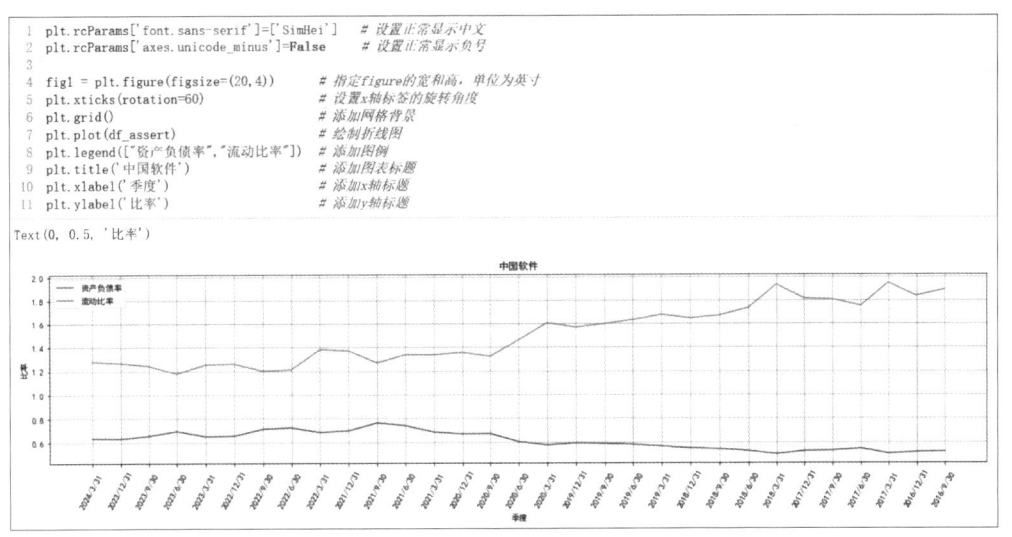

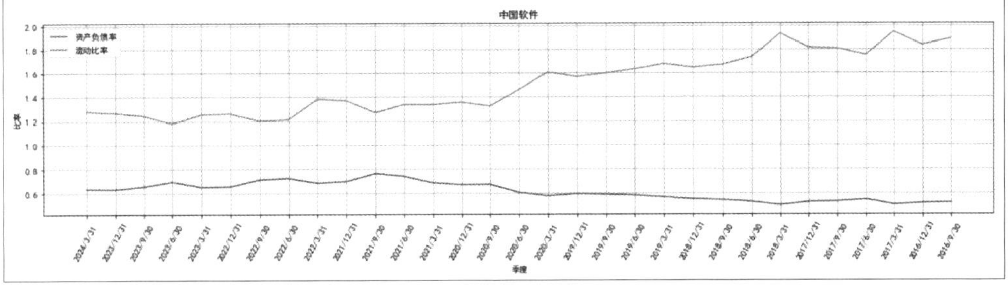

图 10-18　美化折线图

本步骤代码释义如下：

第 1 行代码 plt.rcParams['font.sans-serif'] = ['SimHei'] 的作用是保证在可视化视图中正常显示中文，第 2 行代码 plt.rcParams['axes.unicode_minus'] = False 的作用是保证在可视化视图中正常显示负号。这两行代码只需在整个程序文件 project11.ipynb 中运行一次即可。

第 4 行代码调用 plt 的 figure( ) 函数，基于参数 figsize = (20, 4) 创建一个宽为 20 英寸、高为 4 英寸的画布。

第 5 行代码调用 plt.xticks( ) 函数，基于参数 rotation = 60 设置 x 轴标签的旋转角度为 60 度。

第 6 行代码调用 plt.grid( ) 函数，为图表添加网格背景。

第 7 行代码调用 plt.plot( ) 函数，将 df_assert 数据集中的数据绘制到折线图上。

第 8 行代码调用 plt.legend() 函数为折线图添加图例“资产负债率”和“流动比率”。

第 9 行代码调用 plt.title( ) 函数为图表添加标题“中国软件”。

第 10 行代码调用 plt.xlabel( ) 函数为图表添加 x 轴标签“季度”。

第 11 行代码调用 plt.ylabel( ) 函数为图表添加 y 轴标签“比率”。

观察图 10-18，若流动比率的值保持在 1.5~2 之间，说明企业资产的流动性较强，反之则弱；若资产负债率的值徘徊在 50% 左右，说明企业的长期偿债能力较强，财务比较稳健，否则长期偿债能力存在一定风险。

知识扩展

资产负债率是长期偿债能力指标，资产负债率反映总资产中有多大比例是通过负债取得的，可以衡量企业清算时资产对债权人权益的保障程度。当资产负债率高于 50% 时，表明企业资产的来源主要依靠的是负债，财务风险较大；当资产负债率低于 50% 时，表明企业资产的主要来源是所有者权益，财务比较稳健。资产负债率越低，表明企业资产对负债的保障能力越高，企业的长期偿债能力越强。

流动比率是用来衡量企业流动资产在短期债务到期以前可以变为现金以用于偿还负债的能力。流动比率越高，说明企业可以偿还流动负债的流动资产越多，即资产的流动性越大。企业性质、所处行业、市场等都会影响流动比率的大小。一般情况下，流动比率小于 1，说明企业资产的流动性较差；流动比率大于 1 小于 1.5，说明企业资产的流动性一般；流动比率大于 2，说明企业资产的流动性较强。但是，流动比率并不是越高越好，流动比率过大，表明总资产中流动资产的比率过高，即企业过于注重流动性从而损失了盈利性。

任务四 资产占比计算及可视化分析

任务说明

资产结构分析是计算企业不同类型的资产项目在总资产中的占比，通过资产结构分析可以清晰地看出企业目前的资产结构及战略意图。合理的资产结构能够帮助企业有效经营、高效盈利、应对风险、优化流程，更好实现企业战略管理目标。

本任务将计算货币资金、应收账款、存货、预付款项、固定资产、无形资产、长期待摊费用及其他资产项目在总资产中所占的比重，分析说明企业资本结构的特点与变动情况、变动原因，并对占比进行相应的可视化展示，从而直观地反映中国软件资产内部结构，为判断中国软件的资产结构是否合理提供数据支撑。

相关知识

一、绘制饼图

饼图是由几个角度大小不同的扇形组成的圆形统计图表，这些扇形将一个圆形划分成若干份，不同角度大小的扇形表示了该部分数据占总体的比例。绘制饼图可以使用 plt.pie() 函数。绘制饼图时要给出决定饼图中各扇形角度大小的数据，还可给出标记各扇形所代表的数据含义的标签，在图 10-19 中，plt.pie(y, labels = x) 中的 y 参数代表了绘图用的数据，而 labels = x 指明了各数据的含义，labels = x 是可以省略的参数。

```
import matplotlib.pyplot as plt        # 导入绘图包

plt.rcParams['font.sans-serif']=['SimHei']     # 设置正常显示中文
plt.rcParams['axes.unicode_minus']=False       # 设置正常显示负号

x=['2022年','2023年','2024年']               # 标签值
y=[120,200,150]                              # 数据值
plt.pie(y,labels=x)                          # pie()绘制饼图
plt.title("饼图")                             # 图表标题
```

```
Text(0.5, 1.0, '饼图')
```

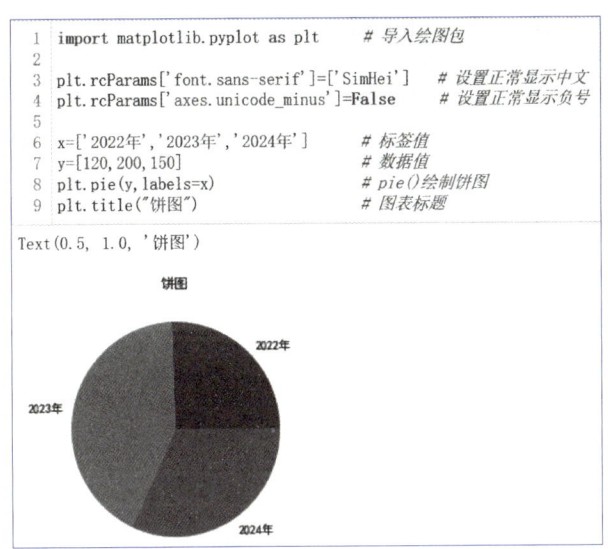

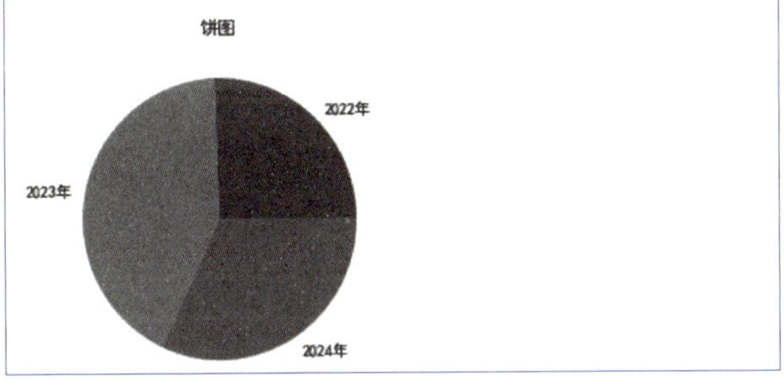

图 10-19　绘制饼图

思 考

若在此示例中省略标签 labels = x 参数，执行 plt.pie(y) 命令画出的图是什么样的?

二、饼图的参数配置

在绘制图表时，可以简单地直接按默认设置绘制图表，也可以设置合理的参数以增加图表的可视化效果。在如图 10-20 所示的代码中，通过设置饼图的相关参数，展示了一个更直观、更具可读性的图表。

饼图的相关知识

```
1  data = [0.21, 0.35, 0.20, 0.24]                              # 定义绘图数据
2  data_label = ["一季度", "二季度", "三季度", "四季度"]          # 定义数据标签
3  pie_colors = ["#e41a1c","#377eb8","#4daf4a","#984ea3"]      # 定义扇形颜色
4
5  # 绘制饼图
6  plt.pie(
7          data,                  # 绘图数据
8          labels=data_label,     # 数据标签
9          autopct="%3.1f%%",     # 扇形块的数据标注格式，形如88.8%
10         explode=(0,0.2,0,0),   # 第2个扇区凸出
11         startangle=30,         # 饼图的初始摆放角度
12         colors=pie_colors,     # 扇形块颜色
13         radius=1.1             # 饼图半径，决定饼图大小
14         )
15 plt.title("四个季度的销售数量占比")
```

```
Text(0.5, 1.0, '四个季度的销售数量占比')
```

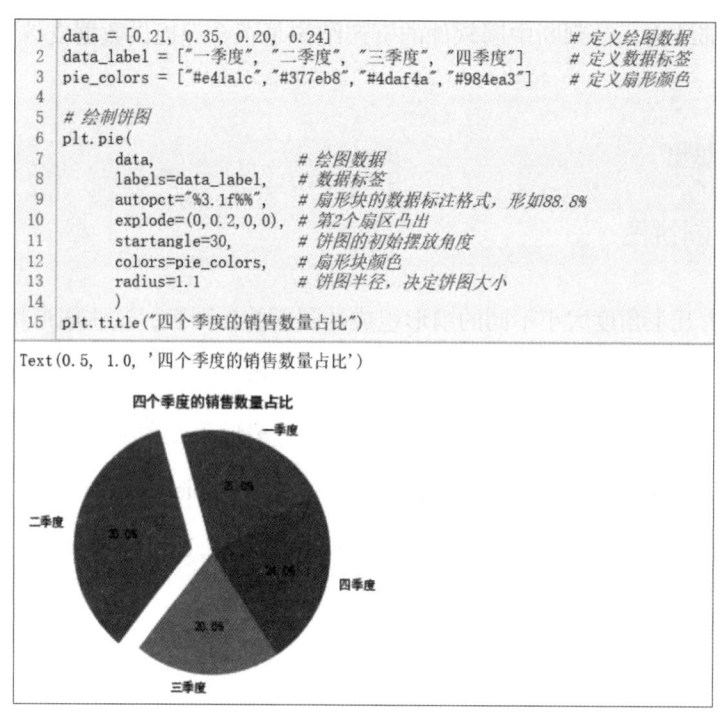

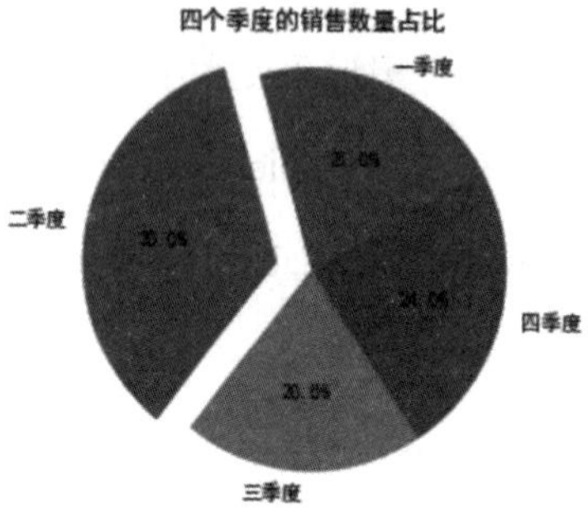

图 10-20　带参数配置效果的饼图

第 1 行至第 3 行代码都是为第 6 行的 plt.pie( ) 函数预设参数值，其中，第 1 行代码对应第 7 行的参数，为饼图提供绘图用的数据；第 2 行代码对应第 8 行的参数，为饼图定义数据标签；第 3 行代码对应第 12 行的参数，设置饼图各个扇区的颜色。

第 9、10、11、13 行代码分别设置了饼图的数据标注格式、扇区凸出设置、饼图的初始摆放角度、饼图半径等。第 9 行的数据标注格式 3.1f%，表示数据显示为总长为 3 位（其中小数位 1 位）的百分数形式；第 10 行的 explode = (0, 0.2, 0, 0)，参数 0.2 表示第 2 个扇区离圆心 0.2 英寸；第 11 行的 startangle = 30，表示饼图沿逆时针方向旋转 30 度；第 13 行的 radius = 1.1，表示饼图半径的大小，此值越大，饼图越大。

第 15 行代码给饼图添加了图表标题。

任务实施

步骤 1：从前面已经整理好的数据集 df_result 中取出货币资金、应收账款、存

货、预付款项、固定资产、无形资产及长期待摊费用等资产项目对应的数据，保存到新数据集中。代码如下：

```
''' 从 df_result 中取出货币资金、应收账款、存货、预付账款、固定资产、无形资产及长期待摊费用等资产项目对应的数据，保存到 df_assert2 数据集中 '''

# 取出所有行的这 8 列数据，结果存入 df_assert2 中
df_assert2 = df_result.loc[:, ['货币资金', '应收账款', '存货', '预付款项', '固定资产', '无形资产', '长期待摊费用', '资产合计']]
df_assert2.head()     # 查看数据集 df_assert2
```

运行代码，结果如图 10-21 所示，从中可以看出，货币资金、应收账款、存货、预付款项、固定资产、无形资产、长期待摊费用和资产合计是数据集 df_assert2 的列标签，各季度是数据集 df_assert2 的行标签，资产负债表是列标签名称。

```
'''从df_result中取出货币资金、应收账款、存货、预付账款、固定资产、无形资产及长期待摊费用等资产项目对应的数据，保存到df_assert2数据集中'''

# 取出所有行的这8列数据，结果存入df_assert2中
df_assert2=df_result.loc[:,['货币资金','应收账款','存货','预付款项','固定资产','无形资产','长期待摊费用','资产合计']]
df_assert2.head()      # 查看数据集df_assert2
```

资产负债表	货币资金	应收账款	存货	预付款项	固定资产	无形资产	长期待摊费用	资产合计
2024/3/31 0:00:00	1357455948.64	1978436579.65	1230533268.12	377375876.58	418855066.52	251592252.48	17604221.55	8797183018.219999
2023/12/31 0:00:00	1945489375.3	2117119160.23	976556597.53	331492317.89	435802796.69	267116593.11	21126677.79	9256071550.120001
2023/9/30 0:00:00	1253127708.75	2124385767.07	1315813059.5	317268286.57	491442253.91	243501769.89	21679899.26	8800276613.540001
2023/6/30 0:00:00	1589716663.61	2439191359.16	1708711139.49	310140175.7	535645105.05	149770257.95	25615460.91	9997486510.75
2023/3/31 0:00:00	1411166987.52	2354005250.29	1730741259.44	362578456.0	554415451.66	151875035.74	28533003.31	9617811566.200001

图 10-21　提取资产项目

步骤 2：将数据集 df_assert2 行列转置，将季度作为列标签，将货币资金、应收账款、存货、预付款项、固定资产、无形资产、长期待摊费用和资产合计作为行标签，同时，删除转置后的行标签名称“资产负债表”。

```
# 行列转置，将季度作为列标签
df_assert3 = pd.DataFrame(df_assert2.values.T, index = df_assert2.columns, columns = df_assert2.index)
df_assert3.index.name = None      # 将行的标签名去掉
df_assert3
```

运行代码，结果如图 10-22 所示，从图中可以看出，转置后季度成为列标签，而每一行则是一个报表项目对应于各季度的值。

```
# 行列转置，将季度作为列标签
df_assert3 = pd.DataFrame(df_assert2.values.T, index=df_assert2.columns,columns=df_assert2.index)
df_assert3.index.name=None    # 将行的标签名去掉
df_assert3
```

	2024/3/31 0:00:00	2023/12/31 0:00:00	2023/9/30 0:00:00	2023/6/30 0:00:00	2023/3/31 0:00:00	2022/12/31 0:00:00	2022/9/30 0:00:00	2022/6/30 0:00:00
货币资金	1357455948.64	1945489375.3	1253127708.75	1589716663.61	1411166987.52	2364632339.1	1581854447.38	1896885827.5
应收账款	1978436579.65	2117119160.23	2124385767.07	2439191359.16	2354005250.29	2521534932.55	2357604122.33	2554930956.27
存货	1230533268.12	976556597.53	1315813059.5	1708711139.49	1730741259.44	1553656122.28	2194284383.14	2204941683.01
预付款项	377375876.58	331492317.89	317268286.57	310140175.7	362578456.0	244142120.0	595848371.39	719725655.72
固定资产	418855066.52	435802796.69	491442253.91	535645105.05	554415451.66	570270474.72	569272229.24	554106140.74
无形资产	251592252.48	267116593.11	243501769.89	149770257.95	151875035.74	160250359.18	133956543.15	144240114.79
长期待摊费用	17604221.55	21126677.79	21679899.26	25615460.91	28533003.31	36108698.5	34783695.24	39647622.24
资产合计	8797183018.219999	9256071550.120001	8800276613.540001	9997486510.75	9617811566.200001	10275350851.74	9911152726.82	10528378717.709999

8 rows × 31 columns

图 10-22　行列转置

步骤 3：对 2023 年第二季度的资产结构进行分析前，先从数据集 df_assert3 中取出该季度的资产合计，并将结果存入 assert_total 变量。代码如下：

```
# 获取总资产
assert_total = df_assert3['2023/6/30 0:00:00']['资产合计']
assert_total
```

运行代码，得到总资产 assert_total 的值 9997486510.75，如图 10-23 所示。

```
# 获取资产总计
assert_total = df_assert3['2023/6/30  0:00:00']['资产合计']
assert_total
```

9997486510.75

图 10-23　计算总资产

步骤 4：计算 2023 年第二季度的每一项资产数据在资产合计中的占比，并将结果添加到 df_assert3 的新列“占比”中。代码如下：

```
# 添加计算列 "占比"，计算 2023 年第二季度各资产类别在资产合计中的占比
import numpy as np                          # 导入数值计算库
df_assert3["占比"] = np.divide(df_assert3['2023/6/30 0:00:00'], assert_total)
df_assert3[['2023/6/30 0:00:00', '占比']]     # 显示资产数据及占比
```

运行代码，结果如图 10-24 所示。由于数据列数较多，一屏显示不下，为了直观，仅输出“2023/6/30 0：00：00”列和“占比”列的数据。

```
# 添加计算列"占比"，计算2023年第二季度各资产类别在资产合计中的占比
import numpy as np      # 导入数值计算库
df_assert3["占比"] = np.divide(df_assert3['2023/6/30  0:00:00'],assert_total)
df_assert3[['2023/6/30  0:00:00','占比']]     # 显示资产数据及占比
```

	2023/6/30 0:00:00	占比
货币资金	1589716663.61	0.159012
应收账款	2439191359.16	0.24398
存货	1708711139.49	0.170914
预付款项	310140175.7	0.031022
固定资产	535645105.05	0.053578
无形资产	149770257.95	0.014981
长期待摊费用	25615460.91	0.002562
资产合计	9997486510.75	1.0

图 10-24　添加计算列

提　示

输出数据集的单个列时，直接将列标签放在数据集的“[]”中，例如 df_assert3 ['占比'] 仅输出“占比”列；若要输出数据集的多个列时，要将多个列放在一个列表中，再放在“[]”中，例如 df_assert3[['2023/6/30 0:00:00', '占比']] 可输出“2023/6/30 0:00:00”和“占比”两个列。

步骤 5：将“占比”列的前 7 行数据存入数据集 df_assert4 中。代码如下：

```
df_assert4 = pd.DataFrame(df_assert3['占比'][0:7])      # 获取占比列的前 7 行数据
df_assert4                                             # 查看数据集 df_assert4
```

运行代码，结果如图 10-25 所示。

```
df_assert4=pd.DataFrame(df_assert3['占比'][0:7])    # 获取占比列的前7行数据
df_assert4          # 查看数据集df_assert4
```

	占比
货币资金	0.159012
应收账款	0.24398
存货	0.170914
预付款项	0.031022
固定资产	0.053578
无形资产	0.014981
长期待摊费用	0.002562

图 10-25　提取前 7 行数据

步骤 6：计算除上述 7 项资产外的其他资产的占比，该值等于 1 减去上述 7 项资产占比的总和。代码如下：

```
other_asserts = 1-df_assert4.sum()                    # 计算其他资产的占比
# 把 other_asserts 存入 df_assert4 的新行“其他”中
df_assert4.loc['其他'] = other_asserts
df_assert4                                            # 查看数据集 df_assert4
```

运行代码，结果如图 10-26 所示。第 1 行代码将其他资产占比存入变量 other_asserts 中，第 2 行代码将 other_asserts 变量的值存入 df_assert4 的新行“其他”中。

```
1 other_asserts=1-df_assert4.sum()        # 计算其他资产的占比
2 # 把other_asserts存入df_assert4的新行“其他”中
3 df_assert4.loc['其他'] = other_asserts
4 df_assert4        # 查看数据集df_assert4
```

	占比
货币资金	0.159012
应收账款	0.24398
存货	0.170914
预付款项	0.031022
固定资产	0.053578
无形资产	0.014981
长期待摊费用	0.002562
其他	0.323951

新增一行

图 10-26　计算其他资产的占比

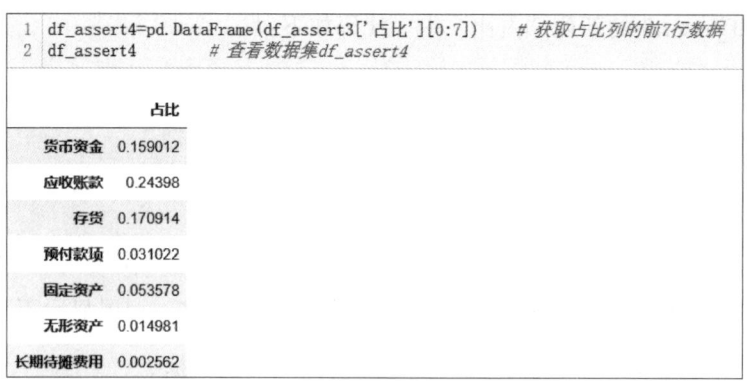

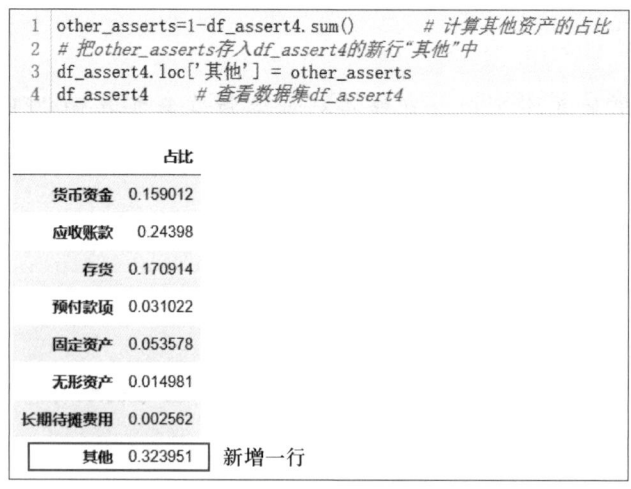

步骤 7：使用图 10-26 的 8 项数据绘制一个饼图，展现中国软件 2023 年第二季度资产的占比情况。代码如下：

```
ratio = df_assert4['占比'].tolist( )          # 把“占比”列的数据转换为列表，为
                                              画饼图准备好数据
plt.pie(ratio)                                # 绘制饼图
plt.title("中国软件资产构成")                 # 设置图表标题
```

运行代码，结果如图 10-27 所示。从图中可以看出，plt.pie(ratio) 只将 ratio 数据用于切分饼图，整个饼图切分为 8 份；但由于 plt.pie( ) 中没有给出数据标签，因而哪部分资产占比多少并不能直观地看出。

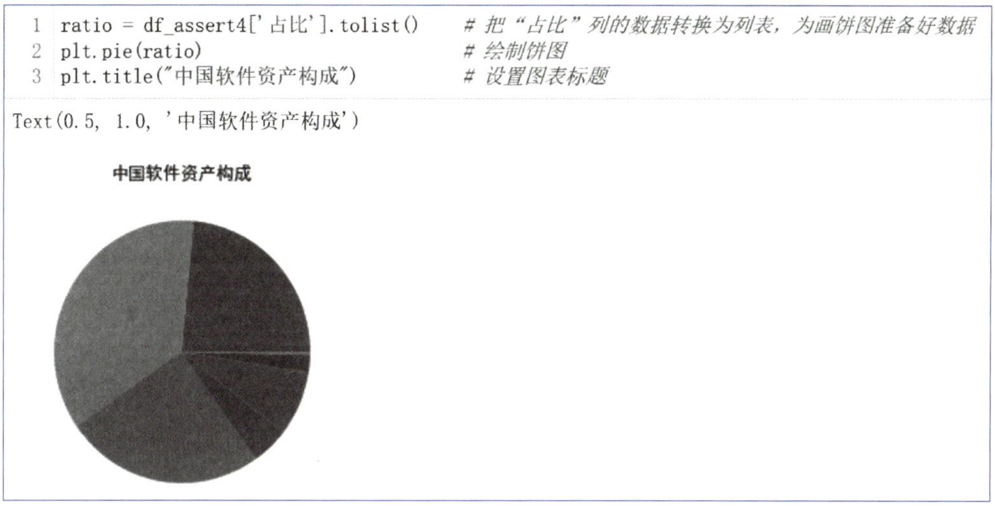
ratio = df_assert4['占比'].tolist()   # 把“占比”列的数据转换为列表，为画饼图准备好数据
plt.pie(ratio)   # 绘制饼图
plt.title("中国软件资产构成")   # 设置图表标题
Text(0.5, 1.0, '中国软件资产构成')
中国软件资产构成

图 10-27　绘制简单饼图

步骤 8：利用饼图参数 labels 给饼图添加数据标签，代码如下：

```
# 给饼图添加数据标签
ratio = df_assert4['占比'].tolist( )       # 绘图数据
ratio_text = df_assert4.index              #df_assert4 的行标签作为扇形块标签文字
plt.pie(ratio, labels = ratio_text)
plt.title("中国软件资产构成")
```

运行代码，结果如图 10-28 所示。

```
# 给饼图添加数据标签
ratio = df_assert4['占比'].tolist()    # 绘图数据
ratio_text =df_assert4.index          # df_assert4的行标签作为扇形块标签文字
plt.pie(ratio, labels=ratio_text)
plt.title("中国软件资产构成")
```

```
Text(0.5, 1.0, '中国软件资产构成')
```

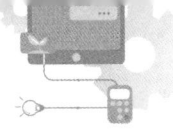

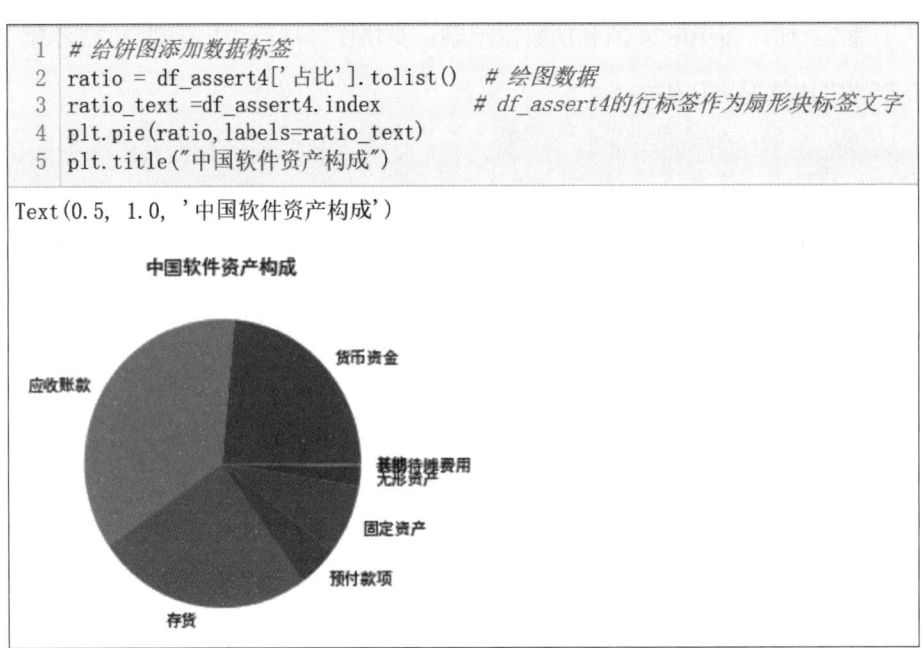

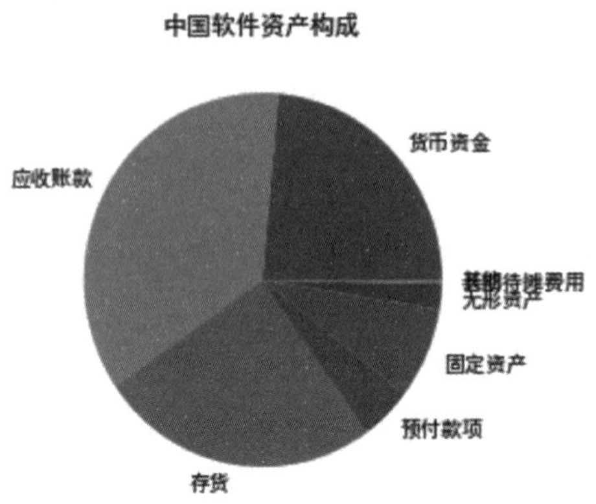

图 10-28　添加数据标签

步骤 9：继续设置饼图参数，使绘图效果更直观。代码如下：

```
# 添加各种标签，使图形更直观
ratio = df_assert4['占比'].tolist()            # 绘图数据
ratio_text = df_assert4.index                 #df_assert4 的行标签作为扇形块标签文字
colors = ["#e41a1c", "#377eb8", "#4daf4a", "#984ea3", "#056897", "#876532", "#a897d5",
"#edfd90"]
plt.figure(figsize = (5, 5))                  # 指定 figure 的宽和高，单位为英寸

# 设置图形参数，绘制饼状图
plt.pie(
        ratio,                                # 绘制扇形块的数据
        labels = ratio_text,                  # 扇形块标签文字
        autopct = "%3.1f%%",                  # 扇形块的数据标注格式，形如 88.8%
        explode = (0, 0.1, 0, 0, 0, 0, 0, 0), # 第 2 个扇区凸出
        startangle = 50,                      # 饼图的初始摆放角度
        colors = colors,                      # 扇形块颜色列表
```

```
    )
plt.title("中国软件资产结构分析")
```

运行代码，结果如图 10–29 所示。从图中可以看出，加了图表参数后的饼图更加直观形象，各种资产占比一目了然。

```
1 # 添加各种标签，使图形更直观
2 ratio = df_assert4['占比'].tolist()  # 绘图数据
3 ratio_text =df_assert4.index     # df_assert4的行标签作为扇形块标签文字
4 colors = ["#e41a1c","#377eb8","#4daf4a","#984ea3","#056897","#876532","#a897d5","#edfd90"]
5 plt.figure(figsize=(5,5))       # 指定figure的宽和高，单位为英寸
6 
7 # 设置图形参数，绘制饼状图
8 plt.pie(
9       ratio,                # 绘制扇形块的数据
10      labels=ratio_text,          # 扇形块标签文字
11      autopct="%3.1f%%",      # 扇形块的数据标注格式，形如88.8%
12      explode=(0,0.1,0,0,0,0,0,0),   # 第2个扇区凸出
13      startangle=120,         # 饼图的初始摆放角度
14      colors=colors         # 扇形块颜色列表
15      )
16 plt.title("中国软件资产结构分析")
```

```
Text(0.5, 1.0, '中国软件资产结构分析')
```

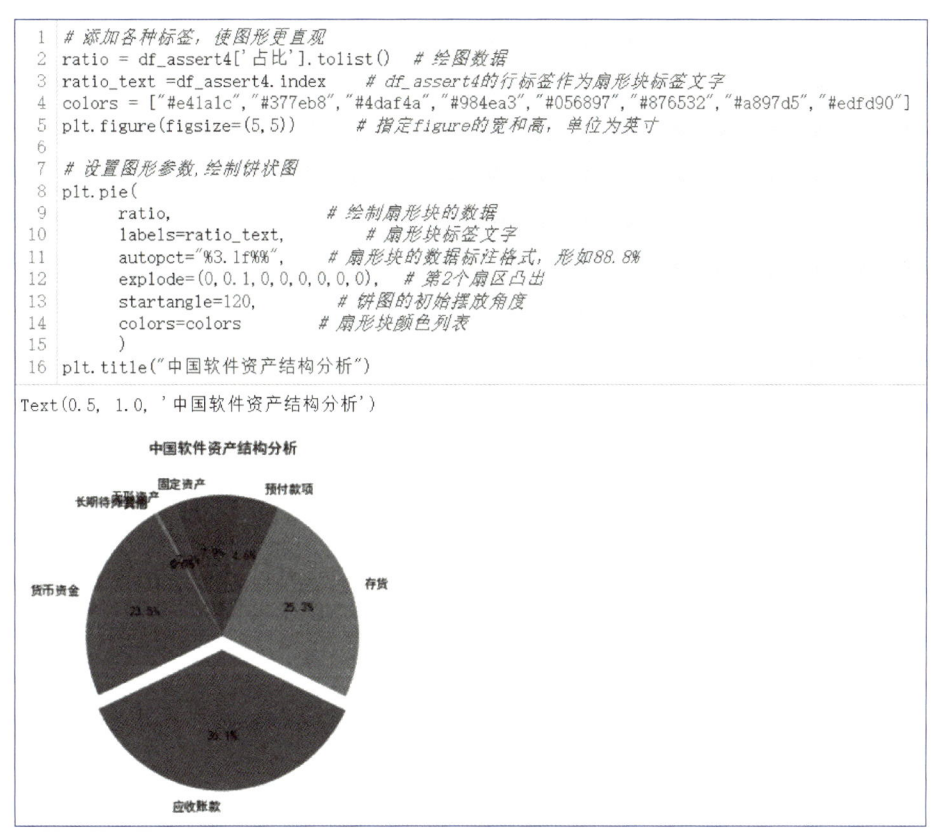

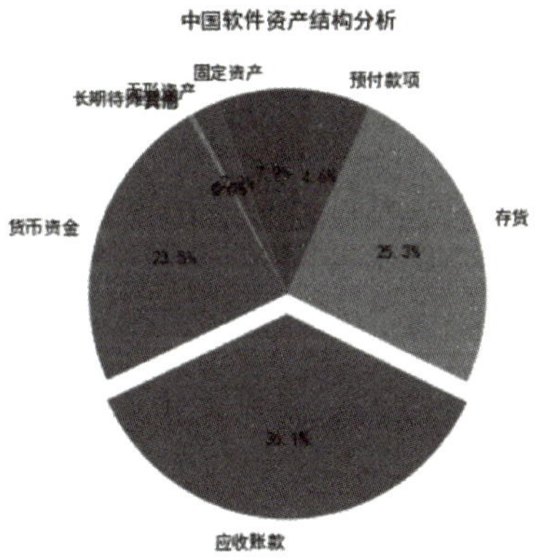

图 10–29　设置饼图参数

本步骤代码释义如下：

第 2 行的 ratio 变量保存了绘制饼图用的数据，这是列表形式的数据。“=”右边首先获取 df_assert4 数据集中“占比”列的数据，由于“占比”列的数据是数据集形式，而绘制饼图的数据应该是列表格式，因此，代码调用 df_assert4['占比'] 的 tolist( ) 函数将占比数据转换成列表形式。数据集形式的占比数据与列表形式的占比数据对比如图 10–30 所示。

第 3 行代码将 df_assert4 的行标签作为扇形块的标签，即将货币资金、应收账款、存货、预付款项、固定资产、无形资产、长期待摊费用和其他作为扇形块的标签文字。

绘制饼图

```
# 数据集形式与列表形式的对比
print('以下是数据集形式：\n')
print(df_assert4['占比'])
print('-'*50)
print('以下是列表形式：\n')
print(df_assert4['占比'].tolist())
```

```
以下是数据集形式：

货币资金        0.159012
应收账款         0.24398
存货        0.170914
预付款项        0.031022
固定资产        0.053578
无形资产        0.014981
长期待摊费用      0.002562
其他        0.323951
Name: 占比, dtype: object
--------------------------------------------------
以下是列表形式：

[0.15901163376420913, 0.2439804601423778, 0.17091407301752032, 0.031021814869819076, 0.05357797727199099, 0.01498079120076396, 0.00256219009
4725955, 0.32395105963859283]
```

图 10-30　数据集形式与列表形式的对比

第 4 行代码为每个扇形块设置颜色，此张饼图被 8 项数据划分为 8 块扇形区域，因而 assert_colors 提供了 8 种颜色，这 8 种颜色与 ratio 中的数据保持一一对应关系。注意每种颜色的值都是 6 位的 16 进制数，其中，前两位表示红色的比例，中间两位表示绿色的比例，最后两位表示蓝色的比例。有过绘画经历的读者会对颜色混合有经验，绘图基本色有红、绿、蓝三种，每种颜色都是红、绿、蓝三种基本色不同占比的混合。设置颜色值时要注意，红、绿、蓝每种颜色的取值都是在 00～ff 的范围内，超出便会出错。

第 5 行代码调用 plt.figure(figsize = (5, 5)) 函数设置画布的宽和高，参数 figsize = (5, 5) 表明画布为宽 5 英寸、高 5 英寸。

第 8 行代码调用 plt.pie( ) 函数绘制饼图，函数中的各参数设置了饼图的数据、标签和外观等。

第 16 行代码给饼图添加了图表标题。

知识扩展

16 进制是计算机中应用较为广泛的一种数制，16 进制有 0，1，2，3，4，5，6，7，8，9，a，b，c，d，e，f 共 16 个数码，每种颜色都是 2 位 16 进制数，这便意味着每种颜色的变化范围都是从 00～ff。而三种颜色的混合值是从 000000～ffffff，这代表了从黑色到白色的全部颜色。

颜色代码对应表如图 10-31 所示。

颜色代码对应表

ffff00	ffff33	ffff66	ffff99	ffffcc	ffffff
ffcc00	ffcc33	ffcc66	ffcc99	ffcccc	ffccff
ff9900	ff9933	ff9966	ff9999	ff99cc	ff99ff
ff6600	ff6633	ff6666	ff6699	ff66cc	ff66ff
ff3300	ff3333	ff3366	ff3399	ff33cc	ff33ff
ff0000	ff0033	ff0066	ff0099	ff00cc	ff00ff
ccff00	ccff33	ccff66	ccff99	ccffcc	ccffff
cccc00	cccc33	cccc66	cccc99	cccccc	ccccff
cc9900	cc9933	cc9966	cc9999	cc99cc	cc99ff
cc6600	cc6633	cc6666	cc6699	cc66cc	cc66ff
cc3300	cc3333	cc3366	cc3399	cc33cc	cc33ff
cc0000	cc0033	cc0066	cc0099	cc00cc	cc00ff
99ff00	99ff33	99ff66	99ff99	99ffcc	99ffff
99cc00	99cc33	99cc66	99cc99	99cccc	99ccff
999900	999933	999966	999999	9999cc	9999ff
996600	996633	996666	996699	9966cc	9966ff
993300	993333	993366	993399	9933cc	9933ff
990000	990033	990066	990099	9900cc	9900ff
66ff00	66ff33	66ff66	66ff99	66ffcc	66ffff
66cc00	66cc33	66cc66	66cc99	66cccc	66ccff
669900	669933	669966	669999	6699cc	6699ff
666600	666633	666666	666699	6666cc	6666ff
663300	663333	663366	663399	6633cc	6633ff
660000	660033	660066	660099	6600cc	6600ff
33ff00	33ff33	33ff66	33ff99	33ffcc	33ffff
33cc00	33cc33	33cc66	33cc99	33cccc	33ccff
339900	339933	339966	339999	3399cc	3399ff
336600	336633	336666	336699	3366cc	3366ff
333300	333333	333366	333399	3333cc	3333ff
330000	330033	330066	330099	3300cc	3300ff
00ff00	00ff33	00ff66	00ff99	00ffcc	00ffff
00cc00	00cc33	00cc66	00cc99	00cccc	00ccff
009900	009933	009966	009999	0099cc	0099ff
006600	006633	006666	006699	0066cc	0066ff
003300	003333	003366	003399	0033cc	0033ff
000000	000033	000066	000099	0000cc	0000ff

图 10-31　颜色代码对应表

颜色代码对应表的彩色效果图

技能训练 >>>

一、单选题

1. 有如下数据集 df，若要对该数据集进行转置，下列哪个选项是不正确的（　　）。

	a	b	c	d
0	1	2	3	4
1	5	6	7	8
2	9	10	11	12

A. df1 = pd.DataFrame(df.T)

B. df1 = pd.DataFrame(df.values.T)

C. df1 = pd.DataFrame(T)

D. df1 = pd.DataFrame(df.T, index = df.columns, columns = df.index)

2. 在第 1 题的数据集 df 中增加一列 e 列，正确的代码是（　　）。

A. df['e'] = [8, 8, 8]　　　　B. df[e] = [8, 8, 8]

C. df['e'] = ['8', '8', '8']　　　　D. e = [8, 8, 8]

3. 下列选项中，关于 Matplotlib 库说法不正确的是（　　）。

A. Matplotlib 是当前用于数据可视化的最流行的 Python 包之一

B. Matplotlib 提供了绘制散点图、条形图、折线图、饼图、直方图的方法

C. 渐进、交互的方式实现数据可视化

D. Matplotlib 不能支持中文显示

4. Matplotlib 中用于绘制饼图的函数是（　　）。

A. plot( )　　B. pie( )　　C. hist( )　　D. scatter( )

5. 下列选项，描述不正确的是（　　）。

A. 添加图例的函数是 plt.title( )

B. 添加图表标题的函数是 plt.title( )

C. 添加 x 轴标签的函数是 plt.xlabel( )

D. 添加 y 轴标签的函数是 plt.ylabel( )

二、实操题

1. 请根据素材文件“中国软件盈利能力分析.xlsx”中提供的数据，计算和分析该公司的销售毛利率、净资产收益率等盈利能力指标。

要求：

（1）读取“中国软件盈利能力分析.xlsx”文件中的数据。

（2）对读入的数据进行行列转置。

（3）根据下面的公式计算中国软件的销售毛利率和净资产收益率。

销售毛利率 =（销售净收入 − 产品成本）/ 销售净收入 × 100%

净资产收益率 = 净利润 /（（期初净资产 + 期末净资产）/2）× 100%

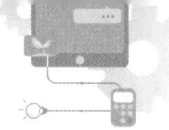

（4）绘制折线图，展现中国软件的销售毛利率和净资产收益率，利用所学的财务分析知识尝试解读该公司的盈利能力。

2. 资产负债表中的“负债合计”包括“流动负债合计”和“非流动负债合计”，请根据素材文件“中国软件资产负债表.xlsx”中提供的数据，对中国软件2023年第二季度的总负债情况进行分析，并使用饼图展示流动负债和非流动负债在总负债中的占比情况。

要求：

（1）读取“中国软件资产负债表.xlsx”文件中的数据。

（2）删除对本次计算无用的数据行，保留“流动负债合计”“非流动负债合计”和“负债合计”这三行数据。

（3）根据下面的公式计算中国软件的流动负债和非流动负债在总负债中的占比，并将数据存入新列“占比”中。

流动负债占比 = 流动负债合计 / 负债合计

非流动负债占比 = 非流动负债合计 / 负债合计

（4）绘制饼图，展现中国软件的流动负债和非流动负债在总负债中的占比情况，并利用所学的财务分析知识尝试解读这些数据。

项目评价表 >>>

学习效果评价表				
任务序号	任务内容	任务清单	权重	
任务一	清洗中国软件财报数据	读取 Excel 文件工作表数据	3%	20%
		查看数据集的行、列标签	4%	
		查看指定列的数据	3%	
		行列转置	4%	
		删除行	3%	
		删除列	3%	
任务二	偿债能力指标计算	利用 divide() 函数进行列间的计算	10%	20%
		在数据集中插入列	10%	

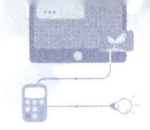

续表

学习效果评价表				
任务序号	任务内容	任务清单	权重	
任务三	偿债能力可视化分析	提取列数据到新数据集	10%	20%
		使用 Matplotlib 库的 pyplot 包绘制折线图	10%	
任务四	资产占比计算及可视化分析	提取行数据到新数据集	10%	40%
		在数据集中插入新计算列	10%	
		在数据集中插入新的行	10%	
		使用 Matplotlib 库的 pyplot 包绘制饼图	10%	
实践能力评价表				
任务序号	任务内容	任务清单	权重	
技能训练一	数据分析与可视化基础知识训练	掌握数据集转置方法	5%	40%
		掌握在数据集中增加列的方法	10%	
		辨识 Matplotlib 库基础知识	5%	
		辨识绘制饼图函数	10%	
		辨识绘图参数	10%	
技能训练二	分析盈利能力	新建 Python 文件	5%	30%
		读取 Excel 文件工作表数据	5%	
		行列转置	5%	
		利用列进行计算	5%	
		绘制折线图	5%	
		解读数据含义	5%	
	负债结构占比分析	新建 Python 文件	5%	30%
		读取 Excel 文件工作表数据	5%	
		删除数据行	5%	
		在数据集中插入新计算列	5%	
		绘制饼图	5%	
		解读数据含义	5%	

技能大赛直通车

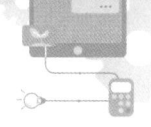

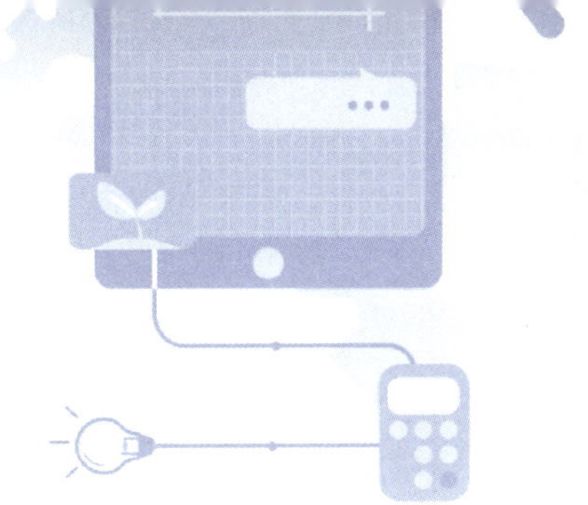

参考文献

[1] 黄红梅，张良均. Python数据分析与应用[M]. 北京：人民邮电出版社，2018.

[2] 李刚. 疯狂Python讲义[M]. 北京：电子工业出版社，2019.

[3] 林子雨. 大数据导论——数据思维、数据能力和数据伦理（通识课版）[M]. 北京：高等教育出版社，2020.

[4] 裴淑琴. 财务会计报告分析[M]. 北京：北京师范大学出版社，2018.

[5] 李迎. Python可视化数据分析[M]. 北京：中国铁道出版社，2019.

[6] 李辉. Python程序设计基础案例教程[M]. 北京：清华大学出版社，2020.

[7] 肖锋. Python商业数据分析基础[M]. 长沙：湖南大学出版社，2021.

[8] 麦金尼. 利用Python进行数据分析[M]. 徐敬一，译. 2版. 北京：机械工业出版社，2015.

[9] 黑马程序员. Python数据分析与应用：从数据获取到可视化[M]. 北京：中国铁道出版社，2019.

[10] 凯泽尔. Python数据处理[M]. 张亮，吕家明，译. 北京：人民邮电出版社，2017.

[11] 王化成. 财务管理[M]. 北京：中国人民大学出版社，2012.

[12] 高翠莲. 管理会计基础[M]. 2版. 北京：高等教育出版社，2021.

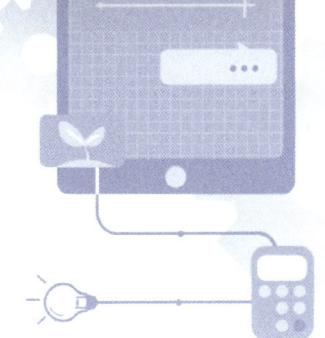

主编简介

高翠莲，国家首批“万人计划”教学名师，山西省财政税务专科学校会计学院院长、二级教授、太原理工大学硕士生导师；全国先进会计工作者，山西省“三晋英才”高端领军人才，中共中央组织部、中华人民共和国教育部和山西省委联系的高级专家；国家特色高水平高职学校重点专业群建设项目负责人，国家优秀教学团队负责人、全国教育系统先进集体带头人、全国高职会计职业技能大赛设计者和专家组组长、全国高职会计专业教学资源库项目主要负责人；拥有会计师、注册会计师、注册税务师专业技术资格，从事会计教学、理论与实践研究近40年。兼任全国会计教育专家委员会委员、全国财经职业教育集团副理事长、中国职业技术教育学会教学工作委员会计研究会副主任、全国财政职业教育教学指导委员会委员等职务。

曾获教育部“先进工作者”、山西省五一劳动奖章，并获山西省“双师型教学名师”“青年科技奖”“教育专家奖”“精神文明奖”“巾帼建功标兵”等荣誉称号。获国家教学成果一等奖一项、二等奖一项；山西省教学成果特等奖一项、一等奖三项，荣立山西省劳动竞赛委员会一等功一次、三等功一次。主持完成“企业经济业务核算”国家精品课程和国家精品资源共享课程；主持建设国家职业教育专业教学资源库课程“出纳业务操作”和精品在线开放课程“企业内部控制”。出版专著1部，主编教材40余部，其中国家级规划教材9部；主持制定了全国高职会计专业和会计信息管理专业教学标准；组织制定全国高职会计专业实训教学条件建设标准；主持完成教育部“会计专业中高职衔接教学标准”课题1项；主持或参与完成省级科研课题22项；公开发表学术论文50余篇。

乔冰琴，山西省财政税务专科学校大数据学院院长、副教授，计算机应用技术专业工学博士，信息系统项目管理师、信息系统监理师。山西省财政厅先进个人、山西省优秀党员、三晋技术能手。从事会计电算化教学3年、计算机专业教学23年、智能会计专业教学近4年。发表论文30余篇，主编和参编教材20余部，主持和参与省级及以上课题20余项。主持山西省在线精品课“财务大数据基础”，曾获山西省微课大赛二等奖、山西省教学成果一等奖、山西省职业技能大赛教学能力比赛二等奖，担任多项国家及省级职业技能大赛和全国大学生数学建模竞赛指导教师及裁判。

王建虹，山西省财政税务专科学校大数据学院教授。山西省高职高专“双师”型教学名师，荣立山西省劳动竞赛委员会“一等功”，荣获“国家示范校建设突出贡献奖”，山西省高职高专计算机课程教学改革先进个人，山西省财政厅“先进工作者”。具有工信部信息技术紧缺人才培养工程讲师资格、阿里巴巴“大数据分析与应用”1+X师资培训中级和高级资格。在国家一级、二级刊物上发表学术论文多篇；主持参与省级科研课题多项；获山西省教学成果二等奖两项。